Wieland Jäger · Arthur R. Coffin

Die Moral der Organisation

Wieland Jäger · Arthur R. Coffin

Die Moral der Organisation

Beobachtungen in der
Entscheidungsgesellschaft und
Anschlussüberlegungen zu einer
Theorie der Interaktionssysteme

VS VERLAG

Bibliografische Information der Deutschen Nationalbibliothek
Die Deutsche Nationalbibliothek verzeichnet diese Publikation in der
Deutschen Nationalbibliografie; detaillierte bibliografische Daten sind im Internet über
<http://dnb.d-nb.de> abrufbar.

1. Auflage 2011

Alle Rechte vorbehalten
© VS Verlag für Sozialwissenschaften | Springer Fachmedien Wiesbaden GmbH 2011

Lektorat: Frank Engelhardt / Cori Mackrodt

VS Verlag für Sozialwissenschaften ist eine Marke von Springer Fachmedien.
Springer Fachmedien ist Teil der Fachverlagsgruppe Springer Science+Business Media.
www.vs-verlag.de

Umschlaggestaltung: KünkelLopka Medienentwicklung, Heidelberg
Gedruckt auf säurefreiem und chlorfrei gebleichtem Papier
Printed in Germany

ISBN 978-3-531-17676-5

Inhalt

1 Einleitung

*Der Handelnde ist immer gewissenlos, es hat
niemand Gewissen als der Betrachtende.*
Johann Wolfgang Goethe

Um es gleich vorwegzunehmen: Es gibt keine Moral der Organisation, nur eine
Moral der Gesellschaft. Sie ist es, der man in der Organisation begegnen kann.
Wer also die Moral der Organisation sucht, findet Interaktion und Konflikt. Und
sie machen Moral zur Arena, nicht zur Bühne.

Der Weg zu neuem Wissen ist mühsam und lang, aber auch er beginnt mit
dem ersten Schritt, wie Lao-Tse aufmunternd sagt. Die lineare Konstruktion des
vorliegenden Textes führt dazu, dass die nachfolgende Auseinandersetzung, in
der vorab vieles geklärt und einiges in Stellung gebracht werden muss, in Kap. 6
kulminiert. Diese Theorievorarbeit, die eng am Thema geführt ist und sich dennoch gleichzeitig mit hoch interessanten Phänomenen beschäftigt, die eine moderne Soziologie beobachten kann, lohnt sich. Und ganz klar werden auch auf
diesem Wege kleinere Wissensartefakte, wie etwa jenes der organisationalen
Schizophrenie, produziert. Aber erst dann, nach der Vorarbeit, ist ein wirklicher
Anfang vom Anfang gemacht, erst dann sind die nachfolgenden Grund- und
Initiativfragen mit größtmöglichster Gewissheit zu beantworten: Ist das Erkenntnisinteresse mit Blick auf Themenwahl und Fragestellungen berechtigt? Führt
die Argumentation zu zwingenden Schlüssen? Und noch wichtiger und zugleich
in den Geistes- und Sozialwissenschaften viel zu wenig gefragt: Wen interessiert
es? (Drei positive Antworten wären optimal). Ist erst der Anfang vom Anfang
gemacht, wird der Boden unter den Füßen fester.

Folgenden Vermutungskontext gilt es, im Nachfolgenden zu bestätigen: Die
Moral taucht in der Organisation ausschließlich überformend auf und ruft in den
diesbezüglichen Interaktionssystemen polemogene, d.h. konfliktinduzierende
Kommunikation[1] hervor. Diese Moralkommunikation kann dazu führen, dass
Interaktionssysteme ihre ursprüngliche Operationsweise vollständig auf

---

[1] Die moralcodierte Kommunikation: ausführliches Belegen sowie ausführliche Auseinandersetzung
in Kapitel 6.1. Von Julien Freund stammt der Begriff „polémogène", welcher als „conflict-inducing"
übersetzt wird (OST, Francois/VAN DE KERCHOVE, Michel: Constructing the Complexity of the
Law: Towards a Dialectic Theory. In: WINTGENS, Luc J. (Editor): Philosophical Perspectives,
Dortrecht, Norwell: Kluwer Academic Publishers, 1999, S. 158.), was – in diesem Kontext passend –
gut als „konfliktinduzierend" übersetzbar ist.

polemogenes Operieren umstellen, was, ist dies einst geschehen, sich negativ bis
fatal auf ihre eigene Themengenese auswirkt - ein Umstand, der wiederum negative bis fatale Wirkungen auf ihre Kontribution hinsichtlich der Entscheidungsprämissen der Organisation zur Folge hat. Dass Organisationen solche Prozesse
im weitesten Sinne unbeschadet überstehen können, dies in den allermeisten
Fällen auch tun, kann als gesichert gelten. Was der Organisation jedoch durch
polemogene Kommunikation verloren gehen kann, steht wiederum auf einem
ganz anderen Blatt. Hier wird vermutet, dass die Organisation durch polemogene
Kommunikation an Elastizität und Flexibilität einbüßen muss[2].

Die nachfolgenden Beobachtungen und Wissensprodukte werden zustande
kommen, indem der genannte Vermutungskontext zum Anwendungsfall der
allgemeinen Theorie sozialer Systeme nach Luhmann und der Theorie der Interaktionssysteme nach Kieserling gemacht wird[3]. Dabei sollte es nicht ausbleiben,
dass das Anwenden der Systemtheorie zu ihrer eigenen Erweiterung führt. Dieser
methodische Anspruch wird durch die funktionale Analyse ergänzt. Hierbei geht
es darum, für den genannten Vermutungskontext funktional äquivalente Lö-
sungsmöglichkeiten zu betrachten[4]. So werden unterschiedliche Ursachen, wenn
sie die gleiche Wirkung produzieren, und umgekehrt verschiedene Wirkungen,
wenn sie der gleichen Ursache entspringen, als funktional äquivalent beobachtet
(vgl. LUHMANN 1984, S. 83 ff. und LUHMANN 1992, S. 368, 417, 685).
Hiermit gelingt es, die Vermutungen vor dem Sachverhalt der Komplexität zu
betrachten, da Ursache und Wirkung kontingent gesetzt werden. Dabei kommt
nicht ein bloßes *Es könnte so oder auch anders sein!* heraus: Jetzt kann man
nämlich untersuchen, wie in der Gesellschaft, und hier insbesondere in der Organisation, Komplexität bewältigt und Paradoxien zur Entfaltung gebracht werden.
Abgerundet wird der Anwendungsfall durch verschiedene Beobachtungsordnun-
gen (vgl. LUHMANN 1992, S. 87). Indem man psychische und soziale Systeme
beim Beobachten beobachtet, erfährt man so die Gelegenheit, jenes zu sehen,
was diese nicht sehen können.

Wenn man über die Moral der Organisation und Interaktionssysteme in Organisation sprechen will, dann muss man auch wissen, was die Organisation
soziologisch ausmacht. Bevor wir dieser Frage also aus dezidiert Luhmannscher
Sicht nachgehen und sozusagen die Bühne dafür aufzustellen, auf der sich der
genannte Vermutungskontext abspielen wird, teilen wir Organisation ganz klas-
sisch im Sinne der Systemtheorie in System und Umwelt auf. Dieses Verfahren
hat den Vorteil, dass man anhand der Organisationsbeobachtung noch zusätzlich
die Grunderkenntnisse der allgemeinen Theorie sozialer Systeme und die Bedeu-

---

[2] Und das heißt nicht zuletzt: Anpassungsfähigkeit.
[3] Dies ganz im Sinne Kieserlings (vgl. KIESERLING 1999, S. 10 ff.).
[4] Vergleiche hierzu LUHMANN 1970, S. 39 ff.

tung von Organisationssystemen als ein zentrales Strukturmerkmal der modernen Gesellschaft erläutern kann. Über diese Grundannahmen hinaus sind schon erste interaktions- sowie entscheidungstheoretische Vorgriffe möglich.

Und schon, nachdem die einführenden Sachverhalte dargestellt sind, ist der erste Exkurs fällig. Warum? Wer einen Sachverhalt wissenschaftlich beobachten will, der muss auch zeigen können, dass er gut beobachten kann, wie andere Wissenschaftler die gleiche oder ähnliche Thematik beobachten und beobachtet haben, und er muss sich gleichzeitig sorgfältig darauf vorbereiten, dass er wiederum bei seinen Beobachtungen beobachtet wird (vgl. LUHMANN 2006b, S. 120). Kompensiert wird dieser Anspruch oftmals mit der Präsentation eines Forschungsstandes. Je weiter aber die Forschung voranschreitet, desto mehr an unüberschaubarem Wissen wird akkumuliert, und die Dramatik dieses Sachverhalts nimmt insbesondere im Internetzeitalter drastisch zu. Die Paradoxie, je mehr man weiß, desto mehr weiß man nicht, ist mittlerweile kaum mehr zu verdecken und schon gar nicht mehr durch die Darstellung eines Forschungsstandes. Was man aber tun kann, ist, mit gemindertem Eingrenzungsanspruch beobachten, wie sich andere Beobachtungen zum eigenen Thema darstellen und nach Auffälligkeiten suchen. Da es hier nicht darum gehen kann, Moral in sozialphilosophischem Kontext zu beobachten, sondern im Setting der Organisation, muss man sich die Organisationstheorien selbst anschauen. Dabei fällt etwas anderes auf: dass Organisationstheorien immerzu mit ihren eigenen Rationalitätsannahmen hadern. Warum das so ist, bedarf einer Klärung.

Ist die Bühne im Groben eingerichtet, so geht es um die Requisiten. Bisher ist klar, in welchem Rahmen sich der Vermutungskontext klären muss: in der Organisation. Und die noch nicht geklärte Frage bezieht sich auf den Titel des Textes: Was ist denn überhaupt die Moral der Organisation? Da von Organisationen der modernen Gesellschaft ausgegangen wird, muss man, um diese Frage beantworten zu können, natürlich soziologisch klären, was denn überhaupt Moral in der modernen Gesellschaft ist. Und das geht nur, wie in Kapitel 4 dargestellt, über einen historischen Abriss, der auch das große soziologische Thema der Möglichkeit von Gesellschaft nicht ausklammert. Gibt es dann überhaupt eine Moral der Organisation? Hier wird es explizit. Hier gibt es schon erste, klare und schwerwiegende Antworten. Im Unterkapitel dann: Um herauszufinden, wo genau Moral in der Organisation zu finden ist, muss man die soziologische Funktionsweise der Moral selbst analysieren, wobei gerade der Umgang der Systeme mit Umweltkomplexität auf moralischem Boden thematisiert werden muss. Und das hat etwas mit Konflikten und Konflikttheorie zu tun. Das wird zu der begründeten Annahme führen, dass Moral und Organisation primär mit Interaktion zu tun haben. Was genau, kann an dieser Stelle immer noch nicht richtig geklärt werden, dazu bedarf es noch weiterer Schritte. Doch bevor es weitergehen kann, muss ein soziologisches Phänomen besprochen werden, das auch auf den Titel verweist; dies im nächsten Unterkapitel: Was ist denn überhaupt die Entscheidungsgesellschaft und was haben Entscheidungen mit Organisation und Moral zu tun? Und vor allem: Kann man den ursprünglichen Subtitel des Textes unangezweifelt stehen lassen?

Bis zu diesem Punkt wird soziologisch geklärt, was Organisation und Moral sind und wie diese beiden Begriffe zusammenhängen. Es wird soziologisch zudem mehr als angedeutet, was Interaktionssysteme damit zu tun haben. Dabei ist noch nicht geklärt, was die organisationale Funktion der Interaktionssysteme ist. Dies findet man heraus, indem man den Zusammenhang von psychischen, interaktionalen und organisationalen Systemen aufschlüsselt. Das geschieht in Kapitel 5. Hierbei werden zudem weitere systemtheoretische Grundannahmen vertieft, aber auch Spezialthemen – wie das organisationsinterne Qualitätsmanagement – angerissen. Dieses Kapitel ist auch deshalb wichtig, weil man vor diesem Hintergrund die Wirkung moralisierter Interaktionssysteme auf das Organisationssystem besser lokalisieren kann. Erst wenn darüber Klarheit besteht, kann das Stück beginnen.

Und erst dann, in Kapitel 6, fängt die Aufklärung des eingangs beschriebenen Vermutungskontextes an. Hier gibt es die hauptsächlich angestrebten Antworten und Vermutungsbestätigungen. Hier schlägt sich vor allem der methodische Anspruch dieses Textes nieder, der den dritten Verweis auf den Titel ermöglicht: Anschlussüberlegungen bezüglich einer Theorie der Interaktionssysteme: Geht es über die Anschlussüberlegungen hinaus? Gelingt es hier tatsächlich, einen Beitrag zur Erweiterung der allgemeinen Theorie sozialer Systeme und der systemtheoretischen Interaktionstheorie zu leisten?

Mit dem Abschlussexkurs wird ein organisationsberaterischer Ausblick gewagt: Beide Exkurse im Text verbindet der kritische Umgang mit den Rationalitätsannahmen in der Organisationstheorie. Hier etwas vertiefter: Schreibt man als Organisationssoziologe nur für die Wissenschaft, oder kann man auch der Organisation was bieten? Die Frage ist deshalb so interessant, weil man als systemtheoretischer Rationalitätsskeptiker auf eine Organisation trifft, die nicht nur nach Rationalitätsannahmen verlangt, sondern auch auf diese angewiesen ist. Und die Frage ruft Antworten hervor, wenn man die Perspektiven zwischen Wissenschaft und Organisationsberatung abwechselnd einzunehmen versucht. Auch hier scheinen interessante Vorschläge bezüglich einer systemtheoretischen Organisationsberatung möglich zu sein.

2 System: Organisation der Organisation

*Es gibt laufend etwas zu tun, wenn
andere etwas getan haben.
Niklas Luhmann*

Die moderne Gesellschaft ist strukturell durch funktionale Differenzierung geprägt. Als Spezialsystem schließt sie alle Kommunikation(en) ein und bietet somit den Raum für die Institutionalisierung der grundlegendsten Komplexitätsreduktionen. Hiermit werden wiederum die Grundbedingungen ermöglicht, welche die prägendsten Ausdifferenzierungsphänome einer funktional differenzierten Gesellschaft, mit ihren Teilsystemen wie Wirtschaft oder Politik, in Augenschein treten lassen: Interaktion und Organisation. Letztere interessiert in unserem Zusammenhang besonders (vgl. zum Folgenden JÄGER/MATYS 2009).

Spätestens seit Beginn des 19. Jahrhunderts setzt sich diese spezielle Art von Sozialsystem gesellschaftsdefinierend durch; heutzutage begleiten uns Organisationen in allen Lebensbereichen und Lebensabschnitten, pränatal bis post mortem. Organisationen treten an die Stelle der alten Korporationen und Assoziationen (Zünfte, Gilden); ihre Besonderheit liegt u.a. darin, dass sie sich auf bestimmte, sehr beschränkte Zwecke konzentrierten dürfen, dass man ihnen rein instrumentell ausgerichtete Strukturen zugesteht und dass sie eine eigene Kategorie von Personen bilden („juristische Personen'). Diese Merkmale tragen n.a. dazu bei, Organisationen Handlungen und Handlungsfolgen zurechnen zu können.

Für Organisationssysteme im Wirtschaftssystem etwa hat dies zwei entscheidende Konsequenzen: Organisationen (z.B. Unternehmungen) können Gewinn machen und ihn zu Kapital akkumulieren, zudem: Personal und Mitglieder der Organisationen erfahren eine Verantwortungsentlastung, da man sagen darf, man habe etwas nicht als Mensch, vielmehr nur als Amtsträger oder als Personal getan oder unterlassen. Auch hier liegt eine Spezialisierung vor, eine partikulare Sicht der Dinge und Ereignisse. Zweckorientierte Rationalität wird auf diese Weise institutionalisiert, damit ein höchst problematisches Orientierungsprinzip menschlichen Handelns bei gleichzeitiger Entlastung der Einzelnen von Handlungsfolgen; erst so wird der Aufbau der langen Handlungskette mit Fernwirkungen möglich, die wir heute unter anderem vorfinden. Man wird jedoch später sehen, dass es der Organisation, vielen Organisationstheorien zum Trotz, bedeutend weniger um Rationalität geht, als man vermuten möchte.

Allerdings sind diese Zusammenhänge im Sinne einer allgemeinen Theorie sozialer Systeme zu vertiefen. Eine abstraktere Betrachtung ermöglicht vor allem die Erläuterung zweier grundlegender systemtheoretischer Prämissen: *System-theoretische Erkenntnisse fußen auf der Idee, dass es eine operativ schließende Grenze zwischen System und Umwelt* (vgl. KRAEMER 2008, S. 91) gibt sowie auf der Annahme, dass *die Umwelt eines Systems immer komplexer ist, als es selbst ist* (vgl. KÖTT 2003, S. 48). Zudem werden einige weitere grundlegende Feststellungen der Systemtheorie vorgestellt. Nach und nach werden hier Spezifikationen eingeführt, welche die ersten Allgemeinpassagen zu erklären vermögen. Insbesondere die Durchleuchtung der Organisation als autopoietisches System erweist sich als außerordentlich hilfreich, um Verständnisfragen bezüglich der allgemeinen Systemtheorie zu klären.

Soziale Systeme, somit auch Organisationen, sind *autopoietisch, selbstreferenziell* und konstituieren sich in der *Differenz* zu ihrer Umwelt; mit anderen Worten: Organisationen haben die Fähigkeit, jene Elemente, aus denen sie bestehen, aus sich selbst heraus zu generieren und zu reproduzieren (vgl. MATURANA/VARELA 1980, S. 101).

Diese Elemente, man kann sagen Letztelemente und Operationen, sind Kommunikationen (vgl. LUHMANN 2008d, S. 149). Organisationen beziehen sich – anhand ihrer Operationen – auf sich selbst. Die Wirklichkeit der Organisation wird somit aufgrund des Selbstkontakts beobachtet oder besser gesagt, wie sich bald herausstellen wird, *konstruiert*. Das bedeutet, dass die Operation der Beobachtung schon in das eingeschlossen ist, was beobachtet wird (vgl. ebd., S. 162). *Die Organisation erkennt sich dadurch selbst, wodurch Verwechselungen mit der Umwelt ausgeschlossen werden. Hierbei ist die Unterscheidung Selbst- und Fremdreferenz angesprochen.* Eine reine Tautologie wird demnach durchbrochen, weil Selbstbezug nur stattfinden kann, wenn von etwas anderem unterschieden wird (vgl. ebd., S. 51).

Als sinnkonstruierendes System, sozusagen als Unterscheider zwischen *Aktuellem* und *Möglichem*, spiegelt die Organisation mit der Selbstreferenz eine Form des Sinns wider: Selbstaktualisierung kehrt immer als Verweis auf das Mögliche zurück (vgl. SCHÜTZEICHEL 2003, S. 35). Die dadurch entstandene *kognitive Offenheit* wird weiter unten eingehender und verständlicher beschrieben.

Umwelt wird immer in den Selektionen des Systems vorausgesetzt, die automatisch und aufgrund der Selbstreferenz zu einer von Systemstrukturen bestimmbare Komplexität umgewandelt wird – *Komplexität wird dann zur Kontin-*

genz (vgl. LUHMANN 2008e, S. 31). Operationen bezeichnen also etwas, dem sie schon selbst angehören. Die Differenz zur Umwelt geschieht durch die operative Schließung der Organisation. Sie ist zwar mit ihrer Umwelt gekoppelt, etwa mit Bewusstseinssystemen, doch sie kann nicht außerhalb ihrer Grenzen operieren. An dieser Stelle wird, wie eingangs schon angedeutet, ganz deutlich, worauf es Systemtheorie ankommt: *Erkenntnisse, die sich einstellen, wenn man diesen Grenzmechanismus zum Ausgangspunkt wissenschaftlicher Überlegungen nimmt.*

Das mag vorerst simplifizierend klingen. Doch hierbei geht es auch um eine ganz wichtige Positionierung: Systemische (anstelle von systemtheoretischen) Erklärungsmodelle etwa heben – und mögen diese noch so kompliziert aufgestellt sein – von einer gewünschten Systemstabilität ab, was letzten Endes nur *auf Harmonieannahmen aufbauende Wesensbeschreibungen* hinauslaufen kann. Wesens- bzw. Gegenstandsbeschreibungen tendieren schnell dazu, da diese eine hohe Interpretationsspanne zulassen, unscharf auszufallen[5]. Insbesondere in der Organisationstheorie scheint sich hinter der gewünschten, gesuchten und versuchten Systemstabilität das rationale Zweck/Mittel-Bild zu verbergen. Über Dekonstruktion von Rationalität wird noch viel die Rede sein, das hier angesprochene Problem: Gegenstandsbeschreibungen, streben danach, Paradoxien auszuschließen, *nicht, diese zu behandeln.* Dies geschieht theoriearchitektonisch über eine Inklusionshierarchie (vgl. LUHMANN 2006a, S. 40), die manche Variablen höher bewertet (z. B. formale Abläufe im Beschwerdemanagement) als andere (z. B. informale Sabotageakte durch einzelne Personen). Nun kann man soziale Systeme, wie etwa eine Organisation, schlechterdings in ein Labor stecken und so Erkenntnisse über diese und die moderne Gesellschaft gewinnen. *Systemtheorie – und das wird sich insbesondere beim Thema Organisation und Entscheidung als sehr deutlich herausstellen – nutzt die Faktizität der Paradoxie unter anderem als Erkenntnisgrundlage.* Paradoxien werden von der Systemtheorie zwangsläufig beobachtet, weil sie konsequent von Was- auf Wie-Fragen umstellt, das bedeutet die Beobachtung von Unterscheidungen (vgl. LUHMANN 1992, S. 98). Jede Unterscheidung ist paradox, was weiter unten noch entscheidungstheoretisch ausreichend begründet wird.

Wie beschrieben, ist die Organisation auf ihr eigenes operatives Netzwerk zurückgeworfen, und ihre Kommunikationen beziehen sich nur indirekt[6] auf ihre Umwelt. *Die Fähigkeit der Organisation, überhaupt zu existieren, ist also identisch mit der Fähigkeit, jene Grenze zur Umwelt aufrechtzuerhalten.* Hier kommt man wieder zur Selbstreferenz zurück, welche die operative Schließung ermög-

---

[5] „Bereits Kant hatte jedoch die Lust an solchen Einteilungsspielchen verloren und hier nur noch eine Erkenntnistechnik gesehen" (LUHMANN 2006a, S. 40).

[6] Hiermit sind dann die Irritationen gemeint, die die Organisation ihrer Umwelt zulassen kann.

licht. Denn Schließung ist notwendig für die Öffnung zur Steigerung sekundärer Komplexität, die also wiederum das interne Netzwerk zur Ausdifferenzierung anregt (vgl. LUHMANN 2006a, S. 222 ff). Aber nicht nur Öffnung durch Schließung ist es, die für die interne Ausdifferenzierung notwendig ist, sondern vor allem die alleinige operative Schließung, die der Organisation einen bestimmbaren Bereich ermöglicht, unabhängig von Umweltturbulenzen auf Irritationen aus der Umwelt zu reagieren: *Ein System ist der Umwelt also schon immer angepasst* (vgl. LUHMANN 2008b, S. 17)[7].

An dieser Stelle passt es ganz gut, die oben angesprochene und zweite wichtige Erkenntnis der allgemeinen Theorie sozialer Systeme näher zu betrachten: *Die Umwelt ist immer komplexer als das System*[8]: Mitglieder einer Organisation etwa sind zugleich *komplexere* Umwelt für die Organisation und umgekehrt. Dieses Beispiel ist nicht zufällig gewählt, zielt es doch auf jenen noch zu besprechenden Teil der Entscheidungsprämissen einer Organisation, der später bezüglich der organisatorischen Themengenese eine überaus erhebliche Rolle spielen wird: die *Selbstorganisation*[9].

Zurück zu den Systemen. Die gegenseitig wahrgenommene Komplexität hat Parsons schon als *doppelte Kontingenz*[10] identifiziert. Sie wirft also ein *Problem*[11] auf das, aufgrund der genaueren Behandlung im Kapitel 4.1, hier nur kurz skizziert werden soll: *Systeme beobachten sich gegenseitig.* Das bedeutet, wie jetzt schon allmählich deutlich wird, dass Systeme die jeweiligen Selektionen ihres Gegenübers als kontingent wahrnehmen (vgl. GANßMANN 2007, S. 63 ff). Man könnte es poetischer formulieren: Jedes System sieht im Gegenüber ein Meer an Möglichkeiten. Bezogen auf Personen in Organisationen mag das einleuchten und vieles erklären: Welches Mitglied durchschaut schon zur Gänze Form und Funktion der Organisation, welcher es angehört? Die Erkenntnisspanne erfährt jedoch eine spannende Erweiterung, wenn man dies zudem umgekehrt annimmt: *Welche Organisation vermag es, ihre Mitglieder und deren Interaktionssysteme in völliger Gänze wahrzunehmen, um diese wiederum technisch und formal*[12] *einbinden zu können?*

---

[7] Ein evolutionstheoretischer Aspekt, welcher der vulgären *Survival of the Fittest*-Logik völlig zuwider läuft.

[8] Streng genommen muss man sagen, dass die Umwelt weder komplex noch unkomplex ist, da sie ja ist, wie sie eben ist. Komplexität bezieht sich immer auf die Beobachtung des Systems. Die Umwelt ist für das System komplex (vgl. BAECKER 1999, S. 172), weshalb es immer dazu tendieren muss, Komplexität in Kontingenz umzuwandeln. Komplexität ist an sich nicht beobachtbar. In Kapitel 4.1 wird hierauf nochmals Bezug genommen.

[9] Hierzu mehr in Kapitel 5.

[10] Belegzitat und genauere Ausführung in Kapitel 4.1.

[11] Wie sich später herausstellen wird, ist das Problem die Lösung.

[12] Vgl. Kapitel 5 und 6. Insbesondere der Punkt der *Technisierung von Interaktionssystemen* tritt viele produktive Gedankengänge los.

Die doppelte Kontingenz stellt eine große Herausforderung an die Selektionsmöglichkeiten der Systeme dar: Sie schließt *Notwendigkeit* und *Unmöglichkeit* in Bezug auf Gegenwart und Zukunft völlig aus; anders gesagt: Das Aktuelle stellt sich als das Mögliche dar, das auch anders möglich, also nicht unbedingt notwendig wäre (vgl. SCHÜTZEICHEL 2003, S. 73). Zudem können und werden sich die erwarteten Möglichkeiten anders als erwartet realisieren. Auch hier schon erste Andeutungen bezüglich der Hauptthematik *Moral*[13] *der Organisation* und eine weitere Prämisse der allgemeinen Theorie sozialer Systeme: *Systeme sind auf Erwartungsstrukturen angewiesen* (vgl. SCHIRMER 2008, S. 92). *Die doppelte Kontingenz übersetzt sich quasi als ein Konglomerat von Enttäuschungsmöglichkeiten und fordert zu einer hohen Risikobereitschaft heraus* – wie unabdingbar überhaupt das Eingehen von Risiken für Organisationssysteme ist, wird weiter unten im Kapitel erläutert und belegt. Jedes System ist für sein Gegenüber eine Black Box. Dadurch entsteht ein doppelter Perspektivenhorizont mit der gegenseitigen Verweisung: „Ich tue, was du willst, wenn du tust, was ich will." (vgl. SCHNEIDER 2008, S. 113). Alter stellt seine Welt bedingt zur Verfügung, um somit die Eintrittskarte zu jener von Ego zu erhalten. Das bedeutet vor allem, dass die erwarteten Perspektiven Egos von Alter mit eingeschlossen werden müssen: Alter erwartet, dass Ego erwartet, was in der Systemtheorie auch unter dem Begriff *Erwartungserwartungen* subsumiert wird (vgl. ebd., S. 216). Es ist unschwer zu erkennen, dass die doppelte Kontingenz vor allem eines verbreitet: *Unsicherheit!* Sie löst sich im Prozess des Problemlösens ständig auf und regeneriert sich dabei gleichzeitig, was später anhand von Organisationsentscheidungen noch deutlicher wird. Diese Unbestimmbarkeit von Verhalten würde an sich die Systeme auf eine reine tautologische Zirkularität zurückwerfen. Doch das Problem wird zur Lösung und schlussendlich zur Basalerklärung bezüglich der Existenz sozialer Systeme: *Sie entstehen aufgrund jener Unsicherheit* (vgl. LUHMANN 2005b, S. 17). Systeme regeln Unsicherheit und somit die Kommunikation untereinander, dies durch *Erwartungsstrukturen*, wie etwa Moral und *symbolisch generalisierte Kommunikationsmedien*, wie etwa Macht (Politik), Geld (Wirtschaft) oder Wahrheit (Wissenschaft).

Die Organisation ist eine nicht-triviale Entlastungsmaschine. In den nachfolgenden Schritten soll diese systemtheoretisch bedingte und hier gemachte Aussage verdeutlicht werden.

Organisationen bilden sich aufgrund von Anerkennungs- und Mitgliedschaftsregeln; dies geschieht vor allem über Personalrekrutierung und Rollenspezifikation, wobei wichtig hierbei ist, dass nur eine begrenzte Anzahl von Personen Mitglieder einer formalen Organisation sein kann: dadurch wird sie

---

[13] Was Moral mit Erwartungen zu tun hat, wird in Kapitel 4 aufgeklärt.

identifizierbar (Selbst- und Fremdreferenz), kann sie Strukturen spezifizieren und ihren operationalen Zusammenhang ausdifferenzieren (vgl. LUHMANN 2006a, S. 110). *Die Letztelemente einer Organisation sind Entscheidungen* (vgl. MENSCHING 2008, S. 21). Wer also die Systemtheorie zur soziologischen Auseinandersetzung mit Organisationen heranzieht, befindet sich auch auf *entscheidungstheoretischem* Terrain. Und das ist die wichtigste Prämisse, die man an die Vorhergenannten anschließen muss, will man Organisationstheorie nach der allgemeinen Theorie sozialer Systeme betreiben. Entscheidungen sind eine sehr spezielle Art der Kommunikation, deren Selektivität immer auf Personen zugerechnet werden – dieser Punkt wird vornehmlich im Kapitel 5 und 6.1 eingehend besprochen und belegt, da hier insbesondere von Interesse ist, was es für Interaktionssysteme zu bedeuten hat, wenn offizielle Entscheidungen immer unter einem formalen Druck stehen.

Entscheidungen und Entscheidungsmöglichkeiten kommen in Organisationen mittels *Entscheidungsprämissen* zustande (vgl. LUHMANN 2006a, S. 222 ff.)[14]. Hier kommt vor allem der Punkt der *Entlastung* zur Geltung. Man könnte auch schon vorgreifen, indem man die knappe Formel aufbringt: *Entlastung durch Entscheidung!* Entscheidungsprämissen dienen dazu, den Alternativbereich der Möglichkeiten, also die Kontingenz, einzugrenzen, womit auch die operative Schließung der Organisation ermöglicht wird (vgl. ebd.). Zur sekundären Schließung werden weiter unten wichtige Erläuterungen folgen.

Wie kommt es in Organisationen zu den Entscheidungsprämissen? Oder anders und eindeutiger gefragt: *Was tut die Organisation dafür, um Kommunikation zu beschränken?* Hier helfen vor allem *Zweck-* und *Konditionalprogramme* (vgl. ebd., S. 261). Bevor die zwei anderen Entscheidungsprämissen – *Kommunikationswege* und *Personen* bzw. *Mitglieder* – dargestellt werden, lohnt sich ein genauerer Blick auf die Programme:

Die Systemtheorie greift hier auf ein verhaltenssoziologisches Modell aus den 1950ern zurück, das vor allem durch seine konstruktivistischen Züge besticht und insbesondere den Aspekt der Kommunikationsbegrenzung in das Blickfeld der Aufmerksamkeit rückt: das *Bounded* Reality-Modell der Individuen nach March und Simon[15]. Nach ihnen begegnen Individuen Entscheidungsdruck entweder mit einer Routinereaktion oder einer problemlösenden Aktivität, der Definition einer Situation (vgl. MARCH/SIMON 1976, S. 131). Bei der

---

[14] Und, wie sich später herausstellen wird: über die *Selbstorganisation* der Organisation.

[15] Luhmann greift bei seinen organisationstheoretischen Analysen oft auf diese beiden Wissenschaftler zurück. Was aber noch bemerkenswerter ist und in der Auseinandersetzung mit Luhmann fast *nie* zur Aussprache kommt, ist, *dass die Idee von kommunikationsbegrenzenden Programmen, einer der wichtigsten Theoriebausteine der Systemtheorie, organisationstheoretischen Ursprungs ist.*

Situationsdefinition wird vor allem immer nach einer Lösung gesucht, die schon vorhanden ist und in ähnlichen Fällen zum Erfolg führte. *Die Suche nach der optimalen Lösung entspricht somit nicht mehr den zweckrationalen Idealen der statistischen Entscheidungs- sowie der ökonomischen Organisationentheorie.* Hieran schließt sich ein wichtiger Punkt an, der für alle Organisationstheoretiker und Organisationsberater der systemtheoretischen Schule zwingend zu verstehen ist: *Alle Entscheidungsmöglichkeiten und Entscheidungskonsequenzen sind vor allem für Personen – aufgrund ihrer eingeschränkten Informationsverarbeitungskapazität – nicht abschließend aufzähl- sowie vorhersehbar.* Die Kernaussage hier ist: *Realität wird simplifiziert!*[16] Bei March und Simon geschieht dies aufgrund der Eigenarten der Individuen und – für diese Thematik wichtig – *Organisationsprogramme*. Diese begrenzen Realität und machen somit Entscheidungen für Personen erst möglich. Die Systemtheorie geht an dieser Stelle entschieden weiter, weil sie sagt, dass die Organisation selbst – als soziales System – ebenso auf „Realitätsbegrenzung" angewiesen ist. Nach March und Simon basiert jene „Reaktionsvereinfachung" – Standardprogramme also, die schon auf vorabklassifizierte Stimuli reagieren[17] – aufgrund dreier Komponenten:

> „[...] ein Repertoire von standardisierten Reaktionen, [...] eine Klassifikation von reaktionshervorrufenden Stimuli, [...], eine Reihe von Regeln, um bestimmen zu können, welche Reaktion für jede Klasse von Situationen geeignet ist" (MARCH/SIMON 1979, S. 153).

Was hier sehr *organisationspsychologisch* eingebettet zu sein scheint, wird später von der Systemtheorie an ihr eigenes Beobachtungsinstrumentarium *angepasst*: Der Begriff *Konditionalprogramme* ist sozusagen die systemtheoretische Übersetzung von March und Simons *standard operating procedures*, wobei sie komplementär dazu noch die *auf Zukunft gerichteten Zweckprogramme* beobachtet. Hierbei gelingt es der Systemtheorie, die Input/Output-Entscheidung einzuführen, ohne dabei zu sehr *planerisch* zu wirken:

> „Wir wollen die primär inputorientierten Programme *Konditionalprogramme*, die primär outputorientierten Programme *Zweckprogramme* nennen. [...] Konditionalprogramme unterscheiden zwischen Bedingungen und Konsequenzen, Zweckprogramme zwischen Zwecken und Mitteln" (LUHMANN 2006a, S. 261).

---

[16] Die Radikalisierung in der Systemtheorie ist, dass Realität ein Eigenprodukt der Selbst- und Fremdreferenz, also eine reine Konstruktion ist, was über die Simplifizierungssemantik deutlich hinausgeht.

[17] Die Systemtheorie wird später dazu *Irritationen* sagen.

Interessant an dieser Quelle ist nochmals die Verdeutlichung, inwieweit eine
systemtheoretische Organisationssoziologie auch eine Entscheidungstheorie ist.
Konditionalprogramme, welche die allgemeine Form des *wenn – dann* haben,
umfassen sozusagen die Bedingungen, die tatsächlich im Falle einer Entscheidung eintreten, dass etwa eine bestimmte Medizin nur auf ärztliche Verschrei-
bung herausgegeben werden darf (vgl. ebd., S. 263). Die Zweckprogramme haben ganz klar ihre Ausrichtung auf Zukunft[18]. Gerade hier wird die Konstrukti-
onsfähigkeit des Organisationssystems offensichtlich: Zwecks Einschränkung
der Wahl möglicher Mittel beschränkt man sich auf Vorgaben erwünschter, zu-
künftiger Zwecke; doch „[...] die Zukunft bleibt die Zukunft und Zwecke bleiben
Zwecke" (ebd., S. 267). Eine der wichtigsten Leistungen von Zweckprogrammen
scheint also darin zu bestehen, die Brüche zwischen Vergangenheit und Zukunft
reibungsloser zu gestalten (vgl. ebd.), wobei im gleichen Atemzug die
Zweck/Mittel- Unterscheidung fortlaufend zur Konstruktion von Alternativen
animiert (vgl. ebd.); schließlich bringt der Blick auf Zukunft viel irritierende –
für das System aber bedeutungsvolle – Unsicherheit in den operativen Organisa-
tionsablauf.

Zu den Programmen gesellen sich als zweites die *Kommunikationswege* zu
den Entscheidungsprämissen, also als *Entscheidungsbegrenzer*, um die nachfolgenden Gedanken anzudeuten[19]. Insbesondere hier erhalten Entscheidungen
sogenannte Bindungseffekte, die bewirken, dass deren Selektivität sich nicht
ohne weiteres auf die ganze Organisation auswirken kann; man denke etwa an
die Hierarchiestruktur, die es vermag, zuverlässige Erwartungen zu konstruieren.
Es ist dieser Punkt, der, nebst der organisationalen Selbstbeschreibungsleistung[20], auch unter der Bezeichnung *formale Organisation* zusammengefasst
werden kann, der naturgemäß auch ein Prozess ist, der wiederum auf vorangegangene Entscheidungsprämissen Bezug nimmt:

> „Über Entscheidungsprämissen können auch *Kommunikationswege* vorgeschrieben
> werden, die eingehalten werden müssen, wenn die Entscheidung als eine solche der
> Organisation Anerkennung finden soll. Dabei kommt es auf die als Entscheidungs-
> prämissen festgelegten Kompetenzen an; vor allem auf das Recht, bindende Wei-
> sungen zu erteilen, aber auch auf das Recht, angehört zu werden" (ebd., S. 225).

---

[18] Wie Zwecke in der Systemtheorie behandelt werden, wurde ja schon mehrfach angedeutet. Hier
nochmals eine gelungene Umschreibung in Bezug auf Zwecke als Konstruktion: „Vielmehr ist der
Entwurf von Zwecken, kantisch gesprochen, eine Leistung der reflektierenden Urteilkraft, die sich
ihren Gegenstand so zurechtlegt, *als ob er zweckmäßig wäre*" (ebd., S. 266).
[19] Siehe nachfolgendes Zitat.
[20] Dazu in Kapitel 5 mehr.

Die dritte Entscheidungsprämisse kommt über die *Mitglieder- und Personense-mantik* selbst zustande. Beides wirkt begrenzend. Man denke dann an ausdiffe-renziertere Strukturen wie Karrieretypen, persönliche Netzwerke, bestimmte Fähigkeiten und Kompetenzen oder gar an Reputation als entscheidungsbegren-zende Elemente: Die *Mitgliedschaft* als Konstruktion funktioniert als strukturelle Koppelung zwischen Bewusstseinssystem und Organisation und bündelt Motiv-unterstellungen wie ökonomische Nutzenkalkulation, Normbindung und – wie schon angedeutet – Karriereinteresse (vgl. ebd., S 110 ff.).

Person gilt in der organisationssoziologischen Systemtheorie als symboli-sierte Fähigkeit für Kommunikationsteilnahme, wobei sozusagen die Einheit der kommunikativen Dreifaltigkeit – Mitteilung, Verstehen und Information – ge-meint ist, aber auch das *Switching* zwischen Teilnahmepositionen und die dies-bezügliche Rücksichtnahme aufeinander (vgl. ebd., S. 92)[21].

Programme, Kommunikationswege und Personen, das kann man zusam-menfassend an dieser Stelle sagen, bilden also die Erwartungsstrukturen, wobei klar sein muss, dass die Variation einer Prämisse nicht immer die Variation einer anderen nach sich ziehen muss. *Es geht darum, Kontingenz nutzbar zu machen*[22]*, was über die Verdichtung der Prämissen zu Arbeitsstellen geschieht*: Dabei sind die drei Prämissen der Arbeitsstellen auch den drei Entscheidungsprämissen zuzuordnen: Die Stellenaufgabe verweist auf den Programmaspekt; jede Stelle gehört einer gewissen Abteilung an, ist also einem Kommunikationsweg unter-worfen und ist schlussendlich mit einer Person[23] besetzt.

Bei der Beobachtung der moralischen Ideenevolution und der diesbezügli-chen Entwicklung des Moralcodes in Kapitel 4 fällt der Blick auf einen markan-ten Punkt, nämlich auf die Ausdifferenzierung der Teilsysteme durch Organisa-tionen, dass nämlich die Co-Evolution zwischen Mitgliedern und der Organisati-on in einem starken Sog der Entscheidungsprämissen stehen muss. Wenn man das Verhältnis zwischen Organisation und Interaktion verstehen will, dann muss man einen genaueren, vor allem entscheidungstheoretischen Blick auf den Ge-genstand werfen.

---

[21] „Das System hat, anders gesagt, unter der Bedingung kalkulierter Humanität zu operieren" (ebd., S. 92).

[22] Was also gleich bleiben oder verändert werden soll.

[23] Über *Personen,* die sich in Form von *Stellen* konstituieren, tritt die Organisation wiederum als Medium in Erscheinung (vgl. LUHMANN 1994, S. 310 ff.). Mit der Unterscheidung Form und Medium kann der Systemtheoretiker noch radikaler die Sowohl-als-auch-Wirklichkeiten zum Dauer-thema seiner Beobachtungen stilisieren, um Auflöse- und Rekombinationsfähigkeiten unter dem Aspekt der Elastizität zu beobachten. Nichts anderes wird in Kapitel 4 unter den Begriffen formal, informal und Selbstorganisation diskutiert. Die Unterscheidung Form und Medium ist in der System-theorie immer anbringbar, doch hier soll der Vorschlag gemacht werden, diese, wenn es um Organi-sation geht, in Fragen der Flexibilität und Elastizität heranzuziehen.

Die Überlegung ist also: Organisation operiert unter der Prämisse, Strategien für ihre eigene Entlastung zu finden; sie entwickelt fortwährend neue Möglichkeiten, um Entscheidungsdruck ertragen zu können. Was also geschieht, ist, dass Kontingenz durch Entscheidungen fixiert wird. Das wäre dann Kontingenztransformation. Dabei erhöht sich paradoxerweise wiederum die Kontingenz, da anders hätte entschieden werden können (vgl. LUHMANN 2006a, S. 142): Somit ist die Organisation fortwährend dabei, jene Unsicherheiten, die in jeder Entscheidung steckt, abzuarbeiten. Dabei differenziert sie sich nicht nur aus, sie macht sich, da Entscheidung an Entscheidung gekettet wird, unabhängig von der Zeit, die in ihrer Umwelt herrscht[24]. Treibt man diese Beobachtungsweise auf die Spitze, dann kann man auch sagen, dass Entscheidungen überhaupt Organisationen erschaffen (vgl. BAECKER 1999b, S. 138). Schließlich liegt ihrem Gründungsakt eine Entscheidung zugrunde.

Die Entscheidung ist *die* Kommunikationsform in der Organisation und sie wird zur Entscheidung, wenn sie von anderen Entscheidungen abgeholt wird (vgl. ebd.). Baecker beschreibt die Entscheidung als etwas Virtuelles: Sie weist auf ihre Einlösung in weiteren Entscheidungen und ist zudem auf jene Einlösung angewiesen, „[...] um sein zu können, was sie ist" (ebd., S. 138). Und selbst scheinbar Unentscheidbares erscheint auf dem Radar der Entscheidungsneigung und wird somit wiederum Gegenstand von Entscheidungsprozessen (vgl. ebd., S. 139).

Weiter oben war die Rede davon, dass der Unsicherheitsabbau durch Entscheidung neue Unsicherheit schafft, dies im Sinne der Organisationsausdifferenzierung. *Das bedeutet, dass Entscheidungen Kommunikationen sind, welche die Problemkomplexität nicht aus der Welt schaffen, sondern, und das ist ihre größte Leistung, eben jene variieren; in den Entscheidungen liegen bereits neue, die Annahme, Ablehnung und Variation vorprogrammieren* (vgl. ebd., S. 140). Will man diese entscheidungstheoretischen Annahmen systemtheoretisch brauchbar machen, dann muss der Verknüpfungsgedanke vorerst in eine zweitrangige Position verwiesen werden. *Das bedeutet, dass die Entscheidung als Aufforderung vorangestellt wird, die auf ihre Einforderung pocht und bis zu dieser in der Schwebe liegt* (vgl. ebd., S. 142). *Und es ist auch diese Annahme, die es möglich macht, Interaktion – wie weiter oben schon besprochen – unter dem Zugzwang organisatorischer Entscheidung zu betrachten.*

Eine Entscheidung ist systemtheoretisch gesehen eine Unterscheidung. Dabei wird etwas Bestimmtes *markiert* und anderes *unmarkiert* gelassen. Um zu klären, was damit passieren kann, eignet sich die Systemtheorie in einem ersten

---

[24] Zur Zeitbindung mittels Entscheidung weiter unten, mit Beleg.

Schritt die Erkenntnisse Spencer Browns an[25]: *the law of calling* besagt, dass die Markierungsleistung wiederholt und bestätigt wird, wobei *the law of crossing* wiederum bestätigt, dass durch das Anschlussfähigmachen des Ausgeschlossenen die Blickrichtung geändert werden kann. Dass man die gleiche Unterscheidung noch einmal trifft, ist unwahrscheinlich[26], hier kommt das *re-entry* ins Spiel, die Wiedereinführung der Unterscheidung also, somit auch die variationsprovozierende unmarkierte Seite.

All dies, und jetzt kommt die Systemtheorie wieder ins Spiel, geschieht *kommunikativ*. An dieser Stelle kann man nochmals zusammenfassend sagen, was Systeme machen, *wenn sie beobachten, sprich kommunizieren*: Zu ihrer Beobachtung ziehen sie die Unterscheidung heran, die gleichzeitig auch ihre System/Umwelt-Grenze markiert. Mit dieser Unterscheidung konstruieren sich Systeme sozusagen ihre Umwelt. Daher kann man auch sagen, dass, wenn Ego Alter sieht, Ego Alter Ego sieht[27]. Bei jeder Unterscheidung, im Falle der Organisation würde man auch Entscheidung sagen, bleibt eine unmarkierte Stelle über, die aber in das System zurückkopiert wird. Im Falle der Organisation sind es die oben genannten Entscheidungsprämissen, welche diese System/Umwelt-Grenzziehung ermöglichen. *Diese gestatten die erste Schließung des Organisationssystems* (vgl. LUHMANN 2006a, S. 9 ff). Da aber die Entscheidungsprämissen nicht berücksichtigen können, was sie nicht berücksichtigen können, wird bei jeder Entscheidung ein Stück Kontingenz, der *unmarked space* also, wieder in das System hineinkopiert, was einen weiteren, sekundären Komplexitätsaufbau im System herbeiführt. Mit letzterem ist das gemeint, was man in der Systemtheorie unter *doppelter Schließung* eines Systems versteht (vgl. ebd.). *Hier geschieht Kognition, hier lernt also das System.*

Zurück zum kommunikativen Aspekt der Unterscheidung. Diese wird erleichtert oder belastet durch die Option, dass sie Mitteilung und Information anschließbar sind[28]. Den Unterschied Mitteilung und Information muss die *Unterscheidung Entscheidung* berücksichtigen können, will diese selbst zur Kommunikation werden. Die kommunikative Unterscheidung steht zu den oben genannten Unterscheidungsgesetzen insofern quer, als dass Markiertes übernommen oder Unmarkiertes angemahnt werden kann, so dass bisher Ausgeschlossenes oder gar die Selektion selbst thematisiert werden kann:

---

[25] Für einen ausführlicheren Überblick siehe Kauffmans Aufsatz *Das Prinzip der Unterscheidung* im Sammelband *Schlüsselwerke der Systemtheorie* (bibliographische Angaben unten).
[26] Obgleich man durchaus bezüglich der Konditionalprogramme behaupten kann, dass diese so konstruiert sind, die gleichen Unterscheidungen gemäß *the law of calling* zu forcieren, was ihre verlangsamte Anpassungsfähigkeit erklären könnte.
[27] So befremdlich diese Formulierung im ersten Moment auch klingen mag.
[28] Siehe nachfolgendes Zitat.

„Jede Entscheidung ist eine Entscheidung im Horizont von Nichtentscheidungen, eine Bestimmungsleistung im Horizont von Unbestimmtem [...]" (ebd., S. 143).

Jede Kommunikation, die sich an Entscheiden anschließt, ist also eine Entscheidung. Zwar kann sich eine Organisation zu bestimmten Selbstbeschreibungszwecken, man denke an ein Firmenjubiläum, zum Produkt seiner Vergangenheit stilisieren, selbst das wird alles in Form von Entscheidungen präsentiert: Nur und ausschließlich Entscheidungen produzieren und reproduzieren Organisation, und alle „Dramen", die sich innerhalb der Organisationsgrenzen abspielen mögen, spielen sich auf der Bühne der Reproduzierbarkeit von Entscheidungen ab (vgl. ebd., S. 144). Es ist leicht nachvollziehbar, dass nicht alle Kommunikation auf Entscheidungen rückführbar sein muss, aber, *und das ist der Unterschied zu anderen sozialen Systemen*, alles, was in Organisationen geschieht, muss als Entscheidung oder Nichtentscheidung gelten können (vgl. ebd.). Gerade Baeckers Betonung, dass jene Bühne der Reproduzierbarkeit von Entscheidungen das Maß aller Organisationsoperation ist, alles andere würde sich auch in anderen sozialen Systemen abspielen, unterstreicht hier die mehrfach angedeutete These, dass Interaktionssysteme in Organisationen im Sog der Entscheidung stehen, dass es sich also hier um eine spezielle Form von Koppelung handelt[29].

Dies wird umso deutlicher, wenn man nachvollzieht, was Entscheidungen im Klartext für eine Organisation bedeuteten:

„Worauf es letztlich anzukommen scheint, um eine Entscheidung als Entscheidung ausweisen zu können, das ist die Übernahme des Risikos, angesichts aller möglichen Arten von Ungewissheit, Komplexität und Widersprüchlichkeit an einem bestimmten Punkt eine Gewissheit, einen Ausgangspunkt, eine Bestimmtheit zu produzieren" (ebd., 146).

Entscheidungen, und das wird in Kapitel 4.2 nochmals ausführlich besprochen und belegt, sind *selbsterzeugte Schadensmöglichkeiten*, die für andere eine Gefahr darstellen. Hier wird Zeit gebunden, indem zukünftiges Risiko an gegenwärtige Entscheidungen gebunden wird. Hier bekommt das Hineinkopieren von Unsicherheit in das System eine neue Qualität: *Jede Übernahme von Risiken führt zu neuen Risiken*[30]: Wer jeden Tag einen Regenschirm einpackt, geht das Risiko ein, diesen irgendwann zu vergessen. Und wer jeden Tag mit erhöhtem Risikobewusstsein die Wettervorhersage studiert und Regenschirm sowie Re-

---

[29] Nicht aber um eine spezielle Form von Interaktionssystemen: Das wird sich später bestätigen. An ein System gekoppelt zu sein, das die Anforderungen in Entscheidungsdruck umformuliert, das wird in Kapitel 5 eingehend erläutert, auch, welche Strategien Interaktionssysteme entwickeln, um jenem Druck standzuhalten.

[30] Belege und genauere Ausführungen zum Thema Risiko/Gefahr in Kapitel 4.2.

genmantel mit einpackt, geht auch mehr Risiken ein, weil er mehr – kontingent gesetzte – Umstände mit einkalkulieren muss. Wie oben bei der doppelten Schließung schon angedeutet, ist das Organisationssystem unbedingt auf die Steigerung der selbsterzeugten Ungewissheit angewiesen, um eben die innere Komplexität, also die Fähigkeit, Irritationen in Wissen umzuwandeln, zu steigern (vgl. LUHMANN 2006a, S. 317). Der Ungewissheitssteigerung steht dann wiederum die Reduktion von Komplexität etwa über horizontale und vertikale Arbeitsteilung, die wiederum relativ kritikimmun ist, gegenüber (vgl. ebd.).

Das alles führt zur Faktizität, dass es das Gedächtnis der Organisation ist, das den Veränderungsdruck aus der Umwelt wahrnehmen und testen kann (ebd., S. 319). Die Alarmglocken sind in den Entscheidungsprämissen verankert, womit die Organisation auf Komplexität mit der Unterscheidung *Normalverlauf/alarmierende Zeichen* reagiert (vgl. ebd., S. 318).

Es ist also die Erwartung des Unerwarteten, die einkalkulierte Abweichung vom Normalverlauf, die das Organisationssystem produktiv-blind für die Paradoxie des Entscheidens, es hätte so oder auch anders entschieden werden können, macht und es fortwährend zum Lernen zwingt.

Die Unaufhörlichkeit des Entscheidens gilt für alle Bereiche und Positionen der Organisation, wenngleich mit unterschiedlicher Wertigkeit. Von dezidiert basisdemokratischen Entscheidungen in „selbstverwalteten Betrieben" abgesehen, die als alternative Organisationsform deutsche Unternehmensleitungen in den siebziger und achtziger Jahren des 20. Jahrhunderts erheblich verunsicherten (vgl. JÄGER 1988), fallen Entscheidungen von Rang (z.B. Investitions-, Veränderungs-, Personalentscheidungen) auf der Ebene des (höheren) Managements.

Was hat nun Management mit Organisation zu tun? Begreift man Organisation mit FOUCAULT (2008) als „Spielraum" (Luhmann wird die Anleihe zulassen), der durch Machtverhältnisse formiert wird und die Spiel- und Möglichkeitsräume anderer konditioniert, gelangt man zu einem Möglichkeitsfeld, in das sich das Verhalten der Organisationsmitglieder eingeschrieben hat. Diese Strukturierung des Feldes möglicher Handlungen erfasst Foucault mit dem Begriff der „Führung", in unserem Fall also Management. Führung ist zugleich die Tätigkeit des „Anführens" anderer und die Weise der Selbstorientierung des Verhaltens, der „Selbstführung". Machtverhältnisse sind Verhältnisse der „Meta-Führung", des „Führens der Führungen". Dafür setzt FOUCAULT (2006) den Begriff „Gouvernement" bzw. „Regierung" ein als jeweils historisch spezifisches Set („Dispositiv") von Wissen und Praktiken der Selbst- und Fremdorientierung. Management ist nun Teil dieses Regierungsdispositives bzw. der Institution Organisation, und lässt sich als Element der Gouvernementalität der Moderne fassen – als ein Konzept der Meta-Führung, der „Führung von Führungen". Die Vorstellung, Manager stünden für Dynamik, Flexibilität, Innovation, Verantwortung, für straffe Führung, vor allem aber für Entscheidungskompetenz über gesellschaftlich relevante Ressourcen nicht zuletzt aufgrund von Intuition und Risikobereitschaft in Verbindung mit hoher Professionalität, hat sich gesellschaftlich fest etabliert. Die Konnotation „Manager" ist dabei mit riskanter Entscheidungsvollmacht verbunden: Manager regeln, kompensieren, handhaben und organisieren Unvollständigkeit, Unsicherheit, Unplanbarkeit und Mehrdeutigkeit. Manager gelten als Träger formaler Rationalität schlechthin.

Die gegenwärtig forcierte Anbindung der (Arbeits-)Organisation an *Märkte* mit erhöhtem Entscheidungsrisiko allerdings vervielfacht Unsicherheit. Dass das Management stets selbst Produzent von Unsicherheit (und eben nicht nur ‚Opfer') ist, erscheint aus Luhmannscher Sicht als ein Normalvorgang, der nun in Foucaultscher Diktion aus dem Grunde verstärkt auftritt, weil der Markt eine intensive Betonung von Handlungsrationalitäten bedingt, d.h. es wird die „Ökonomisierung der Vernunft" (Pohlmann) vorangetrieben, will sagen: nicht mehr allein technischer und produktionsorientierer Vernunft wird das Wort geredet, sondern das Verwertungsinteresse des Kapitals gerät zunehmend unter *markt*ökonomische Handlungsleitlinien.

Der Markt aber entzieht sich einer rationalen Planung und Bearbeitung wie bisher Technik und Produktionsorganisation; die verniedlichend „Krise" genannte aktuelle Entwicklung von Finanzen und Wirtschaft legt beredtes Zeugnis davon ab. Das zieht erhebliche Konsequenzen für die Wissensgenerierung in Organisationen im Allgemeinen und für das Wissen von Managern z.B. als Grundlage des „Veränderungsmanagements" und der Führung nach sich (Stichwort: Wandel des Wissens vom Wissen 1.Ordnung – was man weiß – zum Wissen 2. Ordnung – wie man weiß). Die Folge ist riskantes Wissen mit der Folge riskanter Entscheidungsvollmacht im Besonderen. Hinzu treten personalpolitische Veränderungen und damit andere Führungsmerkmale: *Werthaltungen* wie Selbständigkeit und Selbstverantwortlichkeit/kontrollierte Autonomie der abhängig Beschäftigten gewinnen an Bedeutung, gehen in Führungsansprüche wie in Strukturen der Organisation ein. *Diese beiden Entwicklungen führen zu Forderungen nach einer grundlegend anderen Gestaltungs-, Organisations- und Planungs- und Vermittlungsperformanz des Managements;* sie sind deutlich vernehmbar und nicht länger auszublenden. Das bedeutet im Kern: Nichts anderes als das Problem der *sinnkonstruierenden* Leistung des Organisationssystems steht auf der Tagesordnung, die Frage nach *Sinn und Sinnstiftung* in und durch Organisation wird hoch virulent. Kaum zum Thema gemacht, wird die Sinnsuche offenbar bereits fündig - sie mündet in Forderungen nach einer *neuen Moral* der Organisation. Und auch hier sind Umsetzungskonzepte schnell bei der Hand: Das Management der Moralisierung umfasst zahlreiche Spielarten, von der „Rückkehr des ehrbaren Kaufmanns" protestantischer Provenienz über „Corporate Social

Responsibility", dessen Anfänge bereits in den dreißiger Jahren des 20. Jahrhunderts liegen, bis hin zur „gesellschaftlichen Unternehmensverantwortung", zum Topos der ‚aufgeklärten' Moderne stilisiert. Das wird uns noch interessieren; zuvor aber weitere Arbeit an der Rahmung des Textes.

2.1 Organisation und Gesellschaft

> *The outside is a void, there is only*
> *the inside.*
> *Karl E. Weick*

„Die Gesellschaft besteht [...] aus einer Vielzahl von perspektivisch-heterogenen System/Umwelt-Beziehungen in sich selbst; zum Beispiel: aus Wirtschaft-und-deren-Umwelt; Wissenschaft-und-deren-Umwelt; Politik-und-deren-Umwelt; Erziehung-und-deren-Umwelt; und aus sonst nichts. [...]. Sie ist ein System der Interdependenzen von System/Umwelt- Beziehungen" (LUHMANN 2008c, S. 204).

Wichtig bei diesem Zitat ist die Tatsache, wenn man es auf Organisation beziehen möchte, dass es wohl aus Systemsicht viele Umwelten in der Gesellschaft gibt. Die Differenz von System und Umwelt wird in der Organisation selbst pro- und reproduziert, wobei dadurch der Zwang entsteht, Umwelt zu beachten (vgl. LUHMANN 2006a, S. 36). Dabei sind Unterscheidungen wie rational/nichtrational, Zwecke/Mittel, formal/informal wiederum Bezüge auf *verschiedene Umwelten* des Systems (vgl. ebd., S. 37). Was hier beschrieben wird, ist also die Fremdreferenz der Organisation:

„Was im Organisationssystem als Umwelt beobachtet wird, ist immer ein eigenes Konstrukt, also eine Ausfüllung der Fremdreferenz des Systems. Die Umwelt validiert gewissermaßen die Entscheidungen des Systems, indem sie den Kontext abgibt, der es erlaubt, retrospektiv festzustellen, wie man entschieden hat" (ebd., S. 52).

Und trotzdem ist die Organisation, wie sich in Kapitel 5 herausstellen wird, strukturell mit ihrer *eigentlichen* Umwelt gekoppelt, trotzdem muss sie Irritationen aus der Umwelt annehmen, will sie Umwelt irritieren. Dass sie Umwelt wahrnimmt, wird also nicht in Frage gestellt, sondern, *was* sie davon aufnimmt und noch wichtiger, *wie* sie diese aufnimmt. Im Rahmen der doppelten Kontingenz – jeder kann immer anders handeln – liefert die Organisation schon einen ersten wertvollen Dienst an die Gesellschaft, indem sie Unsicherheiten symbolisch in der *Mitgliedschaft* bündelt (vgl. LUHMANN 1998, S. 829). Jeder kann so oder auch anders handeln, aber nicht wirklich. *Will man die Umwelt der Organisation sehen, und zwar jene, die Organisation nicht sehen kann, dann muss man sich von den Organisationen insofern wegbegeben, als dass man diese als Umwelt der Gesellschaft – oder auch der Interaktion – beobachtet.*

Organisationen vollziehen, wie alle Systeme, Gesellschaft in der Gesellschaft (vgl. LUHMANN 2006a, S. 383). Sie sind von Kommunikation umgeben und operieren aufgrund dieser. Wie alle Systeme, und wie oben ausführlich erläutert, vollzieht die Organisation auf ihre ganz spezielle Art und Weise Kommunikation, ja, sie *organisiert* diese sozusagen, *dies über das unsicherheitsabsorbierende Entscheiden und Nichtentscheiden* (vgl. ebd. und vgl. ebd., S. 183).

Will Gesellschaft einerseits Unsicherheit absorbiert bekommen, so ist sie zwecks ihrer Ausdifferenzierung auch auf Irritationen angewiesen. Auch sie braucht den unmarkierten Raum, um kommunikativ zu wachsen. Auf der anderen Seite der Organisiertheit entsteht also ebenso *Nichtkoordination durch koordinierte Anarchie* (vgl. ebd., 390).

Organisationssysteme stellen innerhalb der Gesellschaft *Interdependenzunterbrechungen* dar und strukturieren somit Kommunikation zu einer gesellschaftlichen *Ultrastabilität*: Die Preisbildung von Hautcreme hat sich etwa an der von Flaschenbier zu orientieren, und der Konkurs eines Unternehmens hat nur begrenzt den Konkurs anderer Unternehmen zur Folge (vgl. ebd., S. 394).

Organisationssysteme sind an *strukturellen Kopplungen* zwischen den Funktionssystemen beteiligt: Gewerkschaften und Arbeitgeber- oder Industrieverbände vermitteln etwa zwischen Politik und Wirtschaft (vgl. ebd., S. 398).

Wie in Punkt zwei noch ausführlicher erläutert wird, steht die Gesellschaft vor ihrem Selbstanspruch im ersten Augenblick relativ unbeholfen da:

„Die Ausdifferenzierung der Funktionssysteme begleitet die Öffnung funktionaler Kommunikationskontexte für alle Gesellschaftsmitglieder" (FARZIN 2006, S. 43).

Es ist leicht nachzuvollziehen, dass die Gesellschaft diesem Inklusionsanspruch nicht nachkommen kann, weshalb sie auf Organisationen angewiesen ist. Diese, weil sie Mitglieder zulässt oder ausschließt, betreibt *Exklusion als Normalfall* (vgl. LUHMANN 2006a, S. 390). *Es gibt keine Freiheit ohne Freiheitseinschränkung und keine Gleichheit ohne Ungleichheit* (vgl. ebd., S. 391). Inklusion und Exklusion sind zwei Seiten einer Differenz, die sich bedingen und gegenseitig unterlaufen müssen. So kann man etwa in einer ‚freien Marktwirtschaft' frei darin sein, alles Kaufbare zu kaufen und wird gleichzeitig mit Zah lungsfähigkeit in der Konsumfreiheit limitiert. Die Inklusionsmechanismen der Gesellschaft sind zu unkoordiniert, als dass sie auf Einzelschicksale Rücksicht nehmen könnten: Die Gesellschaft muss Exklusion geschehen lassen (vgl. ebd., S. 392). *Ob Wirtschaftsorganisation oder Obdachlosennotschlafstelle, Organisationen schließen nicht nur aus, sie holen dann wiederum die Einzelschicksale zurück in die Gesellschaft – und dies in Massen.*

3 Exkurs: Organisationstheorie und Dekonstruktion von Rationalität

In aller Mehrdeutigkeit formuliert:
Rationale Entscheidungen sind die
heiligen Kühe der Moderne.
Uwe Schimank

Ist die (Organisationsum-)Welt beherrsch-, sind Organisationsmitglieder berechenbar? Wenn man sich der Teildisziplin Organisationssoziologie zum ersten Mal nähert, so fällt als erstes ihre Verwandtschaft und Verwobenheit mit der Industrie- und Betriebssoziologie auf, und in der Tat, ihre großen Sprünge machte sie hierzulande – und seit dem Zweiten Weltkrieg insbesondere – durch die Forschung an und in Industrieunternehmen (vgl. ALLMENDINGER/HINZ 2002, S. 9).

Seit jeher berufen sich Organisationssoziologen auf Max Webers „Wirtschaft und Gesellschaft" – welches posthum 1922 veröffentlicht wurde – als Startschuss für die Organisationssoziologie, oder aber sie sind damit bemüht, die organisationssoziologische Bedeutung jenes Werkes zu relativieren (vgl. ENDRUWEIT 2004, S. 10). Trotz aller Debatten muss man den Boom in Deutschland auf den Boom der Organisationssoziologie in den Vereinigten Staaten zurückführen, der sich zu Beginn vornehmlich auf der empirischen sowie theoretischen Abarbeitung des Weberschen Bürokratiemodells gründete (vgl. ABRAHAM/BÜSCHGES 2009, S. 75).

Das erklärt im Ansatz, warum man lange Zeit die Organisationssoziologie im semantischen Fahrwasser der Wirtschaft vorfand und warum man noch dazu geneigt ist, diese Teildisziplin dort über weite Strecken weiterhin zu verorten. Organisationssoziologie impliziert seit jeher, dass es ihr weniger um wissenschaftliche Neugierde ginge, sondern mehr um ihr Versprechen, dass das von ihr produzierte Wissen *sozialtechnologisch* anwendbar sei (vgl. PREISENDÖRFER 2008, S. 13). Dahinter kann man einen Motivkatalog vermuten, der auf der Zweck/Mittel-Achse seine Variation und Vergrößerung findet. Und diese Unterscheidung findet man insbesondere in Organisationen der Wirtschaft als vorrangig. Selbst wenn man, um ein extravagantes Beispiel heranzuziehen, diese Logik etwa auf den Militärbereich ausdehnt, so steht doch oftmals der Gedanke der monetären Einsparungspotentiale, also ein an Wirtschaftlichkeit ausgerichtetes Erkenntnisinteresse, im Vordergrund (vgl. ebd.). Und auch neuere Texte der Organisationssoziologie sind den *Organisationsprototypen* Unternehmens- und Arbeitsorganisation verpflichtet (vgl. MÜLLER-JENTSCH 2003, S. 9).

Zugleich muss man aber auch sagen, dass die Organisationen anderer gesellschaftlicher Teilbereiche den anderen wissenschaftlichen Teildisziplinen, wie etwa der Politologie oder der Pädagogik, vorenthalten waren, man denke hier an Parteien oder Schulen. Darüber hinaus muss auch zur Kenntnis genommen werden, dass die Organisationssoziologie seit frühester Zeit immer wieder mittels kontingenz-, evolutions- und systemtheoretischer Ansätze versucht, den zweckrationalen Rahmen ihrer tradierten Verortung zu strapazieren. Vor allem die neuere Organisationssoziologie versucht sich in eine Theorie zu transformieren, die alle Organisationen umfassen, universelle Determinanten ermitteln und interdisziplinär angelegt sein will (vgl. ABRAHAM/BÜSCHGES 2009, S. 75).

Der Systemtheoretiker fragt sich an dieser Stelle: Wie kommt diese Entwicklung in der Organisationssoziologie zustande? Hat dies mit dem gesellschaftlichen Wandel zu tun? Und in diesem Zusammenhang damit, dass die Organisationstheorie dem Wandel hinterherhinkt? Bei genauerer Betrachtung der Sachlage kommt man jedoch zu einer überraschenden Antwort: *Die Organisationstheorie hinkt hinter sich selbst her und sie ist erst heute so allmählich im Begriff, sich selbst auch wieder einzuholen.* Verwandt und verwoben mit der Arbeits- und Industriesoziologie verortete sie seit jeher ihre Suche nach Wahrheit, wie angedeutet, auf der Zweck/Mittel-Achse der Wirtschaft, die auf der basalen Ebene jene Vorstellung hervorbringt, in der eine Organisationsleitung sich mit dem Zweck der Organisation identifiziert und die ihre unterstehenden Mitglieder und Organisationsroutinen als kostengünstige Mittel zum Zweck einsetzt – eine *Harmonie-Annahme* (vgl. LUHMANN 2006a, S. 26). Dass Organisation von Anbeginn immer mehr war, versteht sich von selbst. *So ist es nicht verwunderlich, wenn die Organisationssoziologie, insbesondere bei ihrer Selbstbeschreibung, fortwährend und bis heute mit der Dekonstruktion ihrer eigenen Rationalitätsannahmen beschäftigt ist.*

Die nachfolgenden Veranschaulichungen können im Rahmen dieses Textes nur exkursiv sowie ausschnittartig erfolgen. Dennoch soll der vorhergehende Sachverhalt etwas besser verdeutlicht werden.

Parrow etwa führt den Siegeszug der Organisation auf die kapitalistische Wirtschaftsweise zurück und bringt dies, ähnlich wie Weber, mit der Rationalisierung aller Lebensbereiche in Verbindung (vgl. TAUCHNITZ 2003, S. 12). Meint Parrow hier noch die Entwicklungen der letzten 200 Jahre, so geht Tauchnitz noch weiter zurück auf das 16 Jahrhundert, wo er das Milieu der Organisationsbildung vermutet (vgl. ebd., S. 24 ff.). Aber auch hier wird die *Verorganisierung* der Gesellschaft auf die Sockel ausgeweitete Warenproduktion, technische Neuerung und Akkumulationsschub gestellt (vgl. ebd.).

Eine Alternative zum Rationalisierungsansatz hinsichtlich der Entstehung von Organisationen bieten Überlegungen zum Thema *Inklusion* und *Exklusion* in der modernen Gesellschaft. Diese musste auflösen, dass Exklusion nicht mehr über Zugangs- und Partizipationsfragen geschehen konnte, die über die ständisch-hierarchischen Termini zu beantworten waren (vgl. STICHWEH 2005, S. 9 ff.). Zudem musste sich die vormoderne Gesellschaft immer mehr mit der Marginalisierung ganzer Bevölkerungsgruppen auseinandersetzen, die selbst in den untersten Kategorien der ständischen Ordnung nicht mehr auftauchten: die Armen, die sich in einer Berücksichtigungszwickmühle zwischen karitativer Aufmerksamkeit und Kontrolle befanden (vgl. ebd.). Beide Exklusionsformen werden ab der zweiten Hälfte des 17. Jahrhunderts zunehmend instabil, und insbesondere die Funktion des Hospitals „[...] vor seiner Umdefinition als strategischer Ort des Vollzugs von Inklusion in das Gesundheitssystem" (ebd., S. 19)[31] fügt sich funktional zwischen karitativem und kontrollierendem Verständnis ein. Das sind zwei Begriffe, die sich schwer in ein rationalistisches Weltbild einbauen lassen. Nur ein Beispiel, aber: Das bedeutet, Organisationen müssen seit Anbeginn mehr leisten als zweckrationale Verwertung. Sie müssen den Vollinklusionsanspruch der sich mehr und mehr ausdifferenzierenden Gesellschaft abfedern, indem sie das Publikum zusammenfassend inkludieren (vgl. ebd., S. 40). Dies gelingt den Organisationen durch die Differenzierung einer Differenzierung: In den Teilsystemen entstehen Publikumsrollen wie Patient, Konsument, Wähler, Rechtsperson und so weiter, während Organisationen diese wiederum über Leistungsrollen wie Arzt, Verkäufer, Politiker, Richter und so weiter inkludieren (vgl. FARZIN 2006, S. 67).

Man sieht, Organisationsbildung ist in jedem Teilsystem notwendig, nicht nur im Wirtschaftssystem. Und das ist es auch, was die neuere Organisationstheorie zu verstehen beginnt: den Blick auf Gesellschaft, über die Organisationen, die dieser eine noch komplexere Ausdifferenzierung ermöglicht.

Die Krise der Rationalitätslogik wird aber im Grunde genommen durch die System/Umwelt-Differenz selbst ausgelöst (vgl. LUHMANN 2008c, S. 207): Die Autopoiesis des Organisationssystems orientiert sich an sich selbst durch die Differenz von System und Umwelt, womit sie wiederum, über die Verfügung *ihrer eigenen* Umwelt, über sich selbst verfügt (vgl. ebd., S. 211). Die Informationen, die man über diese Beobachtungsweise gewinnen kann, haben nichts mehr mit den herkömmlichen Rationalitätsvorstellungen zu tun, die etwa mit tech-

---

[31] Was gleichzusetzen ist mit der Umdefinition zu einer Organisation der modernen Gesellschaft.

nisch-normativer Umweltbeeinflussung gemeint sind: *Weltbeherrschung* ist also so nicht möglich (vgl. ebd., S. 213). Eine Organisation, die sich an einer vermeintlich kalkulier-, also veränderbaren (Um-)Welt normativ abmühte, würde am eigenen kognitiven Stillstand zugrunde gehen. Damit ist die Fremdreferenz des Organisationssystems gemeint. Was aber ist mit der Selbstreferenz?

> „Kein Pädagoge und kein Schulplaner weiß oder kann wissen, was im komplexen Gefüge der Kognitionen und Motive eines Schulanfängers geschieht, wenn er das erstemal auf eine Schulbank gesetzt wird" (ebd., S. 213)

Wie man an diesem einfachen Beispiel sehen kann, ist *Berechenbarkeit*, damit sind die oben gemeinten Vorstellungen von Zweck und Mittel gemeint, in der selbstreferentiellen Operation einer Organisation schlichtweg nicht möglich.

Im Rahmen eines Exkurses ist ein gesamter Streifzug quer durch die Organisationstheorie nicht machbar. Aber: Durch die Infragestellung von Weltbeherrschung und Berechenbarkeit kommen jedoch die meisten organisationstheoretischen Ansätze, wie etwa die der quantifizierenden Kontingenztheorie (vgl. KRIEKEBAUM/GILBERT/REINHARDT 2003, S. 22) oder die mikropolitisch[32] angelegte Agenturtheorie (vgl. SAAM 2002, S. 177), in arge Erklärungsnot. Diese Ansätze sind jedoch nichtsdestotrotz – gewollt oder ungewollt – alle Dekonstruktionen von Rationalitätsannahmen, was man insbesondere am Mülleimermodell des Entscheidens nach Cohen sehen kann (vgl. MACHARNZINA/WOLF 2008, S. 633): Hier werden Entscheidungsprozesse in modernen Organisationen, die man auch gern als Adhokratien[33] bezeichnet, unter den Bedingungen extremer Unsicherheit, unoperationalisierbarer Ziele, wechselnder Teilnehmer und divergierender Interessen beobachtet, nur dass hier die Weltbeherrscher und die Berechnenden sich auf die Mülleimer gestürzt haben.

---

[32] Auch die organisationstheoretische Auseinandersetzung mit Moral und Mikropolitik sucht nach Versöhnung von Moral und Wirtschaftlichkeit (vgl. NEUBERGER 2006, S. 319); dazu mehr im nächsten Kapitel.

[33] Ein Begriff, der von Warren Bennis in die Organisationstheorie eingeführt wird (vgl. MORGAN 2006, S. 50).

4 Von der Moral der Gesellschaft zur Moral der Organisation

Was hält Gesellschaften zusammen? Die
Frage berührt eigentümlich. Fallen Gesell-
schaften denn auseinander?
Dirk Baecker

Weltwirtschaftskrise (die Banken, andere Finanzunternehmen und die Realwirt-schaft in den Grundfesten erschüttert), strukturelle Unsicherheiten und Unbe-stimmtheiten durch Anbindung der Unternehmen (ein Sonderfall von Organisa-tion) an Märkte, Korruption bei Siemens und VW, Neue-Heimat-Skandal im gewerkschaftlichen Umfeld, die Schwarzgeld-Strategie der CDU um angebliche „jüdische Vermächtnisse", außerordentlicher Freiraum für besonders betonte Individualität mit heroischen Selbst- und Fremdinszenierungen von Führungs-persönlichkeiten (vom eitlen Selbstdarsteller Josef Ackermann bis zu den ge-platzten Betrügereien von Hilmar Kopper, Heinrich von Pierer, Klaus Zumwin-kel und den apokalyptischen Perversionen eines Bernard Madoff) – die Sinnkon-struktion von Organisationen steht auf dem Prüfstand. Aber schon ist Rettung in Sicht: das „Erfolgsmodell Moral" (THIELEMANN/WEIBLER 2007), so die Annahme, eröffnet Sichtweisen jenseits betriebswirtschaftlicher Gewinnorientie-rung und Erfolgsmesszahlen, gewährleistet organisationale Sinnstiftung.

Doch zunächst: Was ist Sinn überhaupt (vgl. JÄGER/RÖTTGERS 2008)? Dass der Sinn stets der Unsinn sei, den man lasse, hat der Philosoph Odo MAR-QUARD (2001) augenzwinkernd erklärt. Ihm geht es um die Sinnstiftung als eine Bewegung im Grenzbereich zwischen dem Eigenen und dem Fremden, als ein Oszillieren zwischen dem Bestehenden und dem Entstehenden, zwischen Sinn und Unsinn. SVETLOVA (2010) greift dieses Verständnis aus ihrer Sicht des Ökonomischen als soziales Geschehen auf und formuliert die These, beim Wirtschaften werde nicht der Nutzen maximiert, sondern Sinn gestiftet. Diese zwar fortschrittliche, bei Ökonomen aber wohl kaum mehrheitsfähige Auffas-sung trifft den Kern aus soziologischer Sicht dennoch nicht, weil sie Sinn und Sinnstiftung explizit an Subjekte (Unternehmer, Konsumenten) bindet.

Luhmann dagegen beschreibt den Sinnbegriff im Rahmen von *System* und *Funktion.* Dabei will er „weder die Begriffe noch die Welt als feste Vorgaben" (1982, S. 25) behandeln – diese *De-Ontologisierung* ist ein deutlicher Bruch mit metaphysischen Traditionen. Luhmann akzeptiert die Annahme objektiv feststellbarer erkenntnisleitender Regeln, Formen oder Werte nicht. Sein Sinnkonzept geht von einer unaufhebbaren Präsenz des Erlebens aus; er interessiert sich allerdings nicht für die damit verbundenen subjektiven Konstitutionsleistungen, vielmehr gilt sein Interesse abstrakter und rein funktionalisiert den Selektionsleistungen, die dieses Erleben erbringt (vgl. SCHÜLEIN 1982, S. 651). Für Luhmann ist Sinn eine *selektive Beziehung* zwischen sinnverwendenden Systemen und ihrer Umwelt, wobei er die Trennung zwischen Subjekt und Gesellschaft durch einen höheren Abstraktionsgrad unterläuft. „Der Sinnbegriff ist primär, also ohne Bezug auf den Subjektbegriff zu definieren, weil dieser als sinnhaft konstituierte Identität den Sinn schon voraussetzt ... Unter sinnkonstituierendem System (verstehen wir) nicht...konkrete Einzelmenschen, sondern einen Sinnzusammenhang als solchen. Es fallen darunter psychische Systeme ... als auch soziale Systeme" (1982, S. 28f.). Die Leistung von Sinn besteht in der Gleichzeitigkeit der Reduktion und Erhaltung von Komplexität innerhalb einer unendlich komplexen und kontingenten Welt. Und warum muss selektiert werden? Systeme haben mehr Möglichkeiten als sie aktuell verwirklichen können, sie sind komplex. Doch ein System ist immer weniger komplex als seine Umwelt, d.h. mit Blick auf seine Umwelt muss sich ein System selektiv verhalten. Luhmann verdeutlicht die Differenz zwischen den (beschränkten) Möglichkeiten eines Systems und den (vielfältigeren) Möglichkeiten seiner Umwelt durch die Unterscheidung von Komplexität und Kontingenz. Komplexität bedeutet: Es gibt mehr Möglichkeiten des Erlebens und Handelns als aktualisiert werden können. Komplexität meint Selektionszwang. Luhmann lässt uns das Ganze logisch einordnen, indem er de-ontologisierend gesellschaftliche Strukturen und Institutionen *subjektungebunden* fasst und damit Begriffe wie Sinn, Sinnstruktur, kognitive Struktur, Denkmuster etc. eben als *subjektfreie, undogmatische Form, als Art und Weise, als Modi des Erlebens, des Kommunizierens und Anschluss-Kommunizierens einer kontingenten und komplexen Welt begreift.* Sinn ist nach Luhmann „immer bereits da". Sinn ist ein Formbegriff; es geht nicht um Substanz-Sinn von Moral, es geht nicht normativ um gute oder schlechte Moral, welche von einem Subjekt erdacht wird, sondern die Sinn-Form ist dem ohnehin als Zurechenbarkeits-Vehikel *erfundenen* modernen Subjekt stets bereits *vorgängig* – eben als Modi eines systemischen Kommunikations-Geschehens. Und entsprechend wird Moral als besondere Struktur sozialer Kommunikation anhand von Form und Funktion zu betrachten sein.

Luhmanns *subjektungebundener*, stets bereits vorhandener ‚Sinn als Form' steht also in deutlicher Abgrenzung zur (neuen) Sinnsuche im Rahmen des „Erfolgsmodells Moral". Dessen Grundannahmen beruhen unausgesprochen darauf, in krisenhaften Zeiten wachse das Bedürfnis des *Subjekts* nach Orientierung, nach überzeugender Erklärung des ‚Sinns der Organisation', der wiederum aus einem zusammenhängenden, für die Organisationsmitglieder verstehbaren und sie leitenden *Normen- und Wertsystem* resultiere. Auf dieser Grundlage gedeihen Appelle an die Moral der Organisation, wie sie der ehemalige Bundespräsident Horst Köhler in seiner ‚Berliner Rede 2009' an die Banken, hier die Investmentbanken richtete: „… Doch das Auftürmen von Finanzpyramiden wurde für viele zum Selbstzweck … Damit haben sie sich nicht nur von der Realwirtschaft abgekoppelt, sondern von der Gesellschaft insgesamt. Dabei geht es auch um Fragen der *Verantwortung* und des *Anstands*. Was vielen abhanden gekommen ist, das ist die *Haltung. So etwas tut man nicht*" (KÖHLER 2009, Hervorhebung nicht im Original).

Schon ein Jahr zuvor hatte Köhler (2008) an Max Webers Tugenden des *„ehrbaren Kaufmanns"* erinnert und dessen Prinzipien als Maßstab für das Handeln in und von Organisationen beschworen. In seinem Klassiker „Die protestantische Ethik und der Geist des Kapitalismus" beschreibt WEBER (2004, erstmals 1904/05) den ehrbaren Kaufmann, dessen ökonomische Tätigkeit religiös motiviert ist und die auf der „Berufsethik des asketischen Protestantismus" (WEBER 1920, S.84-206) beruht, eben nicht als waghalsigen und skrupellosen Spekulanten, vielmehr als nüchternen, völlig der Sache hingegebenen Mann mit streng bürgerlichen Anschauungen und Grundsätzen wie Ehrlichkeit, Vorsicht, Wagemut, Friedensliebe, Klugheit, Ordnung u.a.m., eben als Akteur mit ausgeprägter Moral (und insofern kann Weber behaupten, der Triumph des okzidentalen Kapitalismus über den Globus sei weniger eine ökonomische, als vielmehr eine kulturelle Leistung; SOKOLL (2009) spricht daher von einem „cultural cage"). Köhler fügt diesen klassischen Tugenden weitere moderne hinzu: Verantwortungsbewusstsein, langfristiges Denken, Nachhaltigkeit. Gegenstand der mit Moral beschäftigten *Wirtschaftsethik* als Anwendung ethischer Prinzipien auf das wirtschaftliche Handeln sind Humanität, Solidarität und Verantwortung (vgl. z.B. WERNER/DELLBRÜGGER 2009). Auch DAHRENDORFS (2009) letzter Essay vor seinem Tod ist dem Kaufmann gewidmet. Dessen „verlorene Ehre" sieht er in zwei Problemlagen begründet: Im technischen Problem des Kasinokapitalismus, „Geld nur mit Geld zu ‚verdienen'" (und eben nicht mit der Wertschöpfung von Gütern und Dienstleistungen) und in dem psychologischen Problem der „Mentalität, die diese Verrohung der Wertschöpfung ohne Wert" fördere. Die Lösung beider Probleme sieht Dahrendorf im „neuen Weltwirtschaftssystem" eines verantwortungsbewussten Kapitalismus.

Das Leitbild des ehrbaren Kaufmanns, der Markt und Moral als zusammen-
gehörig begreift – eine Orientierung, die Luca Pacioli bereits 1495 in seiner
„Summa" Grund legte – , gilt als Modell für eine „globale soziale Marktwirtschaft der Zukunft", die ehrbares Verhalten zum Ziel hat und nur verantwor-
tungsvolles Handeln zulässt (dabei trifft weiterhin zu: die globale soziale
Marktwirtschaft ist eine Form des modernen Kapitalismus, der trotz der historischen Bedeutung des Kaufmanns auf die gewerbliche Produktion, nicht auf den
Bereich des Handels zurückgeht). KLINK (2010, S. 49) präzisiert: „(Die globale
soziale Marktwirtschaft) ist ein Modell der transnationalen Kooperation, das
einheitliche Regeln für funktionierende Märkte und Wettbewerb ermöglicht und
die gesellschaftlichen Folgen der ökonomischen Entwicklung in die gewünschte
Richtung lenkt. Die globale Ordnung muss das ehrbare Wirtschaftsverhalten zum
Ziel haben. Das bedeutet, das die wirtschaftliche Freiheit von der Gemeinschaft
– also dem Staat – nur geduldet werden kann, wenn sie mit Verantwortung ge-
paart ist und einhergeht mit nachhaltiger gesamtgesellschaftlicher Entwicklung."

Es zeichnet sich also ein Trend zur Remoralisierung der Organisationen ab,
indem die Tugenden des ehrbaren Kaufmanns (des Unternehmers, des Managers)
verbindliche Orientierungen des Handelns vorgeben und neue Werte und Normen einer „kulturübergreifenden, universalen moral community" (Peter Ulrich)
die Sinnkonstruktion der Organisation (wieder) gewährleisten. Eine affine Orientierung, allerdings mit Bezug auf das Arbeitsverständnis, findet sich auch in den
neueren Schriften von Jürgen Habermas ab. Das tendenzielle Verschmelzen des
für den Industriekapitalismus typischen Antagonismus von System und Lebens-
welt unter gewandelten Arbeitsbedingungen (z.B. Dienstleistungsarbeit mit aus-
geprägten Subjektivierungspotentialen) in der postmodernen Gesellschaft führt
Habermas zu dem Begriff der *„reflexiven Arbeit"* als Summe von Arbeit, Sprache und Interaktion. Reflexive Arbeit repräsentiert eine hohe evolutionäre Qualität sozialer Aktivitäten und Entscheidungen auf der Basis einer Diskursethik,
nämlich der herrschaftsfreien Kommunikation, die der sinnkonstituierenden
Aufgabe der Organisation kompatibel ist und moralische Ansprüche an moderne
Arbeiten, d.h. verantwortungsvoll, nachhaltig, human, solidarisch zu sein, ermöglicht (vgl. JÄGER/BALTES-SCHMITT 2003).

Hatte Milton Friedman noch 1970 die einzige Aufgabe des Unternehmens
darin gesehen, den Gewinn zu maximieren, gewinnt nun die gesellschaftliche
Verantwortung von Organisationen zunehmend an Bedeutung. „Es riecht streng
nach neuen Zeiten des Wirtschaftens", konstatiert der Ökonom JANSEN (2010,
S. 133) unter Bezug auf die von STEHR (2007) propagierte „Moralisierung der
Märkte", dessen Management das Konzept der „Corporate Social
Responsibility" (CSR) in Aussicht stellt. Dieses Konzept befeuert die organisa-
tionale Moralproduktion durch die Institutionalisierung entsprechender Unter-

nehmenswerte im internationalen Maßstab. Stehr misst der Moralisierung sogar *gesellschaftstheoretische* Bedeutung bei, für die Jansen wiederum neben anderen drei Entwicklungen verantwortlich macht: „(1) Die zunehmende Schwächung des Einflusses des Nationalstaates, einhergehend mit (2) einer zunehmenden Zuschreibung von gesellschaftlicher Verantwortung durch eine kritischere Öffentlichkeit, die wiederum (3) durch eine professionalisierte Zivilgesellschaft, insbesondere der Nichtregierungsorganisationen beziehungsweise Sozialunternehmen repräsentiert wird" (JANSEN 2010, S. 132). Ob die Moralisierung der Märkte tatsächlich gesellschaftstheoretischen Ansprüchen genügt, sei (mit Zweifeln) dahingestellt, bemerkenswert ist jedenfalls die Herausbildung bzw. Stärkung einer – in Analogie zu Max Webers „Politik als Beruf" (2008) – *„Verantwortungsethik"*, die das Handeln in Organisationen strikten ethischen Maßstäben unterwirft *und* – im Unterschied zur „Gesinnungsethik", deren Vertreter „in 9 von 10 Fällen Windbeutel" seien – die Konsequenzen organisationaler Entscheidungen realistisch abzuschätzen versucht. Dieser Orientierung einer Reflexion auf Moral (nichts anderes ist Ethik) folgt CSR.

Das bereits in den dreißiger Jahren entstehende, sich aber erst in den achtziger Jahren des 20. Jahrhunderts durchsetzende Konzept der „Corporate Social Responsibility" stellt einen von großen Wirtschaftsverbänden und von der Politik (Europäische Kommission, Bundesministerium für Arbeit und Soziales) propagierten wirtschaftsstrategischen Ansatz mit hohem moralischen Anspruch dar, der Unternehmen dazu auffordert, in ihrem wirtschaftlichen Handeln freiwillig gesellschaftliche Verantwortung zu übernehmen. CSR steht für die Verbreitung und Einhaltung von Sozialstandards und Handlungskodizes in der Wertschöpfungskette der Organisationen (vgl. HIß 2006). Was denn genau als ‚gesellschaftliche Verantwortung' gilt, definiert und grenzt der dominante CSR-Diskurs ein. „Das vorherrschende Verständnis von CSR entspricht dabei im Kern einer *funktionalen* Verantwortung *für* das Unternehmen im Kontext einer als *autonom* gedachten Ökonomie" (UNGERICHT/RAITH/KORENJAK 2008, S. 11, Hervorhebung im Original). Die Autoren sehen zwischen ökonomischem Erfolg und Moral im Sinne gesellschaftlicher Verantwortung eine „Differenz", die nicht zu überwinden sei: „Die verständliche Hoffnung, das sich das Erfolgsprinzip wirtschaftlichen Handelns in der Art eines freien ‚Ethikwettbewerbs' auch in außerökonomischen Beziehungen … bewähren würde, blendet Ansprüche, die sich nicht als Kosten, Ressourcen oder Kapitale ausdrücken lassen, systematisch aus" (2008, S. 11). Offenbar, so ist zu schließen, geht es Organisationen allen moralischen Tugend-Beteuerungen entlang der Figur des ehrbaren Kaufmanns zum Trotz um die Ware Moral und ein gutes Geschäft, um *business case* – ein Sachverhalt, der sich nach Meinung der Autoren u.a. an der Entwicklung des CSR-Diskurses auf europäischer Ebene seit 2006 zeigen lässt, nämlich der Wende von der sozialen und ökologischen Nachhaltigkeit zur nachhaltigen Wettbe-werbsfähigkeit (die Verleihung des Max-Weber-Preises für Wirtschaftsethik 2010 des Instituts der deutschen Wirtschaft Köln (IW) an Arbeiten junger Öko-nomen zum Thema „Mehr Moral durch mehr Markt oder Staat?" deutet in die-selbe Richtung).

„Die ‚Moralisierung der Märkte' (Stehr) erscheint damit … als eine ‚Ver-marktung der Moral'" (UNGERICHT/RAITH/KORENJAK 2008, S. 33, Hervorhebung nicht im Original). Das allerdings bedeutete das Ende der von Wirtschaftsverbänden und Politik gleichermaßen geforderten Remoralisierung der Unternehmen im Interesse einer ‚sinnvollen' Sinnkonstruktion durch Organi-sationen – ein Ende, das allerdings auch Befürworter findet.

So geißelt BECKER (2010) die im Zuge der Bewältigung der Kapitalis-muskrise aufkeimende neue Form einer „Tyrannei der Tugend" Calvinistischer Prägung, betrachtet den „Graben zwischen Moralansprüchen auf der einen, öko-nomisch sinnvoll erscheinendem Handeln auf der anderen Seite (als) größer geworden", sieht die „Moralindustrie ... auf Hochtouren (laufen)" und prangert die Suche nach „gemeinsamen Sinnfundamenten und Wegen zur ethisch-moralischen Zähmung der offenbar wildgewordenen Moderne" an (2010, Ab-schnitt 2/2). Die Suada endet mit der Forderung, „Renitenz" gegenüber dem „Tugend- und Erziehungsstaat" und seinen unverantwortlichen „(m)oral-gesteuerten Kontrollprojekte(n)" zu zeigen, denn: „Die moderne Gesellschaft kennt keine allgemeingültigen normativen und kognitiven Orientierungen mehr …" Daher sei eine neue Form der Intelligenz zu entwickeln, die mit sich und der Welt experimentiere, die „Sinnzusammenbrüche" überwinde und dazu ermutige, „anders weiterzumachen" (ebd.). In der Summe lautet Beckers Credo: Kein Tu-gendstaat, stattdessen eine moderne Marktgesellschaft mit (1) ökonomisch sinn-voll handelnden Organisationen ohne moralische Gängelung und (2) experimen-teller Intelligenz mit individueller Sinngenerierung statt gemeinsamer Sinnbasis. Das aber ist die Konterkarierung des herrschenden, an Sinnkonstruktion der Organisation durch *Moral* gekennzeichneten Diskurses schlechthin.

Nun macht weder die vermeintliche Sehnsucht noch die demonstrative Ver-teufelung von bzw. nach moralischen Grundlagen wirtschaftlichen Handelns und deren erhofften Sinneffekte den Kern einer *soziologischer Analyse von Moral* aus, wie wir sie im Folgenden vorlegen. Sie verfolgt den Weg von der Moral der Gesellschaft zur Moral der Organisation und von dort zur Moral der Interaktion. An Luhmann orientiert, hebt sie sich vom üblichen Rückgriff auf Ethik ab.

Die Abkehr von ethischen Fragen des *moralischen Sollens* verbindet uns mit der fulminanten Studie von ORTMANN (2010) zu „Organisation und Mo-ral", ohne dass wir dem Autor in dem für ihn entscheidenden Punkt des morali-schen *Könnens*, des moralischen Potentials von Organisationen folgen (wollen).

Worum geht es im Kern? Ungeachtet einer hier nicht zu leistenden Detailkritik konzentriert sich Ortmann auf die Auseinandersetzung mit „... Moralität und Amoralität, die *durch Organisation,* Singular, gestiftet wird und die Organisationen, Plural, an den Tag legen" (2010, S.11, Hervorhebung im Original), kurzum auf „Organisationsmoral" (S. 19). Sie sei vorhanden, weil a) die Moderne Moral durch eine spezifische „Funktionsmoral" ersetze, b) die arbeitsteilige Ausübung der Organisation von gesellschaftlichen Funktionen (Bildung, Recht, Wissenschaft etc.) nicht „ohne Rücksicht auf Verluste" geschehe, c) in den Ritzen und im Herzen der Organisation eine andere, „verschwiegene Moralität" wirksam sei, die die Funktionsmoral überschreite und quer zu ihr liege, d) Moral dort anzutreffen sei, wo vor allem Systemverantwortung übernommen werden müsse, e) es eine Art Vorsichtsmoral gäbe, die der Unzulänglichkeit komplexer Systeme Rechnung trage (ORTMANN 2010, S. 56 f.). Das Hauptinteresse der gewaltige Mengen empirischen Materials und eine Vielzahl von Theoriesträngen aus Soziologie, Ökonomie, Philosophie und Psychologie verarbeitenden Studie (eine wahre Herkules-Arbeit!) liegt im Wesentlichen auf drei Aspekten: Organisationen als allgegenwärtige, das Leben der Menschen formende Akteure der Moderne sind (1) „Orte normaler moralischer Katastrophen" (S. 53 ff.), stellen (2) „Maschinerien der Moralverdrängung" (S. 87 ff.) dar und erweisen sich (3) als „Fabrikationsstätten selbstbescherter Legitimation" (S. 187 ff.). In der Summe geht es Ortmann insbesondere um das „negative moralische Vermögen von Organisationen" (S. 22), um den verderblichen Einfluss der *Form der Organisation* auf die herrschende Moral (S. 23). Diese „dunkle Seite" der Organisation, wie es im Untertitel des Buches heißt, in all ihren Facetten offen zu legen, ist Anliegen der 320 engbeschriebene Seiten umfassenden Schrift. Aber Ortmann leistet mehr, nämlich ein Theorie- und Praxis-Gerüst für die moralische Verfassung einer Organisation. In Anlehnung an den Philosophen Bernhard Waldenfels orientiert sich der Autor dabei an der „... Idee einer responsiven Ethik für Organisationen, die in einer Achtung und Responsivität vor dem ‚Anspruch des Anderen' terminiert und das moralische Sollen nicht im Sinn von Prinzipien versteht, sondern als Richtungssinn vernünftiger Praxis vor einem Hintergrund an Möglichkeiten" (ORTMANN 2010, S. 24). Diese Sicht führt ihn zu einem Begriff der Moral, die untrennbar mit dem Begriff der Pflicht verbunden ist (S. 147 ff.). Erst in dieser Verbindung gelingt es Organisationen demnach, „... nicht nur an der internen Kodifikation von Werten (zu) Arbeiten, sondern auch ... die ‚Zivilisation' ihrer Mitglieder (zu) ermöglichen – ihres Gehörs, ihrer Stimme und ihrer Macht. Das alles ... schießt dann ... zu dem zusammen, was man Organisationskultur nennt – einschließlich der moralischen Verfassung einer Organisation" (ORTMANN 2010, S. 78).

Mit dieser Arbeit ist dem – im Weberschen Sinn – ‚Verantwortungsethiker'
Ortmann ein beeindruckendes opus magnum, zweifellos die bislang erkenntnis-
reichste Publikation zum Moralisierungsdiskurs gelungen, außerordentlich ni-
veauvoll und ohne Moralinsäure. Ortmann trägt entscheidend zur Umstellung
des dominanten Diskurses von der mehrheitlich appellativen Moralsemantik auf
die reflexiv-moralische Risikosemantik bei. Aber bei allem Respekt vor Ortmanns Leistung, es tun sich aus soziologischer Sicht unübersehbare Mängel auf,
nur zwei davon seien hier beispielhaft aufgeführt:

(1) Es handelt sich um einen *normativen* Ansatz, der im Grunde genommen
den Akteur Mensch und den Akteur Organisation problematisierend gegenüber-
stellt (der Mensch als Gefangener der Organisationsgesellschaft). Ortmann will
Mensch und Maschine/Fabrik miteinander versöhnen, sieht jedoch nicht, dass
Moral auf dem Weg dorthin eher problematisch ist. Dass beispielsweise Moral
ihren Teil zur Selbstexklusion beitragen kann, eine solche These kann Ortmanns
Verortung von Moral kaum entwickeln.

(2) Organisationen sind tatsächlich Moralverdrängungsmaschinen. Jedoch:
Ortmann ‚verteufelt' die Organisation, nicht die Moral – sie bedeutet Konflikt,
daher müssen Organisationen Moral verdrängen. Insofern vertritt Ortmann einen
kulturpessimistischen Ansatz. Nicht Organisationen wirken zerstörerisch auf die
herrschende Moral (Ortmann spricht ja von deren „dunklen Seite"), sondern
genau das Gegenteil ist der Fall – *die herrschende Moral ist eine Gefahr für
Organisationen*, wie wir noch zeigen werden.

Unsere nachfolgende Analyse von Moral und Organisation stellt einen umfassenden *Gegenentwurf* zu Ortmann dar. Eingedenk der Luhmannschen Mantra,
systemtheoretisch zu denken bedeute, vom logischen Problemlösen zum kreati-
ven Problemlösen überzugehen, wählen wir methodisch den Weg über eine
Interaktionstheorie, setzen mitunter dort an, wo Luhmann endet, und entwickeln
en passant die Grundrisse einer ‚frischen' Konflikttheorie. Moral behandeln wir
auf der soziologisch basalen Ebene, nämlich als Kommunikations- und Erwartungsstruktur, die unter *Achtung* und *Missachtung* läuft; daher zunächst kurz zur
Moral der modernen Gesellschaft. Luhmann beschreibt diese wie folgt:

„Die Gesamtheit der faktisch praktizierten *Bedingungen* wechselseitiger Achtung
oder Missachtung macht die *Moral* einer Gesellschaft aus" (LUHMANN 2008a, S.
107).

Diese Definition wirkt noch sehr allgemein und verlangt nach Präzisierung[34]. Die Systemtheorie bietet für ein solches Unterfangen eine historische Annäherung an, die sie auch als die Beobachtung von evolutionärer Generalisierung begreift (vgl. ebd., S. 135 ff.). Moral wird hier sozusagen anhand einer moralischen Ideenevolution beobachtet. Spezifizierung[35] wird hierbei nach differenztheoretischen[36] und Generalisierung nach symboltheoretischen[37] Geschichtspunkten beobachtet.

Zusätzlich werden zur oben genannten Vorgehensweise Gesellschaftsbeobachter wie Smith, Spencer oder Durkheim beim Beobachten beobachtet. Nicht um diese zu kritisieren, da diese nicht sehen können, was sie nicht sehen können, sondern um Moral und deren Selbstbeschreibung im Wandel der Gesellschaft zu beobachten.

Die Geschichte der Moral ist eine Geschichte der Transformation, die Evolution vom grenzstabilisierenden Code bis hin zu ihrer diesbezüglichen (Selbst-) Exklusion und ihrer Wiedereinführung als gesamtgesellschaftliche Selbstbeschreibungskontextur.

Eine generalisierte Moral wird erst im Übergang von der segmentären in die stratifikatorische, dann in die funktional differenzierte Gesellschaft notwendig, da im Zuge der soziokulturellen Evolution Gesellschaft und Interaktion zunehmend auseinander treten (vgl. ebd., S. 141)[38]:

„Im Zuge der Entwicklung der Gesellschaft zu höherer Komplexität nimmt die Anzahl und die Verschiedenartigkeit der in ihr möglichen Interaktionen überproportional zu, und als Folge davon muß die Programmierung der Moral mehr und mehr den interaktionsabhängigen Schwankungen entzogen werden. Es entsteht eine Moral, die die Unterscheidung zwischen gutem und schlechtem Handeln von der Unterschei-

---

[34] Aber man erkennt schon hier, dass Vorstellungen *bezüglich* einer Moral (etwa der Konsens im Hinblick auf eine bestimmte Form von Sozialität) nicht die Moral selbst, sondern ihre Selbstbeschreibung, also das Selbstbeobachtungsprogramm *Ethik* darstellt.

[35] Daher wird im weiteren Verlauf dieser Beobachtung der Begriff der Generalisierung durch *Relationierung* ersetzt: Am Moralgeschehen Beteiligte und Beteiligtes werden und wird als selbstreferentielle Thematisierungseinheiten von der Moral selbst aufgefasst, die, und das ist mit Relationierung gemeint, auf einen *Anschlusspool* von Semantiken stoßen. Somit wird die Fortsetzung von, in diesem Falle, Moralkommunikation garantiert (vgl. ebd., S. 144). *Relationierungen dienen der Anknüpfung weiterer Relationierungen.*

[36] Hierbei sind die Aspekte der Veränderung des Gesellschaftssystems (von Segmentierung, über Stratifikation, zur funktionalen Differenzierung), die durch die Entstehung sozialer Systeme gekennzeichnet ist, gemeint.

[37] Hierbei sind jene symbolischen Strukturen gemeint, „[...] die den Prozeß der Achtungskommunikation steuern, also auf moralische Symbole" (ebd., S. 138). Interessant ist hier die Rekursivität: Symbole steuern Kommunikation auf Symbole.

[38] Der Buchdruck spielt hierbei eine entscheidende Rolle (vgl. LUHMANN 1998, S. 1036).

dung zwischen anwesender und abwesender Sozialität unterscheidet"
(KIESERLING 1999, S. 323).

Können einfache – mittels Abstammung und Residenz differenzierte – Gesellschaften jenem Problem, das darin besteht, dass Alter in der Formulierung seines
eigenen Verhaltens auf andere Bezugsgruppen angewiesen ist, die von ihm verschiedene Verhaltensweisen abverlangen und ihm zudem deren Achtungsbedingungen aufzwingen, mit magischen, rituellen und sonstigen interaktionsnahen
Mitteln begegnen[39], so ist dies mit zunehmender Gesellschaftsdifferenzierung
nicht mehr möglich. *Die Verschiedenartigkeit der Erwartungen ist dann nicht
mehr auf die Verschiedenartigkeit der Interaktionen selbst beziehbar* (vgl.
LUHMANN 2008a, S. 142):

> „Vielmehr ergeben sich aus dem *einen Partner- und Interaktionskontext* überschie-
> ßende Gesichtspunkte für *Interaktionen mit anderen Beteiligten*, etwa die Forde-
> rung, sich in jeder Lebenslage als Gentleman zu betragen oder auf seinen Glauben
> oder auf die sportliche Fitneß zu achten, auch wenn es in der Interaktion selbst gar
> nicht darum geht. Dann sind Interaktionszusammenhänge nicht mehr einfach nur ein
> Problem des Neben- und Nacheinanders" (ebd., S. 142).

Vor diesem Hintergrund ist insbesondere seit dem Mittelalter eine Internalisierung der Moral festzustellen. Mit Internalisierung ist gemeint, dass ein bloßer
Rekurs auf Achtung und Missachtung, also auf gut und böse, im Zuge der gesellschaftlichen Differenzierung nicht mehr möglich ist. Es erfolgt schrittweise eine
Umstellung auf *Selbstkontrolle* und eigene *Freiheit* (vgl. LUHMANN 1998, S.
1036). Der Vergleich von Intention und Handeln gewinnt in diesem Zusammenhang zunehmend an Bedeutung, was zur Folge hat, dass einerseits die Ansprüche
an die Intentionen höher geschraubt werden, die Entschuldigungen für das
Nichteinhalten indes raffinierter werden (vgl. ebd.). Diese Entwicklungen werden insbesondere von der Religion und der Adelsethik erfolgreich absorbiert:
Man denke hier an die Figur einer durch Glaubenszweifel geplagten Seele oder
an das höfische Ideal der Einheit von Moral und Manieren, also der Einheit von
inneren Werten und äußerem Handeln (vgl. ebd., S. 1037).

Von den segmentierten Gesellschaften an gilt bis in das 17. Jahrhundert
dennoch, wenn es um Moral geht, die Sprache der *Tugenden* und *Laster*, dies gar
als bindend (vgl. ebd.)[40]. Im 16. Jahrhundert wird zunehmend die gesellschaftliche Moral als eine Symbiose von *Anstand* und *Heuchelei* beobachtet, was sich
im 17. Jahrhundert in einer Art und Weise zuspitzt, dass die Kommunikation

---

[39] Dass man sich etwa bei der Feldarbeit anders zu benehmen habe als auf dem Erntefest.
[40] Damit ist gemeint, dass die Kommunikation über Achtung und Missachtung noch erheblich zur
teilsystemischen Abgrenzung beiträgt.

moralischer Einstellungen in Diskrepanz zu dem treten, was Religion und Humanismus vom Menschen abverlangen (vgl. ebd.). Trotz dieser ersten großen Neubeschreibungsversuche gängiger Moralvorstellungen, man denke an die Reformation und später an den Humanismus zwischen Mittelalter und Neuzeit, die Moralbeschreibung dreht sich zu dieser Zeit vornehmlich um die Möglichkeiten *moralisch-sozialer Existenz*, dies vor dem Hintergrund, dass das direkte Verhältnis der Menschen zu ihrem Gott von der Welt getrennt und über die Reflexion der Teilnahme an Kommunikation stabilisiert werden muss:

> „Das sagen in Bezug auf Religion Pascal oder auch Nicole und in Bezug auf menschliche Selbstbeherrschung und eine Art Ethos des Aushaltens, des Durchstehens dieser Welt Gracián" (ebd., S. 1037).

Luhmann beruft sich hier auf Philosophen und Theologen. Aber auch ein Blick in Richtung Staatsphilosophie ist in diesem Zusammenhang interessant: Hobbes tauscht etwa das Ethos des Aushaltens gegen eines des Hinnehmens[41] aus, um so ernüchtert für die Schaffung des Leviathans zu plädieren (vgl. HOBBES 1651, S. 155). Erst im späten 18. Jahrhundert wird das „Durchstehen dieser Welt" durch die Begründung spezifisch moralischer Urteile ersetzt[42]. Die oben genannte Einheit von Moral und Manieren zerfällt, es entsteht eine Art *Selbsteinschränkung des Sozialen durch das Soziale*[43]. Der Rahmen hierfür wird durch Begriffe wie *Vernunft* und *Natur* gesteckt und ist gleichzeitig ein deutliches Indiz dafür, dass jetzt erst recht an die Moral Anforderungen gestellt werden, die auf segmentärer Ebene und ebenso mit segmentären Mitteln nicht mehr erfüllt werden können. Dies kann man sehr gut an den Feststellungen Rousseaus beobachten, der den Naturzustand der Menschen als etwas Positives auffasst, was erst durch Gesellschaft verdorben wird, was diesen zwangsläufig zum Konzept des volonté générale führt (vgl. ROUSSEAU 1762, S. 16 ff.). Soziologisch gesehen bestätigen Hobbes und Rousseau die systemtheoretische Auffassung der Moralentwicklung: *Die Verabschiedung der segmentären Gesellschaft zwingt beide dazu, die Moral als ein Problem des Gemeinwesens aufzufassen*[44]. Ganz spannend: Luh-

---

[41] Der Mensch, so Hobbes berühmte Feststellung, sei eben dem Menschen ein Wolf (Original Titus Plautus, nur durch Hobbes berühmt geworden. Für diesen Hinweis danken wir Stefan Marschner).

[42] Man denkt hierbei unweigerlich an Kant.

[43] Eine Beschreibung, die Luhmann von Dietrich Schwanitz übernimmt (vgl. LUHMANN 1998, S. 1038).

[44] Durkheim wird diesen Duktus im 19. Jahrhundert mit seiner Unterscheidung von mechanischer und organischer Solidarität nochmals perfektionieren. Die Rousseauschen Wurzeln scheinen klar: *der Kollektivkörper als Moralkörper*. Und nochmals für die soziologische Argumentation: Hier wird sehr deutlich, was im Eingangszitat unter *Ungleichheit* verstanden wird. Die Ungleichheit der Bewusstseinssysteme, die mittels angepasster Erwartungsstrukturen nach Synchronisation verlangt. Das Philosophieren darüber entpuppt sich, wie mehrfach angedeutet, als Selbstbeschreibung der Moral.

mann konstatiert, dass insbesondere in der ersten Hälfte des 18. Jahrhunderts Moral eine beinahe Gleichsetzung mit Empfindung erfährt (vgl. LUHMANN 2008c, S. 195).

Trivial und systemtheoretisch ausgedrückt kann man sagen, dass jetzt einfach zu viele an Kommunikation teilnehmen. Man denke hierbei an die rasante Entwicklung, die jetzt im Nachklang der Buchdruckerfindung stattfindet: Ein Meer an Lesern, die sich plötzlich auf *unbekannte Andere*[45] einstellen müssen. Das Gleiche kann man für wechselnde Interaktionen[46] und deren Anforderungen behaupten:

> „Darauf reagiert die Gesellschaft mit einer Generalisierung und Universalisierung moralischer Ansprüche" (LUHMANN 1998, S. 1038). „Diese Moral postuliert die moralische Neutralität der Unterscheidung von Anwesenden und Abwesenden. Die moralische Kommunikation soll die Unterscheidung von Anwesenden und Nichtanwesenden als Nichtunterscheidung behandeln" (KIESERLING 1999, S. 323).

Erst hier beginnt die Moral, wie sie in der funktional differenzierten Gesellschaft auftauchen wird, ihre charakteristischen Züge zu entwickeln; erst hier kommt jener *Ideen-* und vor allem *Themenpool*[47] in Bewegung, aus dem man dann die Richtlinien für *moderne* Achtung und Missachtung schöpfen kann. Abwesende tauchen in der Moralkommunikation als Anwesende auf, die wiederum zugleich Thema sind (vgl. ebd.). Anwesenheit ist vor diesem Hintergrund nicht gleich als Verdienst ansehbar (vgl. ebd., S. 324). Die Gleichstellung von Anwesenden und Nicht-Anwesenden zieht die Missachtung des Klatsches hinter sich her; ein Vorgang provoziert durch die Universalisierung der Moral, da diese in diesem Rahmen nicht mehr den interaktionsabhängigen Schwankungen des Achtungsmarktes unterworfen sein kann (vgl. ebd.). Paradox ist dann hierbei, und das ist in der funktional differenzierten Gesellschaft nicht anders, dass Moral einerseits „praktisch" bleibt, da sich Achtung und Missachtung letztendlich immer nur konkret erweisen können, andererseits destabilisiert sie mittels ihrer Universalisierung für den Einzelnen die überschaubaren, partikularen Bindungen (vgl. LUHMANN 1998, S. 1038)[48]. In dieser Zeit wird die Moral sozusagen auch den Salons der Aufklärung entrissen und Sache der philosophischen Fakultäten: Dadurch wird eine Selbstbeschreibung der Moral, also eine *Ethik* forciert, die mit den Versu-

---

[45] „[...] deren soziale Bindungen sie nicht kennen und nicht erraten können" (vgl. ebd., S. 1038)
[46] Etwa durch das Reisen.
[47] Wie entscheidend Themen für soziale Systeme sind, man denke z. B. an die Politik oder – hier besonders wichtig – an Organisationen, wird in Kapitel 5 eingehender erläutert.
[48] Man denke an die diesbezügliche Paradoxieentfaltung in der modernen Gesellschaft, die stattfindet, wenn zur Weihnachtszeit viele Personen plötzlich mit dem Spenden für Notleidende anfangen, obgleich diese selbst nie in einer ähnlichen Notsituation waren.

chen vor dem Hintergrund *vernünftiger* Begründungen moralischer Urteile einen *Anforderungskatalog* aufstellt, dem sich noch nicht einmal mehr die Religion entziehen kann:

> „Die Begründungsnotwendigkeiten verlagern sich aus der Religion selbst, und der Ort dafür wird die (jetzt akademische) Ethik" (ebd., S. 1039).

Ohne religiöse Begründungsvorgaben findet sich die Moral auf dem Zirkel der doppelten Kontingenz (wie du mir, so ich dir) wieder, so dass diese zur Selbstexternalisierung und zur Konstruktion neuer Absoluta gezwungen wird (vgl. ebd.). Nun ruft sich eine universale Ethik für eine universale Moral als *moralisches Unternehmen* selbst ins Leben, deren Geschäft es ist, den Positivwert der Moral zu doppeln: Für gutes Verhalten gibt es gute Gründe und es ist gut, zwischen gut und böse zu unterscheiden (vgl. ebd.). An diesem Punkt angekommen, beschäftigt sich Ethik hauptsächlich, man will gar ausschließlich sagen, mit Begründungsproblemen und der Anwendbarkeit ihrer eigenen Theorieprogramme[49]. Ein Umstand, der auch in andere Teilbereiche der Wissenschaft durchzusickern scheint. Noch im 18. Jahrhundert geschieht dies in Hobbesianischen Zügen: Zwar wird hier aufgegeben, von einem konstruierten Urzustand des Menschen her zu beobachten, doch die Semantik „Mensch" wird weiterhin mit Selbstbezogenheit konnotiert, die sich aber nun entweder positiv oder negativ auf das Zusammenleben auswirkt: die Entdeckung des Individualismus. Dieser ist paradoxerweise zur Endindividualisierung verdammt, will man mit ihm Gesellschaft erklären:

> „Man muß jetzt erklären, wie soziale Ordnung trotz der individuellen Subjektivität der Menschen möglich ist - sei es durch einen Gesellschaftsvertrag, sei es durch wechselseitige Reflexion [...]" (ebd., S. 1021).

Adam Smith nimmt zum Beispiel als normativ-ontologischen Punkt das Selbstinteresse als fundamentale Basis menschlicher Natur, welches aber durch „fellow feeling" und allgemeine „moral sentiments" nicht nur abgemildert wird, sondern dadurch einen *gemeinwesenorientierten* Charakter erhält (vgl. SMITH 1759, S. 238). Wie angedeutet, ist die Entwicklung bis zu diesem Punkt maßgeblich drei Faktoren geschuldet: Der Buchdruck führt zur Ausweitung der gesamtgesellschaftlichen Kommunikation; der interregionale Verkehr beschleunigt interregionale Auflösung und Rekombination von Interaktionen; *und schließlich entzieht*

---

[49] Was hier zum Tragen kommt, sieht man schon bei Hobbes und Rousseau: das Postulieren einer Chancengleichheit, unabhängig von An- und Abwesenheit (vgl. KIESERLING 1999, S. 325). Hiermit hält sich die Gesellschaft im Angesicht des Wandels flexibel. *Der Figur der Selbstbeobachtungkontextur wird somit immer näher gerückt.*

sich der gesellschaftliche Wandel jeglicher moralischer Kontrolle (vgl. LUH-MANN 1998, S. 1039)[50]. Dies wirkt sich dramatisch auf die Beobachtungen aus, die dann im 19. Jahrhundert gemacht werden. Mit einem Forschungsstand im Nacken, der die Axiome Selbstinteresse und den „survival of the fittest" (diese Begrifflichkeit der Evoutionstheorie stammt von Herbert Spencer, nicht von Darwin) geradezu aufdrängt, muss man sich nun die fortlaufende Differenzierung der Gesellschaft und das dazugehörige Integrationsproblem erklären. Auf Moral kann man, im wissenschaftlichen Kontext, noch nicht ganz verzichten.

Spencer führt erstmalig die Begriffe *Struktur* und *Funktion* ein[51]. Die Gesellschaft wird mit Hilfe naturwissenschaftlicher Semantiken beobachtet und als *Organismus* aufgefasst, dessen Teile sich einerseits strukturell ausdifferenzieren, andererseits funktional voneinander abhängig sind. Hier mag man zu Recht schon systemtheoretische Wurzeln vermuten, nur dass hier das Augenmerk auf *innere Stabilität* und *Interdependenz* gelegt wird, nicht auf *Flexibilität* und strukturell-gekoppelte *Autonomie*, die über paradoxe Vorgänge in der Gesellschaft Auskunft geben. Sehr interessant ist jedoch hier die vermeintliche Verlegenheit, die man an Spencers Beobachtungen in Bezug auf den gesellschaftlichen Wandel ablesen kann: *Die moderne Gesellschaft macht es insbesondere den Wissenschaften immer problematischer, moralisch-ethische Konzepte zu integrieren, wobei es wiederum gleichzeitig schwer fällt, auf diese zu verzichten.* Es ist gerade Spencers ethische Grundhaltung, welche durch dessen Schriften stets schimmert, die ihm vom Vorwurf, er sei der Begründer des Sozialdarwinismus[52], befreit und einen Hinweis darauf liefert, wie herausfordernd es ist, eine Soziologie vor dem Hintergrund gesellschaftlicher Umbrüche zu betreiben. Er findet seine Lösung, indem er von einen Kampf ums Überleben mit, ganz im Sinne Smiths,

---

[50] Soziologisch kann man in diesem Zusammenhang auch von der *Binnenregelung* (zwischen Haushalten, Kasten, innerhalb von Teilsystemen des Adels, des Bauerntums etc.) *durch die Moral* sprechen, die sich ab dem 17. Jahrhundert aufzulösen beginnt. Systemtheoretisch kann man sagen, dass die Ausdifferenzierung der sozialen Systeme sich nicht nach dem Code Achtung/Missachtung richtet und richten kann (wie auch?).

[51] Siehe hierzu eindrücklich § 223 in *Die Principien der Sociologie* von Herbert Spencer, aus dem Jahre 1877.

[52] Zumal Spencers Modell der gesellschaftlichen Differenzierung nicht auf eine Utopie einer Gesellschaft hinausläuft, die von Übermenschen zusammengehalten wird (sie bezeichnet eher *zufällige* Selektion mit *open end*). Spencer postuliert vielmehr den Übergang von der *homogenen* zur *heterogenen* Gesellschaft. Da aber, nach Spencers Lesart, die einzelnen Teile voneinander abhängen, fördert gerade diese strukturelle Diversität die gesellschaftliche Integration, die auch mit der gesellschaftlichen Differenzierung zunimmt (vgl. ABELS 2007, S. 97 ff.).

ethischer Zurückhaltung ausgeht (vgl. SPENCER 1898, S. 138)[53]. *Aus system-theoretischer Sicht ist gerade hier sehr spannend zu beobachten, wie die Ahnung sich bei den Beobachtern jener Zeit Bahn bricht, dass Gesellschaft in der Lage ist, ihren Bewusstseinssystemen zur Moral als Erwartungsstruktur auch andere Äquivalente anzubieten hat und auch anbieten muss, insbesondere in Bezug auf das Gemeinwesenproblem[54] und dies wiederum jenseits ethisch-religiöser Prämissen.* Sehr zum Ausdruck wird dies durch die Organisationen gebracht, die sich jetzt allmählich und unwiederbringlich zwischen Gesellschaft und Interaktion schieben:

> „Jedes funktionale Teilsystem rekonstruiert seine psychische, soziale und physische Umwelt nach Maßgabe der eigenen Operationslogik [...]" (FARZIN 2006, S. 27).

Und in der Peripherie der Teilsysteme sind es Organisationen, die jene Operationslogik weiter (aus-)formalisieren, sich aber weiterhin auf die Kontingenzformeln wie *Legitimität, Gerechtigkeit, Knappheit* beziehen. So wie es dann eine Co-Evolution zwischen Gesellschaft und Organisation gibt, so gibt es auch eine zwischen Organisation und Interaktion. Organisationen bieten den Interaktionsteilnehmenden nicht nur die Universalcodes der Teilsysteme zur Strukturierung von Erwartungen an, sie liefern schon vorab auf Lösungen hin konzipierte Erwartungen, die auf die Erwartungen der Mitglieder keine Rücksicht mehr nehmen (vgl. SCHNEIDER 2005, S. 336). Wie auch? Unter einer Hauptprämisse Achtung bzw. Missachtung sind in komplexen und anonymisierten Zusammenhängen weder Kranke behandel- noch Waren produzierbar. Und es ist vor diesem Hintergrund davon auszugehen, dass insbesondere auf der Ebene der Entscheidungsprämisse, die über die Kommunikationswege untermauert wird, *Hierarchie ein zuverlässigeres Erwartungsangebot zu bieten hat als jenes, welches durch den Code Achtung/Missachtung zustandekommt*[55]. *Man muss es an dieser Stelle schon verraten: Die Entscheidungsprämissen sind jene Erwartungsstrukturen in der Organisation, welche die Moral überflüssig machen.* Zudem muss man an dieser Stelle nochmals verdeutlichen: Zwar sind Interaktionssysteme autopoietisch konstruiert, doch wenn sie mit Organisationen verbunden sind,

---

[53] Und natürlich geht er davon aus, wieder im liberalen Sinne, dass die Sehnsucht nach Anerkennung diesbezüglich ein (an-)treibendes Element ist, das wiederum ethisch gerechtfertigt sei (vgl. ebd., S. 98).

[54] Was man trivial mit der Frage umschreiben kann: Wie ist Gesellschaft möglich? Der Systemtheoretiker fragt: Wie ist Kommunikation möglich?

[55] Dabei wird Hierarchie durchaus mit moralischer Überformung konfrontiert, wenn Mitglieder etwa materielle und soziale Wertschätzung einfordern. Auf einer weitaus differenzierteren Ebene, dies wird man in Kapitel 5 genauer sehen, kann man beobachten, wie in Organisationen Klatsch und Schmeichelei den Moralcode fortwährend unterlaufen, *ja unterlaufen müssen*.

sind sie strukturell mit sozialen Systemen gekoppelt, die, intern sowie mit ihrem Blick auf das Externe, auf der Basis von Entscheidungen operieren. *Man kann dann zwar sagen, Organisation ist für Interaktion „nur" Umwelt, doch es ist davon auszugehen, auch wenn das in der Systemtheorie noch nicht ausreichend expliziert zu sein scheint, dass die unbedingte Entscheidungsfunktion der Organisation eine starke, die Co-Evolution beeinflussende Sogwirkung auf Interaktion ausübt.* Das sieht man vor allem an der zunehmenden Exklusion von Moralkommunikation aus den sozialen Systemen und somit aus den Organisationssystemen.

Man hat eben gesehen, wie Moral als Erwartbarkeitsstruktur nach und nach universalisiert und somit, wie wir noch näher erläutern, exkludiert wird: Es war die Rede vom Buchdruck und dessen Folgen, vom interregionalen Verkehr, vom gesellschaftlichen Wandel, der sich der Kontrolle der Moral entzieht. Und mit letzterem ist unter anderem gemeint, dass jetzt *symbolisch generalisierte Kommunikationsmedien*, im Falle von Spencers Beobachtungen müsste man etwa von *Geld*[56] sprechen, mehr als noch in der stratifikatorischen Gesellschaft, für die Wahrscheinlichkeit der Annahme von Kommunikation, und das bedeutet vor allem Erwartbarkeit in sehr unwahrscheinlichen Situationen[57], zuständig sind. Bei Spencer wird auch offensichtlich, dass gesellschaftlicher Wandel, wie oben schon erwähnt, nicht mehr auf Moral Rücksicht nimmt. Die Überlegungen hinsichtlich der Integration durch Werte, Normen und Moral wird bei Spencer zugunsten der schon behandelten Interdependenzidee *aufgeweicht*; doch ist es das Geld selbst, wie später in der Systemtheorie festgestellt wird, das zumindest im Wirtschaftssystem integrierend wirkt, indem es *Dritte beruhigt*: Diese sehen andere mittels Zahlung auf knappe Ressourcen zugreifen, und doch rechnen sie sich gleiche Bedingungen zu; Selektion von Handlung wird in bloßes Erleben transformiert, als ob es ein Faktum wäre, an dem man als Dritter nicht beteiligt ist (vgl. LUHMANN 1994, S. 69). Spencers *Wächterfunktion*[58], die er der ethischen Grundhaltung in Bezug auf freies Wirtschaften zuschreibt, gibt zudem Auskunft über einen bedeutenden Vorgang: *Die Moral exkludiert sich selbst aus*

---

[56] Für die *Verständigung in Bezug auf knappe Güter* scheint sich das Geld gegenüber der Moral mit Leichtigkeit durchzusetzen: „Das Ausdifferenzieren eines besonderen Funktionssystems für wirtschaftliche Kommunikation wird jedoch erst durch das Kommunikationsmedium Geld in Gang gebracht, und zwar dadurch, daß sich mit Hilfe von Geld eine bestimmte Art kommunikativer Handlungen systematisieren lässt, nämlich *Zahlungen*" (LUHMANN 1994, S. 14).

[57] „Der Geldcode schreibt nicht vor, daß jemand verkauft oder eine Dienstleistung erbringt; aber er ermöglicht es, die Nachfrage mit einem Zahlungsangebot zu verbinden; und dies wiederum macht es möglich, Sach- und Leistungsangebote und schließlich sogar ganze Organisationen darauf einzustellen, daß eine solche Nachfrage vorkommt" (vgl. ebd., S. 69).

[58] Schon ein Hinweis auf Moral als gesellschaftliche *Selbstbeobachtungskontextur*?

den Teilsystemen und treibt deren Selbst-Exklusion noch voran, indem sie – mit ihrem eignen Universalcode – die anderen Codierungen moralisiert:

> „[...] etwa die Korruption in der Politik und im Recht oder das Doping im Sport oder das Kaufen von Liebe oder die Mogelei mit den Daten der empirischen Forschung" (LUHMANN 1998, S. 1043).

Dadurch entwickelt sich die Moral für die funktional differenzierte Gesellschaft zur Kontextur für deren Selbstbeobachtung[59]. Sie wird mehr und mehr zum Selbstbeschreibungsinstrument der Gesellschaft und verliert zunehmend ihre Strahlkraft als Wahrscheinlichkeitsmachererin von Kommunikation. Und sie selbst bleibt natürlich auch beobachtbar. Gerade ihre Universalisierung ermöglicht es, dass man sich vor ihr schützen kann. Andererseits führt ihre Exklusion aus den Teilsystemen als grenzstabilisierendes Element zu ihrem inflationären Gebrauch: Es entsteht Moralkommunikation, die nicht mehr auf kontrollierbare Handlungsverpflichtungen rückgebunden werden muss (vgl. ebd., S. 1044).

Also: Die Gesellschaft ersetzt Moral durch generalisierte Kommunikationsmedien. Die Organisation ersetzt Moral durch Entscheidungsprämissen. Das bedeutet: Die Organisation hat keine Moral.

4.1 Soziologie der Moral

Die Systemtheorie begreift Moral als eine Struktur sozialer Systeme (vgl. LUHMANN 2008a, S. 97). Anhand der folgenden Beschreibung von Moral wird sich sehr deutlich klären, was systemtheoretisch unter *Struktur* zu verstehen ist. Die abstrakte Ausgangsformel, die es also vor diesem Hintergrund schrittweise aufzulösen gilt, ist auch im Werk *Die Gesellschaft der Gesellschaft* zu finden:

> „Strukturen sind Bedingungen der Einschränkung des Bereichs anschlussfähiger Operationen, sind also Bedingungen der Autopoiesis des Systems" (LUHMANN 1998, S. 430).

Ab hier kann man dann auch vorgreifend und gezielter fragen: Wie wirkt sich Moral als Bedingung der Einschränkung von Kommunikation auf Kommunikation aus?

---

[59] Damit ist sie, als ob ihre Marginalisierung in der sozialen Kommunikation nicht ausreichte, eine Selbstbeobachtungskontextur unter anderen (vgl. ebd.).

Nicht nur ist schon an dieser Stelle verraten, worauf Systemtheorie hinaus will, wenn sie von Moral spricht, hier werden zudem zwei theoretische Prämissen angedeutet: Moral wird als ein Faktum gesehen, das es mit moralfreien Begriffen zu erklären gilt. Das bedeutet auch, diese besondere Struktur sozialer Kommunikation anhand ihrer Form und Funktion zu beobachten und sie nach äquivalenzfunktionalistischen Gesichtspunkten[60] abzufragen (vgl. LUHMANN 2008a, S. 101 ff.).

Die Ausgangslage für die Moralbeobachtung ist zugleich eine Erklärung der Notwendigkeit der oben genannten Einschränkungsbedingungen: Zwischen Systemen herrscht ein gegenläufiges Komplexitätsgefälle (vgl. ebd., S. 98). Wie schon in den vorangegangenen Kapiteln beschrieben, selegiert ein System seine eigenen Zustände und Prozesse im Hinblick auf eine Umwelt, die komplexer ist als es selbst. Anhand dieser Logik versteht es sich, dass jene Selektionen selbst wiederum selektiv verknüpft werden. All das führt dazu, dass kein System die besagten Prozesse und Zustandsänderungen des anderen kalkulieren kann[61] (vgl. ebd.).

Vor dem Hintergrund dieses gegenläufigen Komplexitätsgefälles spielt Moral keine unerhebliche Rolle. Doch dafür muss man vorweg den Begriff der doppelten Kontingenz klären, um den Umgang der Systeme mit Umweltkomplexität noch konkreter zu fassen:

„There is a double contingency inherent in interaction. On the one hand, ego's gratifications are contingent on his selection among available alternatives. But in turn, alter's reaction will be contingent on ego's selection and will result from complementary selection on alter's part" (PARSONS/SHILS 1951, S. 15 ff).

Vorab kann man sagen, dass Parsons und Shils zentrale Verwendung des Interaktionsbegriffs in mehrfacher Hinsicht hilfreich ist: Moral und Kommunikation, unter Bedingungen der doppelten Kontingenz, ist anhand von Personen vorerst leichter zusammenzudenken. Das wird sich am fortgeschrittenen Konzept der doppelten Kontingenz schnell zeigen. Zudem wird Moral und (und in) Interakti-

---

[60] Das wohl ausdifferenzierteste Äquivalenzangebot im Hinblick auf Moral wird vom Rechtssystem der modernen Gesellschaft zur Verfügung gestellt.

[61] An dieser Stelle mag die systemtheoretische Auffassung von Komplexität interessante Hinweise über konstruktivistische Anschauungen im Generellen liefern (vgl. LUHMANN 2008a, S. 99 ff.): Umweltkomplexität ist als Komplexität nicht erfahrbar (wie auch?). Was erfahrbar ist, das ist die reduzierte Form der Komplexität: die Kontingenz. Es könnte so oder auch anders sein. So abstrakt und trivial zugleich diese Feststellung im ersten Atemzug wirken mag, Systeme erhalten schon an dieser Stelle einen Orientierungsgewinn, womit sie versuchen durch Selektion ihrer eigenen Operationen das gewünschte Verhalten der anderen *wahrscheinlicher* zu machen.

on in späteren Kapiteln eine größere Rolle einnehmen[62]. Weiterhin kann hier schon ein kleinerer Kreis geschlossen werden, der sich auf die schon angedeuteten äquivalenzfunktionalistischen Gesichtspunkte von Moral bezieht. Die neuere Systemtheorie sagt im Gegensatz zu Parsons: Normen und Werte sind nicht zwingend notwendig, um das Problem der doppelten Kontingenz aufzulösen (vgl. GERECKE 1998, S. 73). Moral ist, wie in vorangegangener Fußnote erwähnt, eine Struktur unter vielen.

Und dennoch muss man, um die Soziologie der Moral zu verstehen, wie jetzt schon mehrfach angedeutet, die doppelte Kontingenz zum Ausgangspunktpunkt nehmen. Wodurch ist diese gekennzeichnet? Nun, Alter und Ego müssen jeweils in sich selbst eine dreifache Rolle integrieren, was Mead am plakativsten noch mit „taking the role of the other" bezeichnet (vgl. LUHMANN 2008a, S. 101 ff.):

> „Jeder ist für sich selbst zunächst Ego, weiß aber auch, dass er für den anderen Alter ist und außerdem noch, dass der andere ihn als alter Ego betrachtet" (LUHMANN 2008a, S. 101).

Kieserling bezeichnet diesen Zustand – passend auf Interaktionssysteme zugeschnitten – als „Offenheit der Situation" (vgl. KIESERLING 1999, S. 86 ff). Die wechselseitige Indeterminiertheit, die durch jenen Zustand hervorgerufen würde, ließe überhaupt Interaktion erst zustande kommen und mache zudem, ebenso durch die wechselseitige Intransparenz, diesbezügliche Kommunikation sehr viel robuster (vgl. ebd.):

> „Jeder kann nicht nur so handeln, wie es der andere erwartet, sondern auch anders, und beide stellen diese Doppelung in erwartete und andere Möglichkeiten an sich selbst und am anderen in Rechnung. Dadurch entsteht eine zirkuläre Unbestimmtheit in der Form: Ich lasse von dir bestimmen, wenn du dich von mir bestimmen lässt" (KIESERLING 1999, S. 87).

Mit dem letzten Punkt bringt Kieserling am pointiertesten zur Geltung, was Systemtheoretiker unter der doppelten Kontingenz verstehen[63]. Dass diese zirkuläre Einheit als solche, also ohne den Unbestimmbarkeitsfaktor, zum Kurzschluss

---

[62] Kieserling bringt es noch deutlicher auf den Punkt, indem er das Modell der doppelten Kontingenz als *einen der wenigen Berührungspunkte zwischen Interaktionsforschung und Systemtheorie* bezeichnet (vgl. KIESERLING 1999, S. 87).
[63] Obgleich Luhmanns Bezeichnung bezüglich *der Verschränkung differenter System/Umwelt-Perspektiven für Kommunikation* auch sehr einleuchtend ist, insbesondere dann, wenn es darum geht zu erklären, warum aufgrund der Komplexität, die auch durch die doppelte Kontingenz zustande kommt, Bewusstseinssysteme auf die einfache Relativität von Ich/Du-Beziehungen zurückgeworfen werden (vgl. LUHMANN 2008a, S. 102).

führen muss, ist nachvollziehbar. Die Tautologie will durchbrochen werden, und das wird sie, weil, wie im Zitat schon angeführt, jeder kontingent-selektiv kommuniziert. Dies kann beabsichtigt geschehen, aber es sind vor allem die Zufälle und Missverständnisse (der Dissens also, nicht der Konsens), welche die Kommunikation in Gang bringen und auf Trab halten[64]. Einerseits lassen Kommunizierende Adressierungsangebote des anderen zu, in Erwartung, wiederum ihre eigenen an das Gegenüber machen zu dürfen, andererseits muss ständig darüber verhandelt werden, ob die Kommunikationsofferten auch richtig verstanden wurden. Da, wie jetzt schon mehrfach erklärt, die Umwelt eines Systems immer komplexer als es selbst ist, gilt das Gelingen eines solchen Unterfangens eher als unwahrscheinlich. Hier wird auch deutlich, was Luhmann darunter versteht, wenn er davon spricht, dass ein System immer von einem anderen System als alter Ego betrachtet werden kann. Ein – im Falle der Interaktion etwa – psychisches System kann nur mit seinen eigenen Unterscheidungen kommunizieren. Das weiß (oder ahnt zumindest) das Gegenüber. Jedes System erwartet von seinem Gegenüber nicht nur dessen eigene Erwartungen, sondern auch eine Eigenkonstruktion bezüglich dessen, wie es von jenem Gegenüber wahrgenommen wird (oder werden will). So ist es auch nachvollziehbar, dass ein erzielter (konstruierter) Konsens Kommunikation im Moment der Übereinkunft beendet[65] und vor allem, wie später noch deutlich besprochen werden wird, wie wichtig häufige Themenwechsel zur autopoietischen Reproduktion von Interaktionssystemen sind.

Jetzt kann man mit Luhmann zur Ausgangsfrage nach der Moral als Erwartungsstruktur zurückkehren und bekommt eine gelungene Kurzdefinition von doppelter Kontingenz dazu geliefert:

> „Als Indikator für einen akzeptierbaren Einbau des Ego als Alter und als alter Ego in die Sichtweise und Selbstidentifikation seines Alter dient der Ausdruck von Achtung und die Kommunikation über Bedingungen wechselseitiger Achtung" (LUHMANN 2008a, S. 102).

Mit der Erwartungsvariable Achtung ist sehr leicht nachzuvollziehen, wie die moralisierte Version von „Ich tue, was du willst, wenn Du tust, was ich will" (LUHMANN 1984, S. 166) ablaufen kann: Ich achte, was Du von meiner Warte aus in Bezug auf Dich geachtet haben willst, wenn Du achtest, was ich in Bezug

---

[64] Daher mag es zwar einleuchtend sein, dem Verständnis nach, bei der doppelten Kontingenz von einem *Problem* zu sprechen, das es aufzulösen gilt, *doch der Zwang zur Lösung erzwingt Kommunikation*.
[65] Die spannende Frage hier, die es im weiteren Verlauf aufzuklären gilt: Ist Moralkommunikation dazu geeignet, jenen produktiven Dissens hervorzurufen?

auf mich geachtet haben will. Man kann schon an dieser Stelle vorwegnehmen, weil es nicht zu übersehen ist, was die Krux an der Moralkommunikation ist: Die Kommunikation von Achtung bzw. Achtungsentzug setzt immer jene Achtungsbedingungen als Ausgangspunkt voraus, die man von sich aus selbst erfüllen würde[66]. Hierin liegt das streiterzeugende, polemogene Potential der Moralkommunikation, was vor allem durch ihre binäre Codierung – gutes Verhalten/schlechtes (böses) Verhalten – alles andere als entschärft wird. Und an der Stelle, an der etwa Personen auf ein optionsreiches Geflecht zurückgreifen können, um ihre Bedingungen von Achtung und Achtungsentzug zu konstruieren, wird Moral nicht nur in ihrer Funktion als Erwartungsstruktur, sondern systemtheoretisch auch als Medium[67] begreifbar (vgl. LUHMANN 1998, S. 397). Zurück zur Achtung im Moment der Kommunikation:

> „Achtung fungiert also im Kommunikationsprozeß als Kürzel für sehr komplexe zugrundeliegende Sachverhalte, die nur über diese symbolische Substitution überhaupt kommunikationsfähig werden" (LUHMANN 2008a, S. 102)[68].

Wie das Zitat andeutet, so gilt es auch die „produktive" Seite der Moral zu betonen. Immer geht es, auch in Interaktionssystemen, darum, eine Kommunikation aufrechtzuerhalten, die perspektivisch, das bedeutet auf die Zukunft bezogen, integrierbar bleibt (vgl. ebd.). Dabei ist der Spielraum groß und lässt viele Feinabstimmungen zu. Auch die Androhung von Achtungsentzug, also eine in Aussicht gestellte Nichtkommunikation, zieht Nachverhandlung auf sich. Der Achtungsbruch macht deutlich, dass sich Erwartungsstrukturen ändern. Somit muss man von der Moralkommunikation auch als reine Interessensbefriedigung absehen (vgl. ebd.). Diese „[...] derart vereinfachte Kommunikation über Achtung [...]" (LUHMANN 2008a, S. 102) ermöglicht einen Subtilitätsgewinn, der insbesondere Interaktionssystemen einen hohen Ausdifferenzierungsgrad ermöglicht. Dieser Bereich wird nochmals eingehender im Unterkapitel 6.1 durchleuchtet. Wichtig bleibt hier zu betonen, wie sekundäre Komplexität durch Moral zustande kommt:

> „Über Achtung oder Missachtung kann in bezug auf ein Ego oder ein Alter nur einheitlich entschieden werden, das gehört zu den Reduktionsleistungen des Konzepts.

---

[66] Auch die Selektion von erwünschten Verhaltensmustern aus einem *Sittenpool* verläuft komplett selbstreferentiell.
[67] Damit ist die – am Anfang des Kapitels erwähnte – Form konstituiert, wie sich Moral soziologisch darstellt. Luhmanns Unterscheidung von Medium/Form, die etwas anderes meint, bleibt an dieser Stelle noch unberührt.
[68] Einer der ausschlaggebendsten Punkte in Kapitel 6.1.

Es geht also nicht um einzelne Fähigkeiten oder um bestimmte Verdienste" (LUH-MANN 2008a, S. 103).

Auch der letzte Satz wird im benannten Unterkapitel keine unerhebliche Rolle spielen, da auch Missachtung bis zu einem gewissen Grad, sei es durch Aussehen oder Eigentum, kompensiert werden kann. Daher der wichtige Satz Luhmanns, dass Achtung keine Eigenschaft, sondern eine Zuteilung sei (vgl. ebd.). Achtungswerte fluktuieren, ihre Zuteilung ist gerade in modernen Gesellschaften inkonsistent. Dies erfordert ein Arsenal an Gegenstabilisierungen. Auf der Gesellschaftsebene gibt es moralische Generalisierungen[69], die beim Achtungserwerb hilfreich sind. Damit sind Werte gemeint, die von Personen, Rollen und Programmen unabhängig sind und einen hohen Abstraktionsgrad in Bezug auf Erwartungsstrukturen aufweisen (vgl. SCHNEIDER 2005, S. 271). Auf der Ebene der Interaktion führt Luhmann die Gegenstrategie der Selbst-Achtung ein (vgl. LUHMANN 2008a, S. 104)[70].

Achtung, als emergente Symbolisierung, ermöglicht die Moralbildung (vgl. ebd.). Gleichzeitig ist Achtung eben nicht das Fundament der Moral, sondern eine Ebene ihrer Artikulation (vgl. ebd.), womit der Anschluss an das „Ich tue, was du willst, wenn Du tust, was ich will" wieder hergestellt sei:

> „Der Grund der Moral liegt ganz modern bereits in der natürlichen Selbstreferenz der Person, in der Selbstliebe" (LUHMANN 2008a, S. 104).

Auch zum Thema Selbstliebe wird es im besagten Unterkapitel nähere Erläuterungen geben. Auffällig und erwähnenswert ist hier Luhmanns verhaltenssoziologischer Anstrich, den er dem Thema Moral in Bezug auf Selbstreferenz gibt. Wie schon mehrmals erklärt, versteht sich die, wie im Zitat beschrieben, natürliche Selbstreferenz von selbst: Es ist die komplexe Umwelt, die den Beobachter auf sich selbst und somit auf dessen eigene Unterscheidungen zurückwirft. Somit wird im Falle der Moralkommunikation der Maßstab der Selbstachtung zum zwingenden Moment der erwarteten Achtung[71].

Moral als Codierprozess, jene Struktur also, die funktional den laufenden Abgleich von Ego/Alter-Synthesen mitsteuert, erhält ihre praktisch unbeschränk-

---

[69] Moral hält menschliches Verhalten im Bereich des Zivilisierten, Gefälligen, Anständigen und Reputationsfähigen und sorgt indes dafür, dass die Vernunft anderer Menschen in der Verhaltenskontrolle mitspricht (vgl. ebd.).

[70] Es sind gerade solche Eckpunkte, die Theoretiker gern aufgreifen, um Vergleiche mit Bourdieu zu ziehen. Hier fühlt man sich stark an die Verteilungskämpfe innerhalb der Felder erinnert (vgl. NASSEHI/NOLLMANN 2004).

[71] Hier mag man sich überlegen, ob nicht die Kombination aus systemtheoretischer Moralbeschreibung, die deutlich einen verhaltenssoziologischen Anstrich aufweist, und systemtheoretischer Interaktionstheorie zu einer neuen Streittheorie führen könnte. Dazu mehr im Kapitel 6.1.

te Regenerationsfähigkeit auf der „Basis des elementaren Achtungsgeschehens"
(LUHMANN 2008a, S. 109). Dass Moral über den Interaktionsrahmen hinaus
gesellschaftlich generalisiert ist, wird weiter oben behandelt. Festzuhalten bleibt
vor allem hier, dass Moralkommunikation immer „Ausstrahlungseffekte" bein-
haltet, man denke hier an die Moralisierung von Themen, Symbolen, Strukturen
und Meinungen (vgl. ebd. S. 108)[72]. Die Kommunikation wechselseitiger Achtung und Achtungserwartungen birgt fortwährend die Gefahr in sich, die nicht
komplementären Momente der Ego/Alter-Synthesen zu verstärken. Nicht nur,
weil man ständig auf die eigenen Achtungserwartungen zurückgeworfen ist,
sondern auch, und das ist auch der zweite Grund für die Polemogenität, weil
Moralkommunikation in ihrer starken Ausdifferenzierung zusätzliche Motive für
das „Halten der Position" und das „Strafen des anderen" schafft (vgl. ebd. S.
112). Hierzu mehr im Kapitel 6.1.

4.2 Entscheidungsgesellschaft: Entscheider und Betroffene

Als Systemtheoretiker müsste man konsequenter von der modernen und funktional differenzierten Gesellschaft sprechen. Nun verhält es sich aber so, dass die
Beobachtung von Organisationen wiederum zum Perspektivwechsel anregt, und
dann kann man überprüfen, inwieweit eine systemtheoretische Fruchtbarma-
chung des Begriffs der *Entscheidungsgesellschaft* sinnvoll ist. Klar muss aber in
diesem Zusammenhang dann auch sein, dass die *systemtheoretisch gemeinte
Entscheidungsgesellschaft* nur ein begriffliches Instrument sein kann, womit man
maximal einen Ausschnitt, über dessen Größe noch zu diskutieren ist[73], von der
modernen Gesellschaft in die Beobachtung rücken kann. Am Anfang steht die
Definition von Schimank, der den Begriff der Entscheidungsgesellschaft für die
Soziologie im Wesentlichen geprägt hat, der von einer *doppelten Zumutung für
Handelnde* in der modernen Gesellschaft ausgeht:

> „Sie soll erstens immer mehr ihrer Handlungen, und vor allem die wichtigen, in
> Form von Entscheidungen konzipieren und ausführen; und obwohl immer mehr der
> Situationen, in denen sie zu entscheiden hat, immer komplexer geworden sind, soll
> sie möglichst rational entscheiden. Dieser *Zumutung rationalen Entscheidens unter
> hoher Komplexität* ist ein Akteur zunächst einmal durch andere ausgesetzt, die ihn
> beobachten und gegebenenfalls sanktionieren können. Darüber hinaus handelt es
> sich auch um eine Selbstzumutung. Der Akteur selbst hat durch Erziehung und an-

---

[72] Zur Bestrafung der Abweichung durch den Moralcode vgl. Kapitel 6.1.
[73] Aber im Rahmen dieser Auseinandersetzung nicht mehr geschehen kann.

dere Formen der Sozialisation in starkem Maße verinnerlicht, dass rationales Entscheiden angesagt ist. Dies ist das Phänomen, aufgrund dessen ich die moderne Gesellschaft als *Entscheidungsgesellschaft* bezeichne" (SCHIMANK 2005, S. 11).

Für eine Interaktionstheorie systemtheoretischen Charakters sind an dieser Interpretation einige interessante Aspekte wahrzunehmen. Denn es ist klar, Interaktionssysteme in Organisationen haben mit den Anforderungen – und das sind
Entscheidungen – aus ihrer Organisationsumwelt umzugehen. Und hier würde
auch Schimanks Anpassung des Begriffs des *Copings*, also die Bewältigung der
Entscheidungszumutung in der Entscheidungsgesellschaft (vgl. ebd., S. 34 ff.),
sehr gut auf die Beobachtung von Interaktionssystemen passen. Wie in Kapitel 5
und 6.1 zu sehen sein wird, ist es gerade polemogene Kommunikation, die Interaktionssysteme *unfit* für die Anforderungen aus der Umwelt, also auch für das
Entscheiden, macht.

Zudem sind zwei weitere Aspekte der Schimankschen Interpretation wert-
voll: einmal die Umstellung auf *Komplexitäts- und Komplexitätsbewältigungs-
beobachtung* und einmal der *hohe Grad an Skepsis bezüglich der gesellschaftlichen Rationalitätsannahmen*. Damit der Begriff für die Systemtheorie noch interessanter wird, sollen hier zwei Erweiterungen vorgeschlagen werden.

A) Die Gesellschaft ist von Organisationen und deren Funktion der Unsicherheitsabsorption, die darauf gründet, dass deren kommunikative Letztelemente Entscheidungen sind, abhängig:

> „Auf diese Weise kann eine augenfällige strukturelle Diskrepanz verdeutlicht wer-
> den, daß nämlich die moderne Gesellschaft mehr als jede ihrer Vorgängerinnen auf
> Organisationen angewiesen ist [...]; daß sie aber andererseits weniger als jede Ge-
> sellschaft zuvor in ihrer Einheit oder in ihren Teilsystemen als Organisation begrif-
> fen werden kann" (LUHMANN 1998, S. 847).

Über diesen Schritt kann man dann, um einen Beitrag zu den Überlegungen
Jägers und Schimanks zur Organisationsgesellschaft (vgl. JÄGER/SCHIMANK
2005, S. 7 ff., 19 ff., 507 ff.) zu leisten, auch sagen: *Die Entscheidungsgesellschaft ist die Organisationsgesellschaft.* Und, um im Sinne Luhmanns noch konsequenter zu argumentieren, man müsste dann Entscheidungs- und Organisationsgesellschaft umbenennen in *entscheidungsabhängige und/oder organisati-
onsabhängige Gesellschaft.*

B) *Die Systemtheorie verkehrt die Entscheidungszumutung in eine Ent-
scheidungsressource.* Das wird von Schimank auch angedeutet (vgl. SCHI-
MANK 2005, S. 35), jedoch zugunsten seiner hauptsächlichen Argumentation
vernachlässigt. Für die Systemtheorie wächst sich dieser Punkt jedoch zu einer
hohen Bedeutung heraus, womit die Bedeutung des Prekären bezüglich der Ent-

scheidung keineswegs abgemildert wird. Dafür muss man zuerst die Begriffe Risiko und Gefahr klären:

„Von Risiken spricht man dann, wenn etwaige künftige Schäden auf die eigene Entscheidung zurückgeführt werden. Wer kein Flugzeug besteigt, kann nicht abstürzen. Bei Gefahren handelt es sich dagegen um von außen kommende Schäden. Um im Beispiel zu bleiben, daß man durch herabfallende Flugzeugtrümmer getötet wird. Beide Fälle behandeln Ungewissheit eines künftigen Schadens, sind also Gegenfälle zur Sicherheit. Sie unterscheiden sich aber an der Frage, ob das Unglück auf eine Entscheidung zugerechnet wird oder nicht" (LUHMANN 2008a, S. 350).

Das bedeutet in letzter Konsequenz: *Die Entscheider gehen Risiken ein und jene, die von diesen Entscheidungen betroffen sind, sind gleichzeitig einer Gefahr ausgesetzt, da diese auf die Entscheidungen – nachdem sie getroffen wurden – der Entscheider keinen Einfluss haben. Also: Wohl dem, der entscheiden kann!*

Richtig dringlich wird die Angelegenheit, wenn dann noch Moral ins Spiel kommt, und in Kapitel 6.1 wird erneut deutlich, worum es hier eigentlich geht[74]:

„Wenn man sich schon moralisch auf der richtigen Seite sieht, besteht wenig Grund, sich noch um eine Verständigung zu bemühen. Dann kann es nur darum gehen, der guten Sache zum Siege zu verhelfen, und sei es mit immer stärkeren Mitteln. Moral macht Mut zur Wut" (ebd., S. 349).

---

[74] Man muss an dieser Stelle kritisch überlegen, ob man nicht alle normativ begründeten Entscheidungen als *gefährlich* im oben gemeinten Sinne einstuft, nicht nur die moralischen. Auch der technisch-rationale Normativismus schafft viele Betroffene; man denke hierbei an jene Mitglieder von Wirtschaftsorganisationen betreffenden großen Entlassungswellen, die unter dem Aspekt der zweckrationalen Verwertungslogik in Gang kommen.

5 Organisation und Interaktion

> *Das Bewusstsein, eingespannt in die kommunikativen Erwartungen und zugleich mit eigener Perspektive auf die Kommunikationen ausgestattet, und die Kommunikation mit ihrem Erwartungsbündel Person haben sich gleichsam gegeneinander ausdifferenziert.*
> Christine Weinbach

Und das Gegeneinander ist gleichzeitig ein Füreinander:

> „Die Systeme sind sowohl auf bestimmte Umweltbedingungen als auch auf das Funktionieren anderer, in ihrer Umwelt platzierter Systeme angewiesen, ohne diese steuern zu können. Im Fall des Verhältnisses zwischen psychischen und sozialen Systemen ist die wechselseitige Abhängigkeit zugleich Existenzgrundlage [...]" (FARZIN 2006, S. 16).

Und Farzin zieht Luhmann heran:

> „[...] jeweils eine Systemart ist notwendige Umwelt der jeweils anderen" (LUHMANN 1984, S. 94).

Um fortzufahren:

> „Ohne Bewusstsein findet Kommunikation nicht statt, und Bewusstsein ohne Kommunikation ist nicht denkbar" (FARZIN 2006, S. 16).

Beide, soziale Systeme sowie Bewusstseinssysteme[75], operieren anhand des Mediums Sinn, unterscheiden also mit *real/möglich* beziehungsweise *aktuell/potentiell*, was sie zum ständigen sowie rekursiven Prozessieren von Aktualitäten anhält (vgl. ebd.).

---

[75] Oder, wie weiter unten noch deutlicher wird, Personen: „Der Begriff *Person* soll uns unter Rückgriff auf einen alten Sprachgebrauch dazu dienen, sowohl Autor, als auch Adresse, als auch ein Thema in Kommunikationssystemen zu bezeichnen" (LUHMANN 2006a, S. 89).

Die Bewusstseinssysteme müssen Kommunikation unter den Bedingungen der doppelten Kontingenz, die in Kapitel 4.1 in Verbindung mit der Erwartungsvariable Moral besprochen und belegt wird, koordinieren, dies in der modernen Gesellschaft unter so komplexen Bedingungen; es geht ja um das hochsensible Zusammenspiel zwischen Erwartungen und Verhaltensbeschränkungen, die wiederum nach der Reduktion von Komplexität den Aufbau sekundärer Komplexität ermöglichen, dass soziale Systeme notwendig werden (vgl. ebd., S. 17). Oben wurde dargestellt, was soziologisch unter einem sozialen System zu verstehen ist, dies am Beispiel des Organisationssystems. Und weiter unten wird die gleiche Präzision angewendet, wenn es um die Auseinandersetzung mit Interaktionssystemen geht. Um hier den Zusammenhang zu gewährleisten, sei noch mal erwähnt, dass soziale Systeme also nicht nur autopoietisch und selbstreferentiell operieren, sich über ihre Abgrenzung zur Umwelt konstituieren, sondern, und das ist hier wichtig, sie prozessieren auf hohem Komplexitätsniveau Sinn und stellen der Gesellschaft, somit auch den Bewusstseinssystemen, die jetzt schon mehrfach erwähnten Erwartungen und Verhaltensbeschränkungen zur Verfügung. *Bewusstseinssysteme schenken den sozialen Systemen Wahrnehmung, soziale Systeme schenken den Bewusstseinssystemen Sprache und Strukturmuster* (vgl. ebd., S. 18). Das Verhältnis, das beide miteinander haben, kann man entweder als co-evolutionäre Koppelung oder als *Interpenetration* beschreiben, in der beide ihre eigene Systemkomplexität dem anderen zum Komplexitätsaufbau zur Verfügung stellen[76]. Das Problem doppelte Kontingenz ist, wie schon zum Thema Organisation erwähnt, gleichzeitig die Lösung und macht auch Interpenetration möglich: Die Systeme lassen Irritationen der Systeme aus der Umwelt zu, in der Erwartung, dass als Gegenleistung auch die eigenen Irritationen, die sie als Kommunikationsofferten verstehen, angenommen werden (vgl. LUHMANN 1984, S. 286 ff.). Sprache und sozial vermittelte Strukturmuster dämmen die Zufälligkeit[77] der Irritationen zwar ab, machen diese teilweise einplan- und erwartbar, doch es bleibt immer noch genügend Unsicherheit, um Evolution anzutreiben. Insbesondere Sprache kann man hier als Medium betrachten. Über Sprache werden Bewusstseinssysteme fasziniert, über Sprache können diese wiederum die Kommunikation, also die Operation von sozialen Systemen, dazu zwingen, sich mit psychischer Reizverarbeitung auseinanderzusetzen (vgl. ebd.).

---

[76] Interpenetration ist ein Begriff aus dem Theorieapparat Niklas Luhmanns. Eine diesbezüglich äußerst gelungene Beschreibung findet man hier, S. 163: KOLLER, Markus, Die Grenzen der Kunst. Luhmanns gelehrte Poesie, erste Auflage, Wiesbaden: VS Verlag für Sozialwissenschaften, 2007.

[77] „Niemand kann sicher wissen, obwohl jeder Beobachter auf seine Weise konstruieren kann, was im Inneren eines anderen vor sich geht, ob andere Menschen erwartbare Einstellungen bilden und wie beständig sie sein werden" (LUHMANN 2006a, S. 92).

Die kontingenten Anforderungen, oder in der Sprache der Systemtheorie Irritationen, die eine Organisation an ihre *Mitglieder*[78] weitergibt, bewältigen diese in den meisten Fällen durch ihre strukturelle Kopplung mit Interaktionssystemen. Möge die Selbstorganisation der Mitglieder noch so hoch sein, am Ende trifft man sich doch wieder in einer Teamsitzung, zwecks Projektbesprechung. Über die perfekte Interaktionsgröße in Organisationen mag man streiten. Was man aber sagen kann, und dies wird später nochmals belegt, ist, dass diese nicht sonderlich groß sein wird. Dies aus zwei Gründen: Erstens erhöht eine zu hohe Ausdehnung des Interaktionssystems das Risiko der Nichtkommunikation durch erzwungene Passivität, zweitens sind Organisationen so komplex strukturiert, dass sie auf ein hohes Maß von Ausdifferenzierung durch Sub- und Subsubsysteme angewiesen sind[79].

Vor diesem Hintergrund spielt sich Koevolution zwischen Organisations- und Bewusstseinssystemen auf unterschiedliche Art und Weise ab. In sachlicher Hinsicht verleiht Mitgliedschaft der Organisation eine doppelte Rahmung, da sie das System nach außen hin durch Zugehörigkeit/Nichtzugehörigkeit zur Entscheidungs- beziehungsweise Entlastungsfrage abgrenzt (vgl. LUHMANN 2006a, S. 112 ff.). Der Rahmen ermöglicht es, dass Mitgliedschaft, die vorerst durch verhältnismäßig geringe Anforderungen gekennzeichnet ist, zum Medium wird und dann aufgrund der Abhängigkeit weiterer Formen respezifiziert und ausdifferenziert wird:

„[...] ein Medium, das weitere interne Unterscheidungen als Rahmen ermöglicht, in denen dann das Verhalten mit einem Rest an Spontaneität, aber erwartbar festgelegt werden kann" (vgl. ebd.).

Wie gesehen, ist es diese erwartbare Spontaneität, die Organisation braucht, um im Rahmen der Interpenetration die Komplexität des anderen für sich nutzbar zu machen. Und Luhmann erklärt es am Beispiel des gerahmten Mediums, wie man sich dieses Prinzip noch besser verdeutlichen kann (vgl. ebd.): Der Rahmen steckt die Möglichkeiten ab. Doch was sich innerhalb dieser Grenzen abspielt, ist ungewiss. Die Organisation erzeugt sich selbst Ungewissheit, die sie wiederum schrittweise abarbeiten kann. Und somit ist eine Brücke zur Zeitdimension geschlagen. Mitglieder erinnern an die Abfolgen der Ereignisse in Organisationen, also an Entscheidungen, oder antizipieren diese; nicht nur das, sondern sie erinnern oder antizipieren, dass irgendwann etwas erinnert oder antizipiert werden muss (vgl. ebd.):

---

[78] Konstruktion, die eine Bündelung heterogener Motivunterstellungen wie *ökonomische Nutzenkalkulation*, *Normbindung* und *Karriereinteresse* unterstellt (vgl. ebd., S. 110).
[79] Dies wird, wie erwähnt, in Kapitel 6.1 nochmals erläutert und belegt.

„In diesem Zeitbezug dient die Mitgliedschaftsrolle der Organisation als Teil ihres Gedächtnisses" (ebd., S. 113).

Der Zeitbezug, der hier ganz besonders interessant ist, ist die Tatsache, dass das Gedächtnis wie jedes Gedächtnis funktioniert. Die Organisation kann unabhängig von Datierungen auf diesen Teil des Gedächtnisses zurückgreifen, so wie sie das auf andere Teile tut, *und vor allem alles vergessen, was vergessenswert ist* und erinnern, was zukunftswert ist (vgl. ebd. S. 114).

An diesem Punkt lohnt es sich, für einen kurzen Abschnitt den Sachverhalt der Interpenetration zu verlassen, um einen Blick auf andere Teile des Systemgedächtnisses zu werfen. Die Selbstbeobachtungen im System, wenn etwa der Betriebsrat die Geschäftsführung beobachtet oder der Qualitätszirkel die Programme überarbeitet, formen sich zum Medium, das Gedächtnismaterial also, in dem wiederum sich die Formen der Selbstbeschreibungen finden (vgl. ebd., S. 417). *Dabei wird die operative Intransparenz des Systems erträglicher gemacht, da diese nicht zu beseitigen ist* (vgl. ebd.). Texte, die Hauptgedächtnisform sozialer Systeme, also auch der Organisationen, dienen also der Koordination von Gedächtnisleistung: Die Intransparenz bleibt – denn: Wie sollte ein Betriebsrat eine Geschäftsführung in ihrer kompletten Komplexität beobachten können; wie soll ein Qualitätszirkel seine Rationalitätskonstruktionen so einstellen, dass Programme aufgestellt werden, die allen Anforderungen an die Organisation gerecht werden? – doch die Operationen bekommen durch die operationssimplifizierenden Texte eine Direktion (vgl. ebd., S. 418). Dabei ist es das *Crossing* von der beschriebenen zur nichtbeschriebenen Seite, welches die Reformimpulse freisetzt (vgl. ebd.). Wie man sieht, ist hier sozusagen das Äquivalent zur Gedächtnisleistung durch die psychischen Systeme gegeben. *Es bleibt jedoch die Funktion des entlastenden Vergessens.*

In vielen kleinen und mittleren Organisationen etwa geht man gern zur Praxis über, im Rahmen eines zu implementierenden oder weiterzuentwickelnden *Qualitätsmanagements*[80] Selbstbeschreibungen aus den Interaktionssystemen *über* die Interaktionssysteme, also Teams sollen sich selbst beschreiben, abzuverlangen. Oftmals ist das Prinzip so angelegt, dass dies an anderer Stelle von einer Steuerungsrunde überwacht und koordiniert wird, die wiederum unter der

---

[80] Es geht um die Transformation von ‚Qualität' nach DIN ISO 9001-9003 insbesondere auf die organisationale Mikroebene individuellen Handelns. Soll Qualitätsmanagement dem nicht gerade geringen Risiko der Mythenbildung zu entgehen – ein Mythos bezeichnet die Entfernung eines ‚Entsprungenen' von einem ‚Ursprünglichen' bis zu Nicht-Mehr-Wiedererkennbarkeit – ist die Transformation an einer neuen, von der bisherigen Managementpraxis abweichenden Norm auszurichten, die Erfahrung und Anerkennung prozesshaft integriert, die den Sinn von Arbeit und Gerechtigkeit achtet, beides strukturell ermöglicht und schließlich den Organisationsmitgliedern Freiraum und Entfaltungsmöglichkeiten einräumt (vgl. JÄGER/RÖTTGERS 2008).

Betreuung einer externen Beratungsorganisation steht. Man hat oben gesehen – und das wird in Kapitel 6.1 noch expliziter anhand der Interaktionssysteme dargestellt – dass Systeme für sich intransparent bleiben. Man erhofft sich aller Wahrscheinlichkeit nach zwei Dinge mit diesem Vorgehen: das Sparen von Geld, da man keine externe Beratungsorganisation für eine komplette Beobachtung und Betreuung des Selbstbeschreibungsprozesses heranzieht, und man versucht gleichzeitig, dem Gedanken der partizipativen Mitgestaltung durch die Mitglieder gerecht zu werden. Vielleicht, weil man sich zusätzlich zum Spargedanken erhofft, Motivation und Leistungssteigerung durch die Identifikation der Mitarbeiter mit der Organisation fördern zu können. Und sicherlich ist dieser Gestaltungsgedanke recht interessant, um Mitglieder am Anfang für Qualitätsarbeit zu faszinieren. Doch die anfängliche Euphorie muss schnell weichen, da die Intransparenz des eigenen Teams etwa und ihre gleichzeitige Unfähigkeit, sich selbst zu beobachten, auch wenn sie sich selbst thematisieren kann, was nicht das gleiche ist[81], *eine nicht zu erfüllende Selbstbeschreibungsleistung heraufbeschwört.* Ist dies schon auf operativer Ebene nicht gegeben, so muss man auch hinzuzählen, dass die Selbstbeschreibungsanforderung auf die laufenden Entscheidungsgeschäfte des Tages, man kann auch Arbeitsalltag sagen, aufgepfropft wird, was zur weiteren Überforderung des Interaktionssystems und zu Frustrationsgedanken bei den Bewusstseinssystemen führt.

Was man auf der Interaktionsebene beobachten kann, kann man auch auf jener der Gesamtorganisation: Qualitätsmanagement, was unter systemtheoretischen Gesichtspunkten nichts anderes als die Reorganisation der organisationalen Selbstbeschreibung, also die Reorganisation des Organisationsgedächtnisses, sein kann, welches man ausschließlich oder größtenteils dem Selbstbeobachtungspotential der Organisation überlässt, die ohne besondere Unterstützung durch andere Beobachtungsorganisationen aufgestellt wird, kann dazu führen, *dass der zeitliche Aspekt, also wie schnell entlastende Entscheidungen herbeigeführt werden, zugunsten des Normativen, also der systematischen Fixierung von Programmabläufen, marginalisiert wird.* Man denkt dabei sofort an die organisationale Inflexibilität, die sich aus einer solchen Situation ergeben muss. *Viel interessanter sind jedoch die organisationalen Schizophreniephänomene, die dann auftauchen*[82]. So hat man einen Wust von Texten in Dokumentenform, die operationsleitend sein sollen, die aber dann fortlaufend informal unterlaufen

---

[81] Wird in Kapitel 6.1 expliziert und belegt.

[82] Schizophrenie deshalb, weil Organisation es sich weder leisten kann noch wird, die Gesamtheit ihrer Operationen der Chiffrierung ihrer Intransparenz, die mit einem Wust an operationsleitender Schriftsätze einhergeht, zu überlassen. Sie wird dazu genötigt, Gegenstrategien zu entwickeln. Nun könnte man an der Stelle die Behauptung aufstellen, vielleicht sind diese Irritationen heilsam für die Organisation. Die Frage muss aber lauten: Hat die Organisation überhaupt Zeit für eine solch angelegte, überformte Selbstirritation?

werden, ja unterlaufen werden müssen, da Entscheidungen nach zeitnaher Umsetzung verlangen. Die zweite Schizophrenieebene ist dann erreicht, *wenn man die Vergessensleistung in eine Erinnerungsleistung ummünzen will*[83]. So wie die Kameraaufzeichnungen einer Tankstelle erst nach dem Überfall intensiv ausgewertet werden, so wird im Normalfall auf alle Formen der organisationalen Verschriftlichungen, man denke an die Anträge im Bundestag oder die Protokolle von Meetings, im *Bedarfsfall* zurückgegriffen, wenn also das Alltagsgeschäft eine Orientierung im Ausnahmefall verlangt. Ähnliches findet man auch im Qualitätsmanagement. Man hat Selbstorganisationsprozesse in der Organisation und greift im Ausnahmefall etwa auf das Betriebshandbuch zurück. Wenn aber eine Organisation mit einer solch normativen Überformung ihrer Selbstbeschreibungsprozesse konfrontiert ist, und das bedeutet Umstellung auf reine Implementation, die ja realistischerweise nicht möglich ist, dann hat man eine Überfrachtung an Anleitungen, die größtenteils gar nicht an die sich ständig ändernden Situationen in der Organisation, damit ist auch der Umgang mit Umweltirritationen gemeint, anpassbar sind. Es können zwar durch das oben benannte Crossing vom Beschriebenen zum Nichtbeschriebenen Impulse freigesetzt werden, ob diese jedoch von Vorteil sind, bleibt aber weiterhin dem Zufall überlassen. *Man mag also in diesem Zusammenhang von Organisationsberatungen denken, was man will, für die Unterstützung eines adäquaten Selbstbeschreibungsprozesses in allen Bereichen der Organisationen werden diese weiterhin unabdingbar bleiben*:

„Der Niedergang einer Organisation mag auch darin eine Erklärung finden, dass das System seiner eigenen Organisationskultur zu viel Aufmerksamkeit schenkt und zu wenig auf Umweltveränderung achtet" (LUHMANN 2006a, S. 246).

Zurück zur Koevolution. Bisher wurden die sachlichen sowie zeitlichen Kontexte beschrieben, in denen die Mitglieder in Organisationen auftauchen. Die Organisation profitiert jedoch auch von der sinnlichen Wahrnehmung der Mitglieder. Die Schrift dient in Organisationen, nebst der Koordination von Wissen, auch der Standardisierung der Wahrnehmungsfelder der Individuen (vgl. ebd., S. 119). Hier geht es also der Organisation um das „[...] Umsetzen von Wahrnehmung in Wahrnehmbares" (ebd., S. 120), die über Berichte oder wahrnehmbare Artefakte (vgl. ebd.) wieder in der Organisation auftauchen. Es geht also um die Selektion dessen, was vom Wahrnehmbaren wahrnehmenswert ist. Man kann diesbezüglich auch vom *Filter für den Filter* sprechen:

---

[83] „Wenn man Selbstbeschreibungen als eine Art Reproduktion des Systemsgedächtnisses begreift, hat das den Vorteil, dass die Aufmerksamkeit von normativen auf zeitliche Probleme übergeleitet wird" (LUHMANN 2006a, S. 442).

„Individuen entlasten gewissermaßen die Kommunikation von dem diffusen, räumlich komplexen, zeitlich unruhigen und andererseits „unentschiedenen" Prozess des Wahrnehmens und übersetzen dann nur noch einige ausgewählte Ergebnisse in Zeichen, die andere Individuen als Kommunikation wahrnehmen können. Dies allein ist schon eine evolutionäre Errungenschaft, ohne die Kommunikation nicht möglich wäre; und zum Glück eine Errungenschaft, die gänzlich unabhängig davon ist, ob Individuen richtig denken, vernünftig urteilen und emotional konsensbereit sind" (ebd.)

An dieser Stelle kann man jetzt gut zu einer genaueren Betrachtung von Mitgliedern in Organisationen überleiten, die im Regelfall zu Interaktionssystemen zusammengefasst sind, dies anhand der Betrachtung von *formaler* und *informaler* Organisation[84].

Wie am Vorgängerzitat leicht erkennbar ist, *ist die Organisation erheblich daran interessiert, Mitgliedschaft zu konditionieren.* Zum einen soll somit der kollektive Handlungsaufbau, damit sind etwa Einzelentscheidungen wie eine Personalentscheidung gemeint, die auf die ganze Organisation einen Effekt haben, zum anderen soll die hochgradige Spezifikation von Verhaltenserwartungen wie spezifische Stellenbeschreibungen gewährleistet sein (vgl. KIESERLING 1994, S. 170 ff.). Beim ersten Punkt denkt man vor allem an die generalisierte Effektübertragung im Organisationssystem, die, weil sie paradoxerweise nicht vollends generalisieren kann, zur Ausdifferenzierung von besonderen Regeln und Kompetenzen führen muss (vgl. ebd.). Paradox ist dann auch, dass durch die Spezifikation nach innen eine Spezifikation von Umweltkoppelungen stattfindet (vgl. ebd.): Nur wenn man über das Besondere bezüglich der Mitgliedschaft weiß, kann man wissen, was im Besonderen Nichtmitgliedschaft bedeutet, und das ist ein unabdingbarer Orientierungspunkt der Organisation. Der zweite Punkt hängt von dem Umstand ab, dass die Organisation einerseits formalisierte, spezialisierte Mitglieder braucht, dass dieser Umstand aber nicht von, um es anschaulich zu formulieren, *speziellen Persönlichkeiten* abhängig sein darf (vgl. ebd.). Es ist dieser zweite Punkt, der beschreibt, *wie Organisation es durch die Formalisierung der Mitgliedsrolle fertig bringt, Zeit- und Konsensvorteile so zu einer Sicherheitsgrundlage zu kulminieren, dass weder offene Kontrolle noch versteck-*

---

[84] Dies geschieht mit Hilfe von Kieserlings Neuetablierung dieser Unterscheidung in der Systemtheorie: „Theoretisch artikuliert wurde die Unterscheidung jedoch vornehmlich mit Hinblick auf Gruppenbildungen innerhalb der Organisation, die durch eigene Grenzen und einen eigenen Führungsstil charakterisiert werden konnten und keinen eindeutigen Bezug zu den Zwecken des Organisationssystems erkennen ließen" (KIESERLING 1994, S. 168).

te Kritik, weder Publizität ihres Vollzugs noch Protest gefürchtet werden muss (vgl. ebd.)[85].

Es ist diese Formalisierung der Mitgliedschaftsrolle, die es der Organisation zudem erlaubt, sich oberhalb der Interaktion auszudifferenzieren, sich also als System zu verselbständigen, ohne auf die Integration der Anwesenden achten, noch auf der Interaktion als ein Modell für Aufmerksamkeitsverteilung und Informationsbesitz angewiesen sein zu müssen (vgl. ebd., S. 171). Dass dies der Organisation wiederum nur bedingt gelingen kann, dass Organisation insbesondere auf die Speicherkapazitäten der Bewusstseinssysteme angewiesen ist, hat man oben gesehen.

Die Grenzen der Formalisierung sind jedoch wiederum die Freiräume des Systems[86]:

> „In Wahrheit jedoch kann keine Organisation alle Beiträge an Handlung, die sie zu ihrer Reproduktion benötigt, als Mitgliedschaftsbedingungen ausweisen und sie in diesem Sinne formalisieren. Schon die Rücksichten auf Konsistenz, denen der gesamte Komplex der formalisierten Erwartungen unterliegt, wirken hochgradig selektiv, denn Systeme, die sich in einer komplexen Umwelt behaupten sollen, müssen nicht nur konsistentes, sondern auch inkonsistentes Handeln ermöglichen" (ebd.).

So abstrakt dieses Zitat anmuten mag, gemeint ist hier jene Organisation, die hinter verschlossenen Türen und jenseits von Schweigepflichtentbindungen operiert. Würde die Organisation dieser Faktizität zuwiderlaufen, das würde bedeuten, sich normativ zu verorten und normativ zu erwarten, so würde sie bald zugrundegehen müssen. Die Organisation kann Umwelt nicht „bewusst" verändern, sie kann sich nur selbst verändern. Möglicherweise führt das wiederum zu einer für die Organisation positiven Veränderung der Umwelt, doch das kann sie nicht von vornherein beeinflussen, das bleibt dem Zufall überlassen. So wird in besonderen Fällen weiterhin Fraktionszwang ausgeübt werden und Patientendaten über dubiose Kanäle fließen; so werden Kirchen mit atheistischen Subprotestkulturen zusammenarbeiten sowie Richter, Staats- und Rechtsanwälte gemeinsam und hinter verschlossenen Türen nach Möglichkeiten zur Verfahrensverkürzung suchen müssen; so werden Wirtschafts- und Arbeitgeberorganisationen inoffizielle Absprachen treffen und Lehrer bei versetzungsgefährdeten Schü-

---

[85] Kieserling bezieht sich hier vor allem auf Luhmanns *Monopol der Legitimität*. Diese Sicherheitsgrundlage ist sozusagen das Recht der Organisation. Siehe hierzu LUHMANN 1976, S. 249.
[86] Und das ist es, was Luhmann unter *Selbstorganisation* der Organisation versteht: die systemtheoretische Neuinterpretation der informalen Organisation. Dass der Begriff zu theoretischer Unsicherheit führt, ist indes nachvollziehbar: Wenn das jetzt Beschriebene Selbstorganisation ist, was ist dann Autopoiesis? Kieserlings Erläuterungen sollten jedoch ausreichen, um beide Begriffe deutungsscharf zu trennen.

lern ein Auge zudrücken müssen, wie auch so manche Zeitung weiterhin ihre Quellen erfinden muss.

Wie man sieht, braucht Organisation die Formalisierung einerseits zur Selbstrationalisierung, die, andererseits und wie gesehen, fortwährend an ihre Grenze stößt. Und auch das besprochene Qualitätsmanagement wird, zur Gedächtnisfrage hinzukommend, auch vor dem Hintergrund formal/informal fortwährend herausgefordert. *Aber: Irgendwo müssen die Folgeprobleme der Formalisierung aufgefangen werden.*

Dies geschieht in den Interaktionssystemen (vgl. ebd., 172). Damit man jene *Freiräume im System* besser lokalisieren kann, hat Kieserling eine äußerst gelungene Beobachtung eingeführt: die *Technisierung der Interaktionssysteme* (vgl. ebd.). Denn selbst auf vermeintlich freie Räume hat die Organisation einen formalisierenden Einfluss. Hier wird durch spezifische Beanspruchung Wissen über die Leistungsschranken der Interaktion hinaus ermöglicht, dies durch künstliche Homogenisierung von Verhaltensweisen, durch Einbau von Fremdeinschätzung in die Selbsteinschätzung, wie etwa beim Verhältnis zwischen Lehrer und Schulklasse, durch die Verdichtung elementarer Organisationsvorgänge, durch Begrenzung von Kontroversen mittels *Konsensfiktionen*[87] (vgl. ebd., 173). *Den informalen Freiraum muss man sich dann nur noch vor dem technisierten Zugriff vorstellen.* So kann etwa die unautorisierte Weitergabe von Patientendaten, etwa im Notfall, auf vielfältige Weise wieder in der Formalstruktur der Organisation auftauchen, entweder als Straffung der Richtlinien bezüglich der Schweigepflichtentbindung oder in der Organisationsstatistik als überlebender Patient. Dieser technische Zugriff wiederum bringt so viele Folgeprobleme mit sich, die auch nach informalen Lösungsstrategien verlangen. *Somit werden Erwartungszusammenhänge formal gedeckt und informal stabilisiert* (vgl. ebd., S. 176). Hier könnte man alle Facetten der informalen Interaktion besprechen, die auch zum Teil in Kapitel 5.1 wieder auftauchen, doch hier interessiert noch ein ganz anderer Punkt in Bezug auf die eigentliche Thematik:

> „‚Irgendwann in der näheren Zukunft' – aber nicht hier und nicht jetzt. Im Vertrauen auf diese Suspension von Entscheidungszwängen gewinnt die informale Interaktion ein hohes Potential der Thematisierung von Organisationsnotwendigkeiten unter inkongruenter Perspektive hinzu. Sie kann höchste Werte unter taktischen Gesichtspunkten als mobil und höchste Vorgesetzte unter ironischen Gesichtspunkten als unerheblich behandeln" (ebd., S. 181).

---

[87] Ein von Luhmann geprägter Begriff, der den Umstand meint, dass ungeprüft unterstellt werden kann, dass alle anderen zustimmen (vgl. SCHNEIDER 2005, S. 267).

Die informale Organisation ist zugleich die informale Interaktion. Was im vor-hergehenden Zitat angedeutet wird, *ist die Funktion der informalen Interaktion als Thementestballon.* Das geht über das Abfangen der Folgeprobleme, die durch die Formalstruktur gegeben sind, weit hinaus. Der Entscheidungsdruck ist aufge-hoben, nicht jedes Thema muss von vornherein auf Entscheidungsfähigkeit überprüft werden, dies auch dadurch, dass formale Zwecke zu bloßen Nebenbe-dingungen herabgesetzt werden (vgl. ebd.).

Inwieweit kann jetzt nun die Organisation von diesem Testverfahren profi-tieren? Man könnte vorschnell argumentieren, dass in der informalen Interaktion die Organisationsthemen von morgen *geboren* werden. Man muss hier noch einmal erwähnen, dass das Organisationssystem autopoietisch operiert, also seine eigenen Themen hat. *Der Knackpunkt ist, dass hier nicht die Themen von morgen geboren werden, sondern dass sich die Interaktionssysteme mit den Interaktionsthemen von morgen, die als entscheidungslästige Anforderungen von morgen am Horizont zu sehen sind, auseinandersetzen.* Organisationsthemen sind nicht Interaktionsthemen, doch die Undifferenziertheit der Interaktionssys-teme ermöglicht es diesen, Organisation anhand hochflexibler Beobachtungs-mustern zu beobachten, da bei ihnen Themen und Interaktionsstruktur identisch sind[88]. Interaktionssysteme leben von immer neuen Themen. Einerseits gibt es die Lieblingsthemen, die aber wenig autopoietischen Wert haben, andererseits geht es darum, Redundanz zu umschiffen. Und wenn ein Interaktionssystem Organisationsnotwendigkeiten thematisiert, dann kann man von zwei Sachver-halten ausgehen: *Entweder sind es neue Anforderungen, die sich mehr und mehr ins Abarbeitungsprogramm laufender Operationen schieben und somit Innovati-on provozieren, das würde dafür sprechen, dass Interaktionssysteme gern Re-dundanz vermeiden, oder es ist ein altes Dauerthema, das immerzu Entlastungs-wünsche stimuliert.* Aber selbst die belastenden Dauerbrenner – und seien diese noch so zwingend – werden nach einer Weile kaum mehr von den Interaktions-systemen thematisiert, da sie zur produktiven Rekursivität kaum mehr etwas beitragen. *Somit ist die eigene Themeninnovation, die in der informalen Interak-tion zutagetreten kann, ein Hinweis auf kürzlich neu auftretende oder zu erwar-tende Anforderungen.* Den letzten Punkt kann man insbesondere gut nachvoll-ziehen, da ja die formale Organisation die Folgeprobleme der Formalität zu-nächst in die Interaktion abschiebt. Entweder sie werden dort gelöst oder im Rahmen der Interpenetration, der Gedächtnisarbeit oder über bloße Wahrneh-mung irritativ zurückgeführt. In beiden Fällen profitiert die Organisation vom Komplexitätsaufbau der Interaktion, weshalb die informale Organisation als solche immer Zuspruch verdient und nicht mit normativen Selbstbeschreibungs-

---

[88] Wird in Kapitel 6.1 expliziert und belegt.

anforderungen[89] gefährdet werden darf. *Die Themengenese der Interaktion ist, um es nochmals zu erwähnen, nicht die Themengenese der Organisation, sondern ihr eigenes Fitnessprogramm, um den immer neuen Anforderungen aus der Organisation standzuhalten. Die Themengenese wirkt sich auf die Beobachtungsweise der Interaktion aus, die wiederum der Selbstbeschreibung der Organisation zugeführt wird*[90]. *Dabei ist es auch denkbar, dass hier Anforderungen erkannt werden, die als solche in der organisationalen Kognition noch nicht aufgetaucht sind.*

Abschließend ist die Feststellung zu wiederholen, dass die systemtheoretische Reformulierung der Unterscheidung formal/informal genau das ist, was Luhmann in *Organisation und Entscheidung* – in Punkt IX aus Kapitel 7 – anhand des Begriffs *Selbstorganisation* diskutiert. Oben wurde als Wissensartefakt sichergestellt, dass sich die Unterscheidung Form und Medium, insbesondere in Organisationen, für das Beobachten von Elastizität und Rigidität eignet. Das, so Luhmann, primäre Medium der Organisation bleiben die budgetierten Stellen, worin sie wächst und schrumpft, wovon Erfolg oder Geldzufuhr abhängt, sodass nur nach Maßgabe des genannten Mediums *Macht* entstehen kann (vgl. LUHMANN 1994, S. 311). *Mit der Selbstorganisation scheint jedoch jetzt, und insbesondere vor diesem Hintergrund, ein funktionales Äquivalent zum Stellenbudget beschrieben zu sein.*

---

[89] Etwa ein zu kurz greifendes Qualitätsmanagement mit marginaler Unterstützung aus dem Bereich der professionellen Organisationsbeobachtung.

[90] *Implementationsphantasien* muss man aber dann beiseite legen. Man muss sich dabei nur vorstellen, dass ein Thema mittels einer hochausdifferenzierten Operationslogik in den Interaktionssystemen überhaupt etabliert wird. Dann bleibt es den Interaktionssystemen überlassen, was sie davon nehmen, um die Organisation zu beobachten. Dann bleibt es der Organisation wiederum überlassen, was sie aus dieser angenommenen Beobachtung für sich übernimmt.

6 Von der Moral der Organisation zur Moral der Interaktion

Zu ihrer eigenen Integration benötigt die Interaktion auch die Moral, wobei sie den Anwesenden bevorzugt Achtung zuteilt (vgl. KIESERLING 1999, S. 325). Die Interaktionstheorie will auf der Ebene der moralfähigen Themen rekonstruieren, wie mit voranschreitender Gesellschaftsdifferenzierung – das bedeutet wie gezeigt die zunehmende Differenzierung von Interaktion und Gesellschaft – interaktioneller Umgang in Diskrepanz zur Universalität der Moral tritt (vgl. ebd.). Auch Kieserling kommt zu dem Schluss, dass diese Differenz zwischen Gesellschaft und Interaktion auf der Ebene der Moral reflektierbar ist (vgl. ebd.). Damit wird der Argumentationstradition, Moral- und Gemeinwesensemantik zu verbinden, von Beobachtern wie etwa Spencer oder Durkheim unter den Bedingungen der systemtheoretischen Anpassung – das bedeutet vor allem, Ethik als Selbstbeschreibung der Moral aufzufassen – in gewisser Art und Weise treu geblieben.

Die angesprochene, durch das Auseinanderfallen von Gesellschaft und Interaktion angefachte Diskrepanz zwischen universalisierter Moral und Interaktion ist, wie im Angesicht der vorgehenden Kapitel nur allzu deutlich geworden ist, hauptsächlich ein Problem der Moral selbst. Es wird sich vielmehr herausstellen, dass, Durkheim entgegengesetzt, die Diskrepanz zwischen Moral und Interaktion den Interaktionssystemen von Vorteil ist. Dass das Auseinanderfallen insbesondere das Sichdazwischenschieben von Organisation im Rahmen der sozialen Evolution hervorruft, gilt, wie gesehen, zudem systemtheoretisch gesichert. Und dies deutet vor allem an, dass die soziologische Idee, wonach Gesellschaft an sich auseinanderfalle und Integration zum Problem wird, nicht ohne Diskussion übernehmbar ist. Vielleicht muss man diese sogar verwerfen.

Systeme, generalisierte Kommunikationsmedien und in diesem Falle insbesondere die organisationalen Entscheidungsprämissen belegen: Gesellschaft und Interaktion müssen auseinanderfallen, damit sie wieder zusammenkommen können und dies in komplexerer und ausdifferenzierterer Art und Weise. Das Auseinanderfallen ist sodann, als Auflöserscheinung, gleichzeitig das erneute Zusammenwachsen oder wie unten benannt, die notwendige Rekombination. Das kann man vor dem Hintergrund Gesellschaft präsentieren. Lohnenswert ist dieser Blick aber auch aus Sicht der Interaktion selbst und, um Bewährtes zu wiederholen, auch aus Sicht von Beobachtern; hier aus jener, die der Interaktion gewidmet ist. Hierbei kann man Errungenschaften der Theoretiker würdigen und zugleich ihre Lösungsvorschläge im Angesicht der sozialen Evolution beobachten. Beides kann man dann wiederum historisch rückbinden. Dies soll nachfolgend im Kontext von Interaktion, Organisation und Moral geschehen.

Zwei Sachverhalte müssen vorab jedoch noch erläutert werden: Spätestens seit der Erläuterung der Soziologie der Moral ist klar, dass Moralkommunikation nicht immer unproblematisch verläuft. Auch hier wird in diese Richtung weiter beobachtet. Es wird tiefer gegraben, aber: Es sind Andeutungen und Vorüberlegungen. Warum Moralkommunikation, insbesondere in Interaktionssystemen, tatsächlich problematisch ist, wird nachfolgend anhand einer Art Operationsanalyse[91] aufgeklärt. Das Zweite ist: Um in Kontakt mit den vorgestellten Theoretikern zu bleiben, wird zeitweise die systemtheoretische Terminologie ausgelassen. So wird oft die Rede von Individuen und Subjekten sein. Dabei sollte es sich von selbst verstehen, dass, wenn diese Begrifflichkeiten benutzt werden, es sich um die jeweiligen Beobachtungsleistungen des gerade behandelten Theoretikers handelt. Dies soll auf keinen Fall abwertend gemeint sein, sondern nur nochmals verdeutlichen, dass bei oftmals auftauchenden Parallelitäten die Systemtheorie terminologisch und epistemologisch dennoch anders verortet ist, mehr nicht. Das macht die Sache naturgemäß umso spannender, da etwa Simmel oder Goffman soziologische Sachverhalte sehen, die eine Systemtheorie vielleicht übersieht. Die Figur des Individuums, um nochmals den Unterschied deutlicher hervorzuheben, wird an zwei Stellen der sozialen Evolution relevant:

> „Die Primärform gesellschaftlicher Differenzierung ist von Stratifikation auf funktionale Differenzierung umgestellt. Das betrifft vor allem die gesellschaftliche Stellung der Individuen – und so war denn auch bis weit ins 19. Jahrhundert hinein die Betonung der Individualität derjenige semantische Mechanismus, mit dem die alte Ordnung der gesellschaftlichen Einteilung unterlaufen wurde" (LUHMANN 2008a, S. 239).

Und in der funktional differenzierten Gesellschaft ist mit der sozial-semantischen Darstellung des Individuums ein risikofähiges und allzeit inkludierbares Bewusstseinssystem gemeint:

> „Der Grund für ein solches Ausmaß an Individualisierung und Temporalisierung liegt in der funktionalen Systemdifferenzierung. Sie erlaubt es nicht, konkrete Individuen einem bestimmten Funktionssystem und nur diesem zuzuordnen, so daß das eine nur rechtlich, das andere nur erzieherisch, das nächste nur wirtschaftlich und ein weiteres nur politisch „existiert". Vielmehr muß die gesellschaftliche Inklusion

---

[91] Diese wird hiermit und in dieser Form zum ersten Mal in den systemtheoretischen sowie soziologischen Diskurs eingeführt und soll in zukünftigen Auseinandersetzungen ausdifferenziert werden.

offengehalten und alle Individuen müssen mit Zugang zu allen Funktionssystemen ausgestattet werden" (ebd., S. 240).

Unter diesen Vorzeichen wird dann auch klar, dass Begriffe wie Risiko- und Entscheidungsgesellschaft sowie Bastelbiografie in der soziologischen Beobachtung geradezu entstehen müssen. Man wird zudem sehen, dass man die eine oder andere unten dargestellte Erkenntnis auf diese Feststellungen rückbinden kann. Auch Durkheim will ein Auseinanderfallen von Gesellschaft und Interaktion beobachten. Er interpretiert diesen gesellschaftlichen Wandel problematisierend, sieht einen Zustand der Anomie und vorerst nicht, dass die andere Seite des Auseinanderfallens das Zusammenkommen, die eigentliche Integration ist. Im Übergang von mechanischer zu organischer Solidarität verlieren, so Durkheim, soziale, religiöse und vor allem moralische Werte und Normen an Autorität und Legitimität, an deren Stelle sich nicht nur die Arbeitsteilung, sondern auch und infolgedessen anomische Zustände setzen (vgl. PASSAS 2008, S. 270 ff.). Dass Moral an Bedeutung verliert, ist eine Beobachtung, die auch Luhmann macht. Während jedoch die Systemtheorie später zu erklären versucht, dass Moral an erwartungsstruktureller Potenz im Zuge gesamtgesellschaftlicher Differenzierung verlieren muss, ob in der Medizin, Pädagogik oder in der Wirtschaft, so sieht Durkheim jene Entwicklung ausschließlich als Folge der Arbeitsteilung, also der organischen Solidarität: Hier beobachtet Durkheim den anomischen Zusammenbruch (vgl. ebd.). Seinen Beobachtungen zufolge werden moralische Werte und Normen durch Gewinnstreben und Egoismus ersetzt, was ihm zufolge nichts anderes als den Verlust sozialer Verantwortlichkeit bedeuten kann. Daraus folgert Durkheim einen Anstieg von devianten Verhaltensweisen (vgl. ebd.).

Ganz Hobbesianisch mag er nicht daran glauben, dass der Mensch seinem Ursprung nach gut ist, sondern, um sein unsoziales Streben nach mehr zu zügeln, sozialer Kontrolle bedarf, moralisch fundiert sein muss. Die neue Form der Arbeitsteilung scheint nun ganz der schlechten Natur des Menschen zu entsprechen und sogar dessen Bedürfnisse, Wünsche und Ansprüche in extravagante und unrealistische Höhen zu schrauben: Gier, Konkurrenzdenken, Streben nach Status, Konzentration auf Konsum und Vergnügen – das sind nach Durkheim die anomischen Merkmale, die daraus resultieren (vgl. ebd.). Die Kausalität wird schnell klar: Das Fortschreiten der Industrialisierung bedingt gleichzeitig das Fortschreiten der Kriminalität. An diesen Duktus schließt sich auch seine Selbstmordthese an. Extravagante und unrealistische Wünsche sind auf pathologische Art und Weise unersättlich:

„Ein unstillbarer Durst ist ein immerwährendes Strafgericht" (DURKHEIM 2008, S. 235).

Diese daraus resultierende und andauernde Unzufriedenheit könne zum Selbstmord führen, weshalb er, um es systemtheoretisch auszudrücken, zudem die Beschränkung des Sozialen durch das Soziale einfordert. Selbstmord und Devianz sind die schärfsten Schwerter der Durkheim'schen Argumentation: Der Mensch muss in seinen Begierden eingeschränkt werden.

Das lässt an den Miterfinder der sociologie – Auguste Comte – denken, der schon im frühen 19. Jahrhundert, vor Durkheim, mit seiner neuen Wissenschaft gegen die „geistige Anarchie" zu Felde zieht (vgl. ABELS 2007, S. 48). Er sieht die Auflösung der öffentlichen Moral und Sittenverderbnis innerhalb der Regierung, die Krise des französischen Bürgertums also, die für ihn interessanterweise auch eine Krise der gesamten Gesellschaft darstellt[92]. Zu Zeiten Comtes macht Frankreich etliche turbulente Entwicklungen durch, die tatsächlich Gesellschaftsbeobachter veranlassen können, nach unveränderlichen, empirisch beobachtbaren Gesetzen in der gesellschaftlichen Evolution zu suchen. Es sind Zeiten des Umbruchs. Zeiten, die unsicher sind und aus diesem Grunde vielleicht auch Angst machen. Dass es aber nicht nur um Angst gehen kann, wird unten gezeigt. In anderen Zusammenhängen bringt Luhmann das Problem der Unsicherheit prägnant auf den Punkt:

> „Doch geht von der Ungewißheit ein Verstärkereffekt aus" (LUHMANN 2001, S. 265).

Hier kommt eine dem Positivismus angelehnte Wissenschaft passgenau, sozusagen als Antwort auf die alles infrage stellende Metaphysik. Durkheim selbst wird ihm später vorgeworfen, dass das Dreistadiengesetz, wonach jede Wissensentwicklung auch die gesellschaftliche Entwicklung vorantreibe – vom militärisch-theologischen zum industriell-positiven Stadium (vgl. JUNGE 2007, S. 48) – metaphysische Spekulation sei (vgl. MAASEN 2009, S. 19). Zu Comtes Zeiten kann das Großbürgertum nach der Julirevolution von 1830 einen König stützen, der zunächst liberale Politik betreibt, jedoch zunehmend reaktionärer wird. Am Ende tritt Frankreich der Heiligen Allianz bei, einem Staatenbündnis, das, konträr zum Bürgertum, auf den Säulen der Restauration gebaut ist. Die alte und die neue Welt liegen hier noch im Konflikt, obgleich dieses Bild eigentlich nicht mehr zutreffend ist. Es sind die Residuen der alten, stratifizierten Gesellschaft, die Comte in letzter Auflehnung beobachten muss. Doch es ist unverkennbar, dass die Moderne im Begriff ist, die stratifikatorische Gesellschaft ganz und gar abzulösen. Aus soziologischer Sicht ist an dieser Stelle spannend, dass man die Einleitung der modernen Gesellschaft, entgegen einer allgemeineren Auffassung, schon vor der so genannten Industrialisierung verorten kann. Das mag daran

---

[92] Soviel zum Thema Selbst- und Fremdreferenz.

liegen, dass die gesellschaftlichen Veränderungen zu diesem Zeitpunkt schon so weit fortgeschritten sind, dass man gezwungen ist, mit einer „Semantik der Moderne" (vgl. LUHMANN 2001, S. 290) nachzuziehen. Dass es auch guten Grund zum Nachziehen gibt, wird einem dann klar, wenn man aus jetziger Sicht den Ausgangspunkt der Moderne irgendwo ab der Mitte des 14. bis hin zum 16. Jahrhundert verortet (vgl. ABELS 2006, S. 25). Es scheint, als wolle man zu Zeiten Comtes die Veränderungen einholen und zwar mit Begriffen, die eine verbesserungsfähige Zukunft in Aussicht stellen (vgl. ebd.) und das schließt auch dessen Mathematik des Sozialen – die moralisch-normativ unterlegt ist – mit ein.

Es ist äußerst interessant wahrzunehmen, will man der oben dargelegten Argumentation folgen, dass Comte, obgleich er die Moral wiederbeleben möchte, seinen Beitrag zu ihrer Exklusion abliefert. Nach Naturgesetzen zu suchen, diese objektiv beobachten zu wollen, exkludiert zumindest in der Wissenschaft die Moral zunehmend, da die Suche nach Wahrheit kaum mehr mit Kategorien wie gut oder böse zu bewerkstelligen ist. Und der moralisch-normative Anspruch, der sich eigentlich dem positivistischen Weltbild entgegenstellen müsste, scheint einer vagen Hoffnung gleichzukommen: Comte glaubt an eine öffentliche Vernunft, an die sich jetzt eine positivistische Soziologie anlehnen kann, dies im Sinne eines Wegweisers, der zur Krisenabkürzung und Mäßigung verhilft (vgl. ABELS 2007, S. 51). Bei Comte kann man verfolgen, wie durch die positivistisch-theoretische Verortung von Moral als Begründungsinstrumentarium, weil eben die diesbezügliche Plausibilität nach und nach schwindet, abgeschoben wird und dies in die wissenschaftlich weniger nachvollziehbarere Dimension des Erkenntnisinteresses. Comte reagiert höchst klug und vor allem modern, wenn ihm daran gelegen ist, den wertenden Anspruch seiner philosophischen Überlegungen – eben mit der Soziologie – zu drosseln. Es scheint bei ihm eine Ahnung gegenwärtig zu sein, dass es der Gesellschaft überlassen ist, wie sie sich eben der Wissenschaft bedient. So wirkt es beinahe wie eine Hilfskonstruktion, wenn der Mathematiker Comte nach unveränderlichen Gesetzen sucht und diese mittels Zeitreihenfolgen und Vergleichen nachzuweisen versucht. Denn, auch wenn er für die Politik damit die Lehre des Fortschritts und generell die Lehre der Ordnung vor dem Hintergrund der Abweichung (vgl. ebd., S. 49) aufstellt, so vollbringt er noch etwas ganz anderes, für die funktionale Differenzierung der Gesellschaft Bedeutsameres: Er trägt mit seinen Beobachtungen dazu bei, dass Wissenschaft auf Wissenschaft zurückgeworfen wird. Ob sich der philosophisch-positive Geist mit dem gesunden Menschenverstand versöhnen wird, bleibt dann eine schemenhafte Zukunftsvision, ein Partikel der wissenschaftlichen Selbstbeschreibung, die zumindest begründet und vor allem legitimiert, auf unbestimmte Zeit danach zu suchen. Zu diesem Zeitpunkt wird keiner mehr daran denken, auf die Einlösung des Harmonieanspruchs zu pochen. Die Einlösung, der moralische

Anspruch also, ist sozusagen auf unbestimmte Zeit hin vertagt. Wissenschaft darf dann auch vorerst Wissenschaft bleiben und ob Moral den Weg zurückfindet, wird immer unwahrscheinlicher. Erwähnenswert ist in diesem Zusammenhang auch, wie Comte zur Paradoxieverschleierung gezwungen wird. Paradox ist nämlich, dass Wissenschaft in dieser Zeit traditionell auf moralisch begründete Zusammenhänge zurückgreift oder sich diesen zur Genüge bedient, während die naturwissenschaftlichen Errungenschaften das Augenmerk auf das Tatsächliche lenken. Und es kann in diesem Zuge nicht dabei bleiben, dass die Geisteswissenschaften sich davon nicht berührt zeigen. Derart Ähnliches findet man später bei Durkheim, der Soziologie mit medizinischer Terminologie – wie etwa mit dem Begriff pathologisch (vgl. DURKHEIM 2008, S. 235) – ausreichend verknüpft. Im Grunde genommen ist es nicht zu übersehen, dass Comte schon in der neuen Welt steht, während ihm die alte, beim Blick über die Schultern, wegbröckelt. Und dazu gehört auch, dass sich die Moral ins Erkenntnisinteresse zu retten versucht, als moralische Wissenschaft mit positivistischem Erklärungsapparat. In diesem Zusammenhang ist der kleine Umweg über Comte daher beachtenswert, als dass sich die Moral im Erkenntnisinteresse Durkheims, der ein Jahr nach Comtes Tod geboren wird, um dann den industriellen Umbruch bei vollem Bewusstsein mitzuerleben, weiterhin festsetzt, sozusagen als objektiv-sozialer Dienst an der Gesellschaft.

Durkheim pädagogisiert die Wegweiserfunktion der Soziologie schärfer. Und: Durkheim entdeckt die Gruppe als Ort soziologischer Bedeutsamkeit. Man kann hier sogar von der Entdeckung der modernen Interaktion als soziologisches Betätigungsfeld sprechen. Hier darf man bedenkenlos spekulieren: Konsequentermaßen drängt sich auf, dass Durkheim die Gruppe potenziell als gestaltbaren Gegenentwurf zum anomischen Zerfall aufstellen möchte. Vielleicht ist es jedoch so, und der systemtheoretische Blick suggeriert dies, dass Organisationen in dieser Zeit weiter an Bedeutung gewinnen und den Themen Inklusion, Exklusion, aber und vor allem auch Interaktion ein Mehr an Relevanz verleihen und diesen ein adressierbares Gesicht verleihen, womit zwangsläufig die junge Soziologie nachhaltig irritiert wird. Anders gesagt: Durkheim kann über Interaktion reflektieren, weil Organisationen an Bedeutsamkeit stark hinzugewinnen. Das würde auch erklären, warum Comte noch gesamtgesellschaftlich nach Zusammenhängen sucht, während Durkheim und auch Simmel anfangen, mit ihren Forschungsfragen auch den gesellschaftlich-mikroskopischen Bereich der Interaktion abzudecken.

Es ist zudem auffällig, dass Durkheim insbesondere in der Einschränkung, der Abgrenzung also, den Lösungsansatz zu finden glaubt. Hier scheint es demnach nicht nur um das biblisch-moralische Bild der Zügellosigkeit zu gehen. Dahinter scheint sich auch ein Rationalitätsanspruch zu verbergen. Grenzenlosigkeit bedeutet für Durkheim vor allem Ziellosigkeit. Die moderne Gesellschaft ist jedoch paradoxerweise, mag sie noch so viel Unsicherheit verbreiten, schon eine Gesellschaft der Grenzen, besser gesagt, der System/Umwelt-Grenzen. Die Grenze wird bei Durkheim zum Ziel oder in organisationssoziologischer Terminologie ausgedrückt, zum Zweck, den es zu erreichen gilt und der bei Erreichung Zufriedenheit garantieren soll. Es scheint, als ob Ziellosigkeit nach rationaler, ja, organisatorischer Zügelung ruft. Dass hinter jedem erreichbaren Ziel ein Meer aus vorerst unerreichbaren Zielen lauert, die darauf warten, erreichbar gemacht zu werden, muss dann entweder verschleiert oder in ein anderes Licht gerückt werden. Dieses andere Licht mag auch vom Moralcode spendiert werden oder noch genauer: von den Motiven, die der Moralcode liefert. Moralisiert werden die Prinzipien des Wirtschaftssystems und verhaltenssoziologisch übertragen: Zügellosigkeit des Marktes ruft die Zügellosigkeit des Verhaltens, ja des Charakters auf den Plan. Das Eingrenzungskonzept scheint gut in das Konzept (Arbeits)-Organisation integrierbar zu sein. Von dieser Warte aus erscheint es kaum zufällig, dass Durkheim seine Hoffnungen auf Berufsgruppen lenkt. Die Kategorien gut und böse mögen jedenfalls gute Ecksteine abgeben, das kann man nicht bestreiten; weiter unten werden Vor- und Nachteile nochmals dementsprechend diskutiert. Dabei wird jedoch wiederum vernachlässigt, dass insbesondere im Rahmen der gesellschaftlichen Exklusion der Moral und ihrer Inklusion als Selbstbeobachtungskontextur auch diese Ecksteine in flexible und rekombinierbare Elemente verwandelt werden, die zudem noch äquivalent-funktionalistisch ersetzt werden können, wie das die Organisationen eindrucksvoll beweisen. Man kann sich nur allzu gut vorstellen, dass die Strahlkraft der Moral im zeitlichen Kontext von Durkheim noch gut wahrnehmbar ist. Dann ist es wiederum nicht schwer nachzuvollziehen, dass sie vor diesem Hintergrund auch als Entscheidungsprämisse in einer Organisationsstruktur infrage kommen kann, jedenfalls aus der Sicht Durkheims.

Wie gesehen, sieht Durkheim die erhöhte Selbstmordrate als Folge der, wie er zu beobachten glaubt, sozialen Desintegration. Diese Beobachtung bezieht sich nicht so sehr, wie man voreilig vermuten möchte, auf eine industriell angelegte Entfremdungssemantik. Hier wird nicht ein in einer Maschinenwelt verlorenes Bewusstsein in den Mittelpunkt der Überlegungen gerückt. Durkheim geht hier vielmehr biblisch vor: Die neue Zeit weckt eine alte Gier. Der Hunger nach mehr verleitet zur Devianz und erst hier beginnt die Desintegration, die Lockerung des Gefüges. Man ist mit dieser Argumentation wieder beim Auseinanderfallen der Gesellschaft. Systemtheoretisch liegt es nun nahe, die Vorstellung eines festen Gefüges als Erinnerung der Gesellschaft an ihre stratifizierte, durch die feste Anordnung von Zentrum und Peripherie gekennzeichnete Vorgängerin zu verorten.

Das ist hochinteressant. Denn jetzt sieht es wieder danach aus, folgt man der Argumentation aus den vorangegangenen Kapiteln, als würde Moral an Prominenz verlieren – schon vor ihrer erkenntnisleitenden Positionierung durch den Beobachter Durkheim. Wie oben gezeigt, spielt Moral in der stratifizierten Gesellschaft eine, an dieser Stelle kann man jetzt sagen, zwar wichtigere Rolle als Strukturstabilisator als in der modernen. Aber auch dort wird, wie gezeigt, der Moralcode mit Äquivalenten und Komplexität konfrontiert und zur Selbstexklusion gezwungen. Der Rückgriff auf Moral kann nur als ein Rückgriff auf eine Konstruktion einer moralisch integeren Vergangenheit gewertet werden, die aus funktional-soziologischer Sicht kaum beobachtbar ist. Denn: dass Durkheim mit seinem Berufsgruppenkonzept an Stände und Zünfte des Mittelalters anknüpft, steht außer Frage (vgl. KÖNIG 2002, S. 56 ff.). Aufgrund seiner historischen Analyse der Zünfte versucht er, die moralische Potenz der Gruppe nachzuweisen und schlägt vor, auf nationaler Ebene öffentliche Institutionen zu installieren, die sich jedoch gleichzeitig in Bezug auf Planung und Entscheidung relativ autonom regulieren, jedenfalls unabhängig von der Politik (vgl. ebd.). Interessanterweise, subtrahiert man Durkheims Idee der Implementierung, werden damit gerade basale Mechanismen von modernen Organisationen beschrieben. Doch zurück zum vorherigen Gedanken: Warum der Rückgriff auf eine scheinbar konstruierte Vergangenheit mit integeren Moralstrukturen? Weil sie schlichtweg in Durkheims asymmetrische Begriffskonstellation passt. Die moderne Gesellschaft zwingt ihn, sich mit Inklusions- und vor allem Exklusionsphänomenen auseinanderzusetzen. Doch fehlt ihm vorerst das Beobachtungsinstrumentarium dafür. Über gut und böse kommt er zu deviant und nicht deviant. Nichtdevianz ist in Durkheims Falle mit sozialer Verantwortung gleichzusetzen. Und er muss diese Unterscheidung als asymmetrische Opposition präsentieren, bei der die eine Seite als die bessere dargestellt wird. Von Asymmetrie muss man daher ausgehen, da jene oppositionellen Begriffspaare wie eben Devianz/soziale Verantwortung oder wie bei den Griechen Hellenen/Barbaren im eigentlichen Sinne keine Antagonismen, sondern schlichtweg Einteilungsversuche sind (vgl. LUHMANN 1999, S. 138):

> „Solche Unterscheidungen verdanken sich dem Versuch, trotz zunehmender Komplexität eine hierarchische Weltarchitektur aufrechtzuerhalten" (ebd.).

Dabei ist es überdeutlich, dass Durkheim eben nicht mittelalterlich denkt. Einerseits ist eine Verlegenheit zu erkennen, die ihn veranlasst, in der mittelalterlichen Vergangenheit nach Antworten zu suchen, da auch die stratifizierte Gesellschaft die Verkörperung einer hierarchischen Weltarchitektur darzustellen scheint. Sie ermöglicht ihm, Devianz/soziale Verantwortung als Gegenstrategie zur Desintegration, der gesellschaftlichen Lockerung der Bindung des Individuums, aufzustellen. Man kann an dieser Stelle an die oben aufgestellte Argumentation anknüpfen. Man erkennt gerade bei Durkheim jene Ambivalenz, die ihn dazu zwingt, einerseits mit einer nachgeholten Semantik der Moderne zu arbeiten und andererseits auf Beobachtungsstrategien aus der stratifikatorischen Gesellschaft zurückzugreifen. Dabei muss man nicht ausschließlich von Verlegenheitslösungen sprechen: Schließlich liefert die alte Welt äußerst dienliche Kausalitätsattributionen. Die Ambivalenz Durkheims wird erst durch dessen Voraussicht und Modernität deutlich.

Fortwährend ist er sehr nah an der Sinnhaftigkeit in Bezug auf moderne Organisationen. Nicht nur die Überlegungen im Hinblick auf staatlich unabhängige Berufsgruppen sind modern, auch das Konzept der Vermittlerfunktion, etwa zwischen Interaktion und Gesellschaft, lässt an den soziologischen Begriff der strukturellen Koppelung denken. Modern ist auch bei Durkheim, dass er trotz aller Moralität, die er ja mit Solidarität eng verknüpft, mit Moralität hadert (vgl. PETERS 1995, S. 17). Dies muss so sein, weil er, an Comte anknüpfend, der Soziologie zur Eigenständigkeit verhelfen will. Auch hier soll der Blick auf das Tatsächliche methodisch leitend sein. Ihm selbst erscheint es kritikwürdig, dass die Kriminologen seiner Zeit von moralischen Vorabbegriffen ausgehen (vgl. ebd.). Hier kann man zwei Vorlagen in Bezug auf die moderne Soziologie erkennen: den Versuch, wie bei Luhmann dann konsequent weitergeführt, Moral als Faktum zu betrachten und, der neueren Systemtheorie entgegengesetzt, die Auffassung, Moral als Bindemittel der Gesellschaft aufzufassen.

Die Idee, dass irgendetwas die Gesellschaft zusammenhalten müsse, findet man auch bei Parsons. Er geht davon aus, dass es eben Werte und Normen sind, die das integrative Potenzial im System Gesellschaft ausmachen (vgl. PARSONS 1985, S. 16 ff.). Zu Stabilität und Struktur gibt es weiter unten noch einige Gedanken mehr. An dieser Stelle lohnt sich jedoch noch einmal der Blick auf die Idee, dass Gesellschaft aus desintegrativen Elementen besteht, die durch eine Art Textur zusammengehalten werden müssen. Bei Durkheim ist es Moral und bei Parsons sind es Werte und Normen, die im Kern religiös-moralisch legitimiert sind. Luhmann konstatiert, dass die Soziologie durch den Verdacht beflügelt sei, es gäbe latente Strukturen in der Gesellschaft, die einem auf den ersten Blick nicht auffallen würden (vgl. LUHMANN 2009a, S. 241). Dieses Verdachtsmoment könne man als Basis entweder zu einer kritischen Soziologie oder einer Netzwerkanalyse heranziehen. Es scheint jedoch auch so zu sein, dass man, um soziologische Beobachtungen nachvollziehen zu können, die Bindungsidee komplementär dazu nehmen muss: Der Verdacht in Bezug auf latente Strukturen in der Gesellschaft und die Vermutung, ihre Ordnung müsse durch Bindungsphänomene stabilisiert werden, scheinen mitunter die wichtigsten Säulen der Soziologie zu sein.

Die Systemtheorie schlägt in diesem Zusammenhang von Anbeginn vor, von Auflösung und Rekombination auszugehen, womit man leichter Paradoxien aufdeckt und gleich neue Areale der Wissensproduktion zur Verfügung gestellt bekommt. Dann kann man sich zum Beispiel überlegen, wie etwa das Prinzip zahlen/nichtzahlen im Wirtschaftssystem durch neue Anforderungen respezifiziert wird, etwa durch Werbung auf Online-Kostenlosportalen oder durch den Wunsch nach einem neuen, monetär-geleiteten Verantwortungsbewusstsein in Bezug auf den Sachverhalt des Urheberrechts. Von Auflösung ist aus systemtheoretischer Sicht vor allem nicht zu denken, da gerade die Kontingenz jedes System zur Grenzziehung zwingt. Jede neue Form von Kontingenz regt also die Respezifizierung von System/Umwelt- Grenzen an. Und gerade die Codes der Funktionssysteme werden durch die neuen Herausforderungen schlussendlich stabilisiert. Vor allem die so genannte und medial viel beachtete „Internetgratiskultur", in der man auf diversen Plattformen kostenlos Filme, Musik, Bücher, Spiele, Programme etc. downloaden kann, beweist die sehr stabile Logik des Geldcodes. Denn auch hier operieren Downloader weder moralisch noch juristisch. Sie wollen sparen. Und sparen kann man nur anhand der Unterscheidung von zahlen/nicht zahlen. Wie sich das Wirtschaftssystem darauf einstellen wird, darüber kann man heute spekulieren. Unwahrscheinlich wird jedoch die Auflösung des Wirtschaftssystems sein. Die Kehrseite der Auflösung bleibt also immer wieder die Integration. Weiter unten wird gezeigt, warum es sinnvoll ist, an der Integrationsidee als Inspiration für weitere Anschlussgedanken festzuhalten, da es hier vor allem um Grenzziehung geht, die den Bereich des Möglichen einzudämmen vermag. Das scheint der Antrieb strukturalistischer Ideen zu sein. Das heißt, würde man etwa die Auswirkungen des Internets auf die Gesellschaft systemtheoretisch beobachten wollen, muss man vor allem nach den Eindämmungsstrategien der Gesellschaft fragen, damit diese Kommunikation trotz immenser Komplexität weiterhin prozessieren kann. Chaos ist unkontrollierte Komplexität (vgl. LUHMANN 2001, S. 121) und dies wird Gesellschaft nur bedingt zulassen.

Zurück zur Textur des Zusammenhalts, über die man Parallelen zwischen Parsons und Durkheim feststellen kann: Parsons geht davon aus, dass ein kulturelles System, eben aus Werten bestehend, gegenüber den sozialen und persönlichen Systemen eine Kontrollfunktion ausübt (vgl. ABELS 2006, S. 294 ff.), sozusagen als systemtheoretisches Über-Ich. Bei Parsons sind es die Werte, die gewissermaßen als Vorbedingungen der integrierenden Normen fungieren (vgl. PARSONS 1985, S. 15) und ohne Normen könnte kein System funktionieren (vgl. ebd., S. 125). Werte und Normen werden bei ihm als Systemstrukturen aufgefasst, die Orientierung in Bezug auf Mitgliedschaft – von der Kleinfamilie bis hin zur Organisation – und Rollenhandeln ermöglichen (vgl. ebd., S. 15 ff.).

Kollektive Vorstellungen kulminieren ihm zufolge zu institutionalisierten Wertevorstellungen, die bestimmen, welche sozialen Systeme relevant werden (vgl. ebd., S. 18). Und diese Systeme sind dann wiederum handlungsleitend (vgl. ebd.). Je nach Grad der Institutionalisierung von Werten kann man ihre diesbezügliche Konsensfähigkeit ablesen. Diese Werte müssen also, und das erfahren sie durch ihre kollektive Annahme und ihre institutionalisierte Eingravierung, legitimiert sein. Parsons sieht im Religiösen den Ort des Geschehens der Wertelegitimation (vgl. ebd.). Trotz Säkularisierung und Religionspluralisierung sieht Parsons keine Zerstörung des Moral- und Wertekonsenses (vgl. ebd., S. 125). Vielmehr seien es gerade die Säkularisierung und die Pluralisierung, die es ermöglicht haben, dass die Werte im modernen Sinne ausdifferenziert und somit an weitere Systemtypen angepasst werden konnten (vgl. ebd.). Dabei stellt er den moralischen Werten vor dem Hintergrund des kulturellen Systems äquivalente Werte, die ästhetisch oder kognitiv begründet sein können, gegenüber (vgl. ebd., S. 26). Der Kern bleibt bei Parsons jedoch religiös-moralisch. An dieser Stelle wünscht man sich jedoch genauere Ortungen. In vorangegangenen Kapiteln hat man etwa gesehen, dass die neuere Systemtheorie Religion, die auf der Basis von Immanenz und Transzendenz operiert, und Moral der modernen Gesellschaft trennt. Würde man Religion weiterhin an Moral orientieren, müsste man erheblich mehr entsprechenden Aufwand betreiben, Erklärungen dafür zu finden, warum Gott Schlechtes zulässt (vgl. LUHMANN 2002b, S. 178 ff.). Und Parson selbst stellt den moralisch-religiös legitimierten Werten äquivalente Werte gegenüber. Werte und Normen sind also, entgegengesetzt der allgemeinen Auffassung, nicht nur moralisch. Es ist unverkennbar, dass Durkheim und auch Parsons von einer Textur des Zusammenhalts ausgehen, die moralisch konnotiert ist. Gerade Parsons Verquickung von Religion, Moral und Werten ruft nach einem genaueren Hinschauen. Weiter unten wird aufgezeigt, warum gerade die Moral von Durkheim und Parsons in Bezug auf Kollektivität, man kann dann auch von Interaktion sprechen, herangezogen wird; vorerst soll gezeigt werden, dass Moral und Religion in der modernen Gesellschaft getrennt sind. Beim Beobachten des spezifisch Religiösen wird man zudem sehen, dass Werte in diesem Zusammenhang ebenfalls eine untergeordnete Rolle spielen. Ein kleiner religionssoziologischer Umweg ist also notwendig.

Luhmann konstatiert gleich zu Beginn seiner Überlegungen zur Religion, wie gezeigt, dass insbesondere die Soziologie seit ihren Anfängen mit dem „Prinzip des Verdachts" arbeite (vgl. LUHMANN 2009a, S. 241). Noch bevor es zu Gott kommt, stellt er die soziologische Beobachtungsweise in ein hinterfragbares Licht:

„Sie geht zwar vom gemeinten Sinn des Handelns aus, glaubt aber nicht, daß Menschen wirklich wissen, was sie tun und warum sie es tun." (LUHMANN 2009a, S. 241)

Diese Verdachtssoziologie mag zwar dahingehend von Nutzen, ja, sogar sinnvoll sein, wenn man die Disziplin als Suche nach latenten Strukturen ausdifferenzieren möchte. Wie ein archimedischer Punkt hat sich die Untersuchung von latenten Strukturen als Beobachtungsprämisse in den Geistes- und Sozialwissenschaften manifestiert. Ein Umstand, der vorerst nicht weiter kritikwürdig ist. Problematisch wird es jedoch, wenn man dazu übergehen möchte, religiöse Phänomene in der Gesellschaft zu beobachten.

Der Grat zwischen Verdacht und Überheblichkeit ist äußerst schmal, wobei Parsons oder Durkheim diesen Fehler nicht begehen. Die Gefahr besteht, dass – einmal unter Verdacht gekommen – religiöse Kommunikation als etwas Irrationales wahrgenommen wird. Da das als irrational Wahrgenommene in Kausalattributionen schwer unterzubringen ist, wendet sich der Blick dann leicht von der Sache auf die Verursacher. An dieser Stelle mag sich die Überheblichkeit wieder etwas absenken, da der Blick auf die Operatoren religiöser Kommunikation durchaus sachlich und produktiv sein kann. Nur: Was ist dann mit Gott? Und: Lässt unsere Gesellschaft Kommunikation mit ihm zu? Diese letzte Frage muss man auch stellen, will man das Verhältnis zwischen Religion und Moral verstehen.

Ohne über dessen Existenz streiten zu müssen und inklusive der Aufgabe des Bestimmungsspruchs des eigentlichen Aufenthaltes von Gott kann man jedoch behaupten: Gott befindet sich weder *in* der Gesellschaft noch lässt diese Kommunikation *mit* ihm zu.

Die Gesellschaft ist ein operativ geschlossenes und umweltoffenes System. Sie besteht aus sinnhaften Kommunikationen und garantiert die Möglichkeiten ihrer autopoietischen Reproduktion bei „[...] hinreichend unspezifischen Umweltressourcen" (vgl. ebd., S. 242). Und natürlich setzt sie voraus, dass es in ihrer Umwelt andere soziale Systeme, Bewusstseinssysteme, Leben, Materie und so weiter gibt. Es sind wiederum soziale Systeme und Bewusstseinssysteme, die als Ausdifferenzierungsphänomene des Gesellschaftssystems in Erscheinung treten. Jedoch:

„Die Gesellschaft kann nicht *mit* ihrer Umwelt, sie kann nur *über* ihre Umwelt kommunizieren" (LUHMANN 2009a, S. 243).

Das alles hat zur Folge, dass es außerhalb der Gesellschaft keine Kommunikation geben kann. Gott kann sich weder in der Gesellschaft befinden noch kommunikativ von ihr erreicht werden, das heißt, mit ihr in ein Verhältnis treten, in dem die drei Selektionen *Information*, *Mitteilung* und *Verstehen* zusammentreffen: Man kann ihn weder über etwas informieren, was er noch nicht weiß, noch kann man erwarten, „[...] daß die Kommunikation ihn zu etwas motivieren könnte, was er anderenfalls nicht tun würde" (ebd., S. 246).

Ist schon Kommunikation an sich unwahrscheinlich, so erscheint jene mit Gott unter oben genannten Prämissen gar als unmöglich. Dennoch wird an der Idee, man könne mit ihm kommunizieren, festgehalten, ja, sie erscheint gar als unverzichtbar:

> „Würde die Gesellschaft sich auf Kommunikation *über* Gott beschränken, würde sie Negationsmöglichkeiten und Alternativformulierungen Tür und Tor öffnen" (LUHMANN 2009a, S. 246).

Daher:

> „In der Kommunikation *mit* Gott ist dagegen all diese Kontingenz ausgeschlossen: Man könnte und würde ja nicht mit ihm kommunizieren, wenn es ihn nicht gäbe" (ebd.).

Die Religion ist im Rahmen ihrer Universalisierung und vor dem Hintergrund sozialer Evolution unter anderem mit diesen Herausforderungen beschäftigt: Sie muss einerseits in der Buchdruckgesellschaft dafür sorgen, dass die Existenz Gottes diskursimmun bleibt und andererseits die Überholtheit ihrer Rituale und Überlieferungen verschleiern. Die Möglichkeit, mit Gott zu kommunizieren, impliziert dessen eigene Existenz, die wiederum die Rigidität religiöser Rituale im Angesicht der modernen Gesellschaft kompensieren muss.

Der Vertreter Gottes in der Gesellschaft ist das Religionssystem. Dieses ist ein Teilsystem der Gesellschaft und lässt auch tatsächlich religiöse Kommunikation zu. Wie gesehen, kann keine Kommunikation ohne Selektion von Information zu Stande kommen. Da keine Information ohne Unterscheidung gewonnen werden kann, ist auch die Religion gezwungen zu unterscheiden, will sie an Kommunikation teilnehmen. Die Teilsysteme der modernen Gesellschaft gehen, wie dargestellt, zwecks ihrer Universalisierung mit der Generalisierung von binären Leitdifferenzen einher. Diese Codes besitzen einen Positivwert, der kommunikative Anschlussfähigkeit garantiert und einen Negativwert, der Kommunikation negiert. Somit dient der Negativwert als Reflexion des Positivwerts, der bei jedem Kommunikationsvorgang wieder in das System kopiert wird, um dort für die der Ausdifferenzierung dienlichen Irritationen zu garantieren. Die Leitdifferenz des Religionssystems lautet *Immanenz/Transzendenz*.

Während religiöse Amtsträger in Predigten oder im medialen Rahmen dazu tendieren, über den Verfall der gesellschaftlichen Ordnung zu klagen, muss man bei genauerem Hinsehen feststellen, dass es die Religion selbst ist, welche die Welt auf den Kopf zu stellen scheint. Die Religion der modernen Gesellschaft steht, wie alle anderen Systeme auch, vor der Herausforderung, „ [...] die Horizonthaftigkeit allen Sinns" (vgl. LUHMANN 2009b, S. 252) codieren zu müssen. Hierbei wird der aktuell erlebte Sinn als instabil erlebt, während der Horizont die Möglichkeiten des Möglichen begrenzt. Das, was also sicher und evident ist, ist permanent aktualisierbar, während das, was stabil ist, logischerweise nicht aktualisierbar ist und durch die Abgrenzungsfunktion eine reichlich unsichere Dimension jenseits der Markierung bereithält:

> „Diesen Unterschied von Aktualität und Möglichkeit hebt die religiöse Codierung auf, indem sie ihn der Immanenz zuweist (und üblicherweise an der Endlichkeit des Menschen festmacht) und für die Transzendenz das Gegenteil postuliert: daß sie sicher und stabil, evident und von alles durchdringender Dauer sei" (LUHMANN 2009b, S. 252).

Das Aktuelle, jener instabile Ort multipler Selektionsmöglichkeiten und somit Garant für den Anschluss von Kommunikation, wird zur rigiden Reflexion des Jenseits. Alles menschliche Leben wird – determiniert und endlich – somit auf das Leben danach konstituiert. Wie schon ersichtlich, gibt es weder Transzendenz ohne Immanenz und umgekehrt. Daher, will man Religion produktiv beobachten, muss man dazu übergehen, beide Werte als *gleichwertig* einzustufen. Die alleinige Untersuchung des Immanenten würde zum eingangs besprochenen Problem der Überheblichkeit führen und die Kompetenz, spezifische Aussagen über das Jenseits zu treffen, bleibt wiederum religiösen Amtsträgern und Theologen überlassen.

Bei der Umkehrung der Werte handelt es sich um einen Vorgang, der synonym mit der Universalisierung der Religion in der modernen Gesellschaft zu verwenden ist. Dass es sich hierbei um Universalisierung handelt, zeigt sich an den unterschiedlichen Äquivalenzunterscheidungen, die im Laufe der Geschichte des Religionssystems ihren Auf- und Abstieg erleben, da diese mit sozialer Evolution schwer vereinbar sind. Man wird hierbei sehen, um an die oben gemachten Feststellungen in Bezug auf Gott und Gesellschaft anzuschließen, dass jene himmlischen Unterscheidungen allzu irdisch sind und ausgerechnet daran kranken. Damit scheint der Ruf nach Transzendierung unausweichlich.

Das impliziert jedenfalls die Unterscheidung profan/sakral. Aus dieser Sicht hat Gott die Welt geschaffen und sich dadurch in Differenz mit seiner eigenen Kreation gebracht (vgl. ebd., S. 253). Die Unterscheidung profan/sakral markiert den Schwellenpunkt zur Universalisierung. Gott, der Schöpfer, hat sich mit der Erschaffung der Welt seinen eigenen Möglichkeitshorizont geschaffen. Alles, was möglich ist und wonach sich das menschliche Schicksal richtet, wird im

Jenseits bestimmt und garantiert. Schon Max Weber erblickt in dieser *Weltab-lehnung* durch das Religionssystem „[...] den entscheidenden Schritt zur Diffe-renzierung von Wertsphären, Lebensordnungen, Rationalitäten [...]" (ebd.). Das Problem: Diese Auffassung von Transzendenz erfordert eine *außerordentlich-irdische Begreifbarkeit*, da sie Anschlussfähigkeit garantieren muss. Die Folgen sind dann Wunderglaube und Textexegese, die dann wiederum, insbesondere mit dem Aufkommen des Buchdrucks, die Glaubwürdigkeit des Himmels dem Dis-kurs ausliefert. Ein weiteres Merkmal der Universalisierung des Religionssys-tems ist die Aufhebung der Distanz, alles ist gleich nah und gleich fern:

> „Es gibt keine heiligen Plätze, Orte, Bilder mit privilegierter Gottesnähe. Die Diffe-renz von sakral und profan wird zumindest theologisch überwunden und dem Volksglauben überlassen" (LUHMANN 2009b, S. 261).

Die Hölle lenkt vom Himmel ab. Hat man schon durch das Religionssystem eine Wertumkehrung erreicht, angestoßen durch die Entscheidung sakral/profan, gerät man jetzt in die Verlegenheit, das Jenseits erklären zu müssen. Das Paradies darf nicht mehr durch irdische Begreifbarkeit gefährdet werden, also wird die Trans-zendenz wiederum mit einer Umkehrung belegt. Der Negativwert, hier Ver-dammnis, ist anschlussfähiger als der eigentliche Positivwert Heil:

> „Über die Hölle läßt sich (allein schon wegen der Notwendigkeit leiblicher Anwe-senheit) sehr viel mehr sagen als über den Himmel, und auch das Tarifsystem der Hölle läßt sich viel besser beschreiben als das des Himmels" (LUHMANN 2009b, S. 253).

Aber gerade hier scheint das oben genannte Problem im wahrsten Sinne *imma-nenter*: Die Entscheidung über Heil und Verdammnis wird ins Diesseits gerückt, dessen Regelung dann wiederum nur über irdische Prämissen laufen kann. *Heil und Verdammnis erfordern eine Koppelung an die Moral.* Denn schließlich muss man sich hier auf Erden eine Vorstellung darüber machen können, unter welchen Bedingungen man entweder in den Himmel oder in die Hölle kommt und: *diese Bedingungen müssen für alle gelten.* Wahrheitskriege und Buchdruck stellen diesen Code schnell infrage, machen die Hölle unglaubwürdig. *Man kann hier noch hinzufügen, dass auch die Universalisierung der Moral, gut und böse trifft auf alle zu, auch auf die Abwesenden, höchstwahrscheinlich ihren Teil zur Ablö-sung der Prominenz der Unterscheidung Heil/Verdammnis beigetragen hat. Das Gleichheitspostulat der Moral macht Fragen über gut und böse, da es ja alle betrifft, zu einem Diskursevent. Und bei diesem Diskurs verliert der Teufel:*

„Wir können, wohl auch ohne nähere empirische Untersuchung, davon ausgehen, daß es zumindest auf dieser Seite der Religion eine kaum reversible Erosion des Glaubens stattgefunden hat. Der arme Teufel wird nur noch verspottet" (LUH-MANN 2009b, S. 254).

Den Teufel zieht man heran, um Gott zu charakterisieren. Dabei wird die Transzendenz ungewollt respezifiziert, womit sie an Anschlusspotenzial verliert. Die Religion muss ab jetzt versuchen, sich von moralischen Regelwerken, Eintrittsbedingungen zum Paradies und vor allem von der Charakterisierung Gottes zu entkoppeln. Und hierbei sind der Teufel, der all das ist, was Gott nicht sein sollte, *aber auch himmlische und zugleich verbindliche Offenbarungen* nur im Weg.

Gott ist nicht darauf angewiesen, dass sich die moralische Ordnung der Welt erweist. Und wenn er weder gut noch böse nach irdischen Maßstäben ist, dann ist der Teufel schnell ohne Arbeit.

Aber auch der Schöpfer, nur so ist ein transzendenter Gott zu denken, beobachtet die Menschen. Das heißt, er muss unterscheiden, um Informationen zu gewinnen. Und wenn er beobachtet, müsste auch er theoretisch beobachtbar sein, mit anderen Worten: man müsste unterscheiden können, „[...] welche Unterscheidung er (im Unterschied zu anderen) verwendet" (vgl. ebd., S. 255). Doch am Anfang war das Licht und von Anfang an ist Gott Selbstbeobachter und gleichzeitig Teil seiner Operation. Er zieht eine Grenze und ist diese zugleich. Der Schöpfer müsste demnach nicht nur anhand von Jenseits und Weltablehnung unterscheiden, sondern auch jene Unterscheidung mit jeder Beobachtung wieder in sich selbst hineinkopieren, damit sich die Unterscheidungen voneinander unterscheiden. Dieses *re-entry* der Unterscheidung ist des Schöpfers Selbstreferenz (vgl. ebd., S. 257). Von dieser Warte aus ist Gott eigentlich schwer zu beobachten. Man müsste annehmen, dass die abgelehnte Welt, die den Teufel als Beobachtungsobjektiv oder die selbstreferentielle Seele aufzubieten hat, permanent in Gott wieder eintritt. Das muss die Hoffnung nähren, dass Gebete erhört werden und Gott durch den Teufel sichtbar wird. Nur sicher kann man sich dieser Sache dann nicht mehr sein. Und wenn, wie oben gezeigt, Gesellschaft keine Kommunikation mit Gott zulässt, dann ist es auch eigentlich ausgeschlossen, dass sie Umweltirritationen als dessen Botschaften zulässt, womit auch die Antwortmöglichkeiten ins Feld der Unwahrscheinlichkeit rücken.

Moderne Religiosität stellt Fragen und verzichtet auf Antworten, eine Grundvoraussetzung für den Glauben. Denn sie weiß alle sie betreffenden Antworten. Das meiste, was moderne Religion anzubieten hat, ist schon dutzende Male infolge von Beobachtung abgelehnt worden (vgl. ebd., S. 258). Jede Antwort ist anhand ihrer Sondermerkmale wie christlich, biblisch, kirchlich, katholisch etc. (vgl. ebd.) mehr oder weniger festgelegt. Was bleibt, ist die Frage, wie mit Gott die Einheit von Immanenz und Transzendenz zur Entfaltung gebracht wird. Man hat bisher gesehen, wie oft das Irdische das Himmlische zu sich zieht. Und man muss auch davon ausgehen, dass der Schöpfer seine immanente Schöpfung immer wieder in sich hinein kopiert. Diese Paradoxie wird verschleiert mit der Frage nach dem Sinn allen Sinnes (vgl. ebd.). Wem existenzialistische oder karrieristische Sinnmodelle nicht genügen, wird sich auf die Suche nach Gott machen oder auf die Suche nach Gott auf Erden oder auf die Suche nach dem irdischen in Gott. *Man spricht in Zusammenhang mit Religion oft über ihre Fähigkeit zur Kontingenzausschaltung (alle Systeme schalten Kontingenz aus), die Befriedigung jenes Such- und Glaubensbedürfnisses scheint jedoch die spezifischste Funktion von Religion zu sein.*

In der Religion ist nicht nur eine Umkehrung der Werte zu verzeichnen. Die Werte sind zudem aneinander gebunden:

> „Während alle anderen Codes das Festhalten des einen Wertes mit dem Ausschluß des anderen verbinden (Recht darf nicht Unrecht, Wahrheit darf nicht Unwahrheit sein), amüsiert sich die Religion über solche Rechthaberei, Wahrheitshaberei oder auch über die Reichen, die nicht merken, wie arm sie sind" (LUHMANN 2009b, S. 259).

Luhmann vermutet hier einen Grund für das Nichtfesthaltenkönnen von Glaubenserfahrung. Wie gesehen, kann man im ständigen Wechsel zwischen Immanenz und Transzendenz durchaus jene Irritation vermuten, die zu anhaltender Gottessuche anhält. *Und wer sucht, der glaubt.* Beide Werte erhalten damit eine Anschlussfähigkeit, beide, negativ und positiv, erfahren dadurch eine positive Doppelung. Und wo angeschlossen wird, kann auch negiert werden. So erlaubt der Code nebst seiner Annahme seine eigene Ablehnung – immanent durch die Sünde (vgl. ebd., S. 261). Dass muss eine funktional differenzierte Gesellschaft herausfordern. Im Grunde genommen steht es den Systemen nicht zu, sich selbst abzulehnen. Dies geschieht durch andere Systeme. Diese Kommunikationsofferte an die moderne Gesellschaft, die tatsächlich eine Art Unantastbarkeit suggeriert, muss mit Infragestellung der Religion beantwortet werden, worauf sie nicht umhinkommt, darauf reagieren zu müssen: *Die Kreuze verschwinden allmählich aus den Klassenzimmern und die Sünde wird zum Teufel gejagt.* Die Systeme müssen im Rahmen der doppelten Kontingenz die Zusicherung geben, dass Kommunikationsofferten einen Impact haben, da es sonst keinen Anreiz gibt, selbst Kommunikationsofferten zu machen. Davon ist auch nicht die Religion befreit, sonst wäre sie wie Gott nicht von dieser Welt.

Zurück zu Durkheim und Parsons: Was nämlich auffällt, ist, geht man nach Durkheim oder Parsons vor, dass diese angesprochene Bindetextur durch ein Milieu der Gemeinsamkeiten bestimmt sein muss. Und das Moralische scheint als Forcierung des Gemeinsamen zu arbeiten. Parsons stellt moralisch-religiös legitimierte Werte als Voraussetzung des Kollektiven dar, Durkheim sieht im Kollektiven den Nährboden moralischer Gefühle. In beiden Fällen scheint Moral als Grundlage unerlässlich. Bei Parsons sind moralische Werte schon eine Art Fundament, die Kollektivistisches ermöglichen, bei Durkheim ist es genau umgekehrt: das Kollektivistische lässt erst das Moralfundament entstehen. Wie schon erläutert, muss sich an dieser Stelle weiter der Verdacht erhärten, dass Durkheim eigentlich Inklusionsphänomene beobachtet, denn der Wunsch nach Rückbindung eines Individuums in eine Berufsgruppe kommt dem Wunsch nach Inklusion eines Bewusstseinssystems in ein Organisationssystem gleich. Hier sieht man übrigens wieder, wie die moderne Gesellschaft strukturell die Bedingungen dafür liefert, dass man überhaupt von Berufsgruppen und Individuen sprechen kann.

Oben werden Religion und Moral soziologisch getrennt. Hier, bevor es weitergehen kann, ergibt sich die Gelegenheit, das Gleiche in Bezug auf Werte und Moral zu unternehmen. Der Wertbegriff gewinnt wie jener des Individuums im Laufe des 19. Jahrhunderts an Bedeutung, womit es sich um eine spezifisch moderne Semantik handelt (vgl. LUHMANN 2008a, S. 241):

> „Diese Aufwertung verdankt der Begriff sicher der Philosophie – teils der philosophischen Unterscheidung von Sein und Gelten, teils dem Neukantianismus, teils der Phänomenologie, in allen Fällen einem unstillbaren Hunger nach Aprioris" (ebd.).

Der Wertbegriff markiert „Höchstrelevanz mit normativem Gehalt" (ebd.), womit vielleicht nachvollziehbar sein könnte, warum Parsons und Durkheim auf diesen nicht verzichten wollen. Denn hier kann man jetzt, je nach Kontextuierung und Verknüpfung, Prominenz, Dringlichkeit und integrative Potenz in die Kombination von Wert – Moral – Religion hineininterpretieren. Der Zusatz Gefühle, der von Durkheim ins Spiel gebracht, wird unten nochmals aufgegriffen.

Werte funktionieren in der Kommunikation wie Unterstellungen, sie müssen noch nicht einmal thesenförmig behauptet werden, da man davon ausgeht, dass über diese ein Konsens besteht (vgl. ebd.). Sie werden – anders als explizite Thematisierungen – nicht einem Annahme- oder Ablehnungsprozess ausgeliefert, jedenfalls nicht in der direkten, alltäglichen Kommunikation (vgl. ebd., S. 242):

> „Werte eignen sich deshalb in der Praxis als Reflexionsstop. Wenn das nicht funktioniert, differenzieren sich kleinere Systeme aus, in denen es funktioniert" (ebd.).

Das lässt zwei Assoziationen aufkommen. Ein Reflexionsstopp scheint Stabilität zu garantieren. Diese Idee muss Soziologen verlockend vorkommen. Aber auch im Sinne von Zweckrationalität könnte man annehmen, dass der Reflexionsstopp ein auf den Punkt Kommen markiert, um sich überhaupt in der Selbstbeschreibung orten zu können. Das sieht man an Organisationen, die sich selbst ein Leitbild geben. Ein tatsächlicher Wertediskurs würde eine Organisation auch überfordern. Gleichzeitig kann man sich denken, dass auch Gesellschaftsbeobachter, die sich an Wertestabilität oder Wertezerfall orientieren, sich selbst einen Reflexionsstopp verordnen. Werte sind eine Art Normen für Normen. Sie dienen als Tiefenlage von Normfixierungen (vgl. ebd.). Und es gibt, wie man weiß, unzählige Werte, auch solche, man denke an das Finanz- und Bankenwesen oder an den oben besprochenen technokratischen Normativismus, die man nicht immer und unbedingt auf herkömmlich-moralische Art und Weise definieren kann.

Man kann sehr gut im Angesicht des entwurzelten Individuums Konzepte für Berufsgruppen erarbeiten. Und umgekehrt kann man im Gruppenkonzept das nach moralischen Gefühlen sehnende Individuum konstatieren. Wie gesagt, dabei findet man moderne Ansichten, auch Vorlagen für die spätere Organisationstheorie. Modern ist die Vorstellung etwa, dass es durch die Integration in eine Gruppe zur Bewusstwerdung der sozialen Stellung in der Gesellschaft kommt (SCHROETER 2006, S. 33). Man kann dies bestreiten und man muss es wohl auch, wenn man sich die funktionale Differenzierung moderner Gesellschaften anschaut. Da unterscheidet sich das, was hier als Status angedeutet wird, von System zu System gar innerhalb der Systeme. Aber das Bewusstseinssystem kann Mitgliedschaft – also in diesem Falle Zugehörigkeit zu einer Berufsgruppe – wahrnehmen. Und dies kann wieder aus Sicht des Bewusstseins mit der Statussemantik verknüpft werden. In modernen Organisationen wird die Statusproblematik gerade zur Herausforderung. Das ist in den vorangegangen Kapitel mehr als angedeutet, man denke an Luhmanns Strategie der Selbstliebe und wird im nachfolgenden Kapitel zentral. Jemand, der im Betriebsrat eine hohe Wertschätzung wahrnimmt, der kann womöglich ebenso mangelnde Wertschätzung in der Belegschaft oder von der Geschäftsführung erfahren. Der Status eines Geschäftsführers kann wiederum im Vergleich zu anderen Geschäftsführern variieren. Und die Mutter, die in der Familie geachtet wird, ein hohes, familiäres Ansehen genießt, mag in der Freizeitsportgruppe bei den anderen Interaktionsteilnehmerinnen nicht so gut ankommen. Sicherheit gibt es nie, auch wenn man sich mit Statussymbolen wie Überlastung (vgl. KIESERLING 1994, S. 174) eindeckt. Und eine Bewusstwerdung der sozialen Stellung, die auf – in diesem Falle – Berufsgruppenzugehörigkeit beruht, kann nur als Konstruktion bewertet werden, die je nach Systemkoppelung permanent infrage gestellt wird. Aber diese Konstruktionen bieten auch Orientierung, also auch Selbstorientierungen. Diese sind an sich – je nach Kontext – äußerst variabel. Man denke an den Halbgott in Weiß, der in

der Talkshow zum Pfuscher wird, weil er etwa Zitronensäure als Desinfektions-
mittel benutzt.

Dann darf natürlich nicht der Eigennutz fehlen. In der Gruppe kann man
sich nach Durkheim selbst erweisen, wobei das Recht des Stärkeren ihm zufolge
zusätzlich regulierend wirkt (vgl. SELLMANN 2007, S. 251). Auch die Systemtheorie sieht, wie oben gezeigt, im Begriff des Organisationsmitglieds das Konzept Karriere verankert. Bei den Durkheim'schen Überlegungen darf man Ansätze vermuten, die später in Richtung Rational Choice gehen. Das Recht des Stärkeren als sozialen Regulationsmechanismus zu konstatieren, muss auf den noch
immer währenden Einfluss von Darwin zurückgeführt werden.

Interessant sind hier die Vorstellungen in Bezug auf Selbstregulation innerhalb einer Gruppe, die wiederum weniger etwas mit Rational Choice zu tun haben. Hier könnte und sollte man mit dem Spekulieren anfangen: Man könnte
sagen, dass der zeitliche Kontext es Beobachtern des Sozialen abnötigt, mal
mehr, mal weniger darwinistisch zu argumentieren. Aber gerade bei Durkheim,
der Soziologe der Solidarität und der Differenzierung, drängt sich die Frage auf,
ob derartige Konzepte nicht dahingehend genutzt werden, um eben generell über
autoregulative Phänomene nachdenken zu können oder um wenigsten diesbezüglich einen Anfang zu machen. Somit wäre die alleinige survival of the fittest
Logik schon im Kern verwässert. Wie schon weiter oben angedeutet, macht
Durkheim dies auch in anderen Zusammenhängen. Vor allem wenn er darüber
spricht, wie, sind einmal Berufsgruppen als Mediatoren zwischen Staat und Bür-
gern etabliert, soziale Kontrolle entstehen wird (vgl. KÖNIG 2002, S. 53 ff.).
Hier geht es gleich um mehrere soziologische Dimensionen wie eben jene der
Selbstregulation, aber auch um jenes Phänomen der sozialen Kontrolle, das noch
unzählige Soziologen beschäftigen wird.

Des Weiteren meint Durkheim, dass in einer Berufsgruppe die Erfahrung
von Solidarität gemacht werden kann (vgl. DREPPER 2003, S. 40), der Ausgangspunkt moralischer Gefühle. Das nachfolgende Kapitel behandelt zur Genüge Interaktionssysteme, die konträr zu den Vorstellungen von Solidarität stehen.
Nichtsdestotrotz findet man hier ursprüngliche Überlegungen, die viel später
wieder in Konzepte münden, die man zum Beispiel unter Corporate Identity
zusammenfassen kann. Identifikation wird sozusagen als gruppenmoralstärkende
Variable identifiziert.

Bleibt noch die Frage offen, warum Durkheim und auch Parsons der Moral
eine derart fundamentale Rolle zuschreiben. Woher kommt die Macht der Moral? Oder besser gefragt: Woher kommt die unterstellte Macht der Moral? In den
vorangegangenen Kapiteln und Abschnitten gibt es schon viele Hinweise darauf,
um diese Frage zu beantworten. Insbesondere die oben beschriebene Idee des
wertmoralischen Reflexionsstopps sei hier nochmals erwähnt. Der Rückgriff auf

Vergangenes sei hier nochmals wiederholt, um ein Stück weit konkretisiert zu werden:

> „Die Evolution ermöglicht ein Nebeneinander des Früheren und des Späteren und ermöglicht zusätzlich eine Verfeinerung und funktionale Spezifikation jener älteren Formen der Kommunikation" (LUHMANN 2001, S. 124).

Es erscheint nicht nur einfacher, auf bewährte Erklärungsmuster zurückzufallen und es geht auch nicht nur um die Angst vor dem Neuen. Durkheim und in diesem Falle auch Parsons können in alten wie auch in neuen Wässern fischen. Die Ethik bewährt sich, wächst sich zu einer hoch komplexen Beschreibung aus, die auch die wissenschaftliche Beobachtung zu irritieren vermag. Aus dem Mittelalter scheint die Inspiration herüberzureichen, wie Durkheim das an seiner Abarbeitung in Bezug auf die Zünfte beweist, dass moralische Codexsysteme durchaus System-/Umweltgrenzen von Gruppen zumindest stabilisieren. Jetzt sind ja das, was Durkheim unter Berufsgruppen oder Zünfte auffasst, strukturelle Vorläufer oder gar, wie eben gezeigt, Abbilder moderner Organisationen. Und diese stellen bekanntlich ein Äquivalenzarsenal in Form von Entscheidungsprämissen der moralischen Kommunikation gegenüber. Das wird in den vorhergehenden Kapiteln gezeigt. Angedeutet wird aber auch und im nachkommenden Kapitel ausführlichst besprochen, dass Moral für Interaktion keine unerhebliche Rolle spielt. Vielleicht bewegt das Durkheim dazu, ein eigenes Konzept der Berufsgruppen aufzustellen, da auch schon die Organisationen seiner Zeit Moralvermeidungssysteme sind. Die Differenzierung zwischen Interaktions- und Organisationssystemen versteckt sich hier noch hinter Andeutungen. Aber die Ahnung, Moral könnte in Organisationen funktionieren, ist so abwegig nicht. Das darf man bei aller zu erwartender und nachfolgender Kritik in den Raum stellen: Ego/Alter-Synthesen müssen weiterhin auf der Interaktionsebene komplementär abgestimmt werden. Auch wenn das – aus konstruktivistischer Sicht – nie vollständig gelingen kann. Im Versuch kann jedoch schon viel gewonnen werden. Ego muss schon davon ausgehen können, dass Alter jenes achtet, was er in Bezug auf sich selbst geachtet haben möchte. Dass das hochriskant ist, zeigt sich im nachfolgenden Kapitel.

Die Macht der Moral wird aber auch über die emotionale Qualität konstatiert – noch in heutigen Diskussionen. Bei Durkheim ist das direkter als bei Parsons. Und erst diese emotionale Qualität ist es, die den Beobachter nach der Macht der Moral fragen lässt. Die Antwort mag zu finden sein, wenn man die Polemogenität der Moralkommunikation von der Betrachtungsweise her nicht vorschnell unterstellt. Moralkommunikation fußt auf der Selbstachtung, sie muss, auch wenn das Risiko dafür außerordentlich hoch ist, nicht zwingend polemogen verlaufen. Wenn Ego im Glauben ist, dass er sich der Achtung Alters sicher sein kann, dann scheint vorerst das Zivilisierte, Gefällige, Anständige und Reputationsfähige gesichert zu sein. Und in diesem Falle scheint Durkheim mit den moralischen Gefühlen nicht weit gefehlt zu haben. Die Selbstachtung wirft das Bewusstsein auf sich selbst zurück. Und nur das Bewusstsein kann, in den meisten Fällen Gefühle empfinden, wenn der Normalverlauf, etwa durch Bedrohung oder der Liebe, gefährdet ist (vgl. BERGER 2004, S. 89). Gefühle bilden demnach eine Art Immunsystem für psychische Systeme (vgl. ebd.). Wenn dem so ist, dann kann Durkheim mit moralischen Gefühlen nur meinen, dass moralische Werte in der Gruppe derart stabilisiert sind, dass ihre Bedrohung starke Reaktionen auf der Ebene des Bewusstseinsystems hervorrufen würde und zwar im Rahmen des Achtungsgeschehens. Damit wäre wieder das Thema der Stabilisierung sozusagen stabilisiert. Das kann, wie gesehen, innerhalb einer Berufsgruppe nicht mehr geleistet werden und in der Interaktion kann das auch, wie nachfolgend eingehend besprochen wird, ins Gegenteil umschlagen. Dafür kann Interaktion sich dann wiederum von den Reduktionsleistungen der Organisation irritieren lassen.

Comte und Durkheim verbindet vor allem ihre Suche nach stabilen Entitäten – seien es mathematische Gesetzmäßigkeiten in der sozialen Wirklichkeit, seien es Kausalitäten zwischen Selbstmord und Industrialisierung oder Gruppenmoral und sozialer Kontrolle – in einer paradoxen oder vielleicht besser formuliert, paradoxer gewordenen Gesellschaft. Das sind Ansätze, die man noch später im Strukturalismus wiederfindet. Es wird Eingrenzung wissenschaftlich beobachtet und in vielen Fällen als Lösung des Problems eingefordert. So auch Durkheim, den man in diesem Zusammenhang auch vielleicht als einen der wichtigen Ideengeber des Strukturalismus bezeichnen kann. Die Strukturveränderung, etwa die Berufsgruppe als Vermittler zwischen Staat und Bürgertum, limitiert den Bereich des Möglichen, wirkt also rational-ordnend (vgl. LUHMANN 2001, S. 276): Das ist zu einem großen Teil Durkheims Erkenntnisinteresse. Erst die Systemtheorie kommt später zur Feststellung, dass Strukturen weder fest installierbar noch stabile Entitäten sein können (vgl. ebd.), sondern einer Veränderungsdynamik unterworfen sein müssen. Auf der anderen Seite der Struktur sind Systemoperationen zu finden, die bei ihrem Auftreten bereits wieder verschwunden sind und die Struktur permanent und erfolgreich, dies wird in Kapitel 6 umso deutlicher, in ihrer Stabilität herausfordern. Comte und Durkheim sind Zeugen des Festen, nämlich der dynamischen Stabilität sowie der operationalen Geschlossenheit der Teilsysteme (vgl. ebd.), welche nicht, wie gerade beschrieben, fest sind. Und aus den oben schon mehrfach erläuterten Gründen sind sie noch nicht in der Lage, in der Auflösung und Rekombination und ihrer Zufälligkeit Vorteile zu sehen. Doch man hat oben gesehen, dass Zufälligkeit und Selbstregulation schon bei Durkheim zu finden sind. Andererseits ermöglicht die neue Gesellschaft neue Beschreibungen wie eben jene der Gruppenmoral, die viele interessante und nützliche Anschlussbeobachtungen in Bezug auf soziale Kontrolle, die noch heute eine bedeutende Rolle spielen, hervorzubringen vermag. Zudem kann man im Hinblick auf Comte sagen, dass die paradox erfahrene Wirklichkeit zur Suche nach Kausalattributionen stimuliert, was, im Falle der Soziologie, sicherlich viele produktive Erkenntnisse in Bezug auf die statistisch-empirischen Sozialforschung nach sich zieht.

Im Gegensatz zu Durkheim versucht Simmel viel radikaler die alte Welt hinter sich zu lassen. An Zünfte mag er nur noch in Zusammenhang mit „verrosteten Ketten" (vgl. ABELS 2010, S. 149) denken. Es ist undenkbar, dass Simmel von dieser Warte aus solidarisch gekittete Berufsgruppen als Problemlösungsstrategie vorschlagen wird. Der, wie Simmel konstatiert, abstrakte Individualismus ist als Vorstellung das Erbe des Freiheits- und Gleichheitsideals des 18. Jahrhunderts wahrzunehmen, befeuert durch den neu auftretenden Rationalismus. Die Freiheit sollte seit dem Zeitalter der Aufklärung zur Aufhebung der Ungleichheit, durch das Überkommen der alten Institutionen, wie etwa jener der Kirche, führen. Die Aufklärung, aber auch der Neukantianismus sowie der ethische Sozialismus heften sich an den Allgemeinbegriff Mensch und leiten dann zu den Einzelexemplaren über (vgl. ebd.). Simmel argumentiert hier sehr modern; man denkt hier automatisch an Luhmanns Beschreibung von Individualismus, die weiter oben gezeigt wird. Denn er sieht in der großen Forderung der Französischen Revolution nach Freiheit und Gleichheit eine Paradoxie, die es mit abstrakten Vorstellungen vom Menschsein zu verschleiern gilt. Simmel entlarvt den kategorischen Imperativ sozusagen als Korrektiv des Individualismus (vgl. ebd., S. 146): Selbstverpflichtung wird auf die Ebene sozialen Handelns gehoben, was nur zur Folge haben kann, dass ein besonderer Individualismus sich gegen die Idee des allgemeinen Menschen wenden muss (vgl. ebd.).

Aus systemtheoretischer Sicht stellt sich die Frage, ob die revolutionären Denker und Aufklärer ihre Überlegungen vor dem Hintergrund von Trugschlüssen entwickelten. Eher nicht: Die Individualität der Aufklärung ist die Lunte, die, angezündet, zur Befreiung führen soll. Freiheit ist in diesem Sinne Befreiung. Im Vordergrund steht die Befreiung von den alten Institutionen. Sind diese einmal irrelevant geworden, ist Platz für qualitative Besonderung und das Gleichheitsideal kann fortfallen (vgl. ebd., S. 148).

Simmel findet heraus, dass die Romantik als Gegenbewegung zur Aufklärung nicht nur einen Gegenpol zum Rationalismus bilden will (vgl. ebd.). Gegenpol zur Aufklärung bedeutet auch, einen Gegenpol zum Gleichheitsideal aufzustellen, einen Blick auf die Unterschiede des Einzelnen zu wagen. Es ist der Auftakt zu einer Beobachtungsweise, die Unverwechselbarkeit als sittliche Forderung suggerieren möchte und dazu anhält, Individualisierung als Differenzierungsfall wahrzunehmen (vgl. ebd.). Es ist nachvollziehbar, dass eine moderne Gesellschaft Beobachtungsweisen dieser Art heraufbeschwört. Der Differenzierungsfall Individualisierung wird zum Differenzierungsfall Gesellschaft:

> „Mit Differenzierungsprozessen beginnt das Individuum seine Zugehörigkeit zu Gruppen als wesentliches Bestimmungsmerkmal für seine Individualität zu erkennen" (JUNGE 2009, S. 18).

Hier ist sozusagen die Basis für ein soziologisches Programm initiiert, das eigentlich, wie auch bei Durkheim, nicht nur dafür geeignet ist, soziale Evolution, sondern vor allem Inklusions- und Exklusionsprozesse zu beobachten. Die moderne Gesellschaft hat einen nicht zu erfüllenden Vollinklusionsanspruch, der dennoch nach Umsetzung ruft. Zudem wird die Frage nach Individualität im Angesicht der Gesellschaft erneut prekär: Wer ist man denn eigentlich, wenn man mannigfaltig in gesellschaftlichen Gruppen inkludiert ist und sich nur dort Interaktion abspielen kann? Wer gibt hier wem etwas vor?

Es ist interessant zu sehen, wie Simmel für die Systemtheorie wichtige Vorlagen entwirft. Mit der Unverwechselbarkeit der Individuen sieht er einen Bedarf aufkommen: die lockeren Individuen müssen zusammengehalten werden. Doch eine Moralstruktur kommt für Simmel nicht mehr infrage. Organisationen sollen unter anderem die Unverwechselbaren zusammenfassen (vgl. WATIER 1995, S. 105 ff.).

Man sieht, auch Simmel bewegt die soziale Ordnung vor dem Hintergrund der Frage nach dem gesellschaftlichen Zusammenhalt. Hierbei nimmt er gesellschaftliche Differenzierung jedoch nicht als Bedrohung des Zusammenhalts wahr. Gesellschaftliche Differenzierung ist die Bedingung für Zusammenhalt. Vielleicht muss man bei Durkheim nicht nur den Rückgriff auf Erklärungsmuster der stratifikatorischen Gesellschaft vermuten, die eine harmonische Ordnung anhand der Zentrum/Peripherie-Aufteilung suggeriert. Es mag durchaus sein, dass Durkheim auch auf den Gleichheitsidealismus der Aufklärung rekurriert. Das wäre eine besonders spannende Beobachtung: Auf dieser logischen Ebene bürgt die Aufklärung für eine Ordnung, die sie eigentlich aufheben möchte.

Folgt man Simmel, dann müsste man zum Ergebnis kommen, dass es eigentlich nur Differenzierung ist, die Individualisierung ermöglicht. Demnach wäre, wie oben angedeutet, Interaktionen nur noch in gesellschaftlichen Konstruktionen möglich. Hierzu muss man sich anschauen, was Simmel unter Vergesellschaftung versteht.

Die Individuen einer Gesellschaft treten in eine Beziehung, die nach Simmel als eine immer fortwährende Wechselwirkung zu verstehen ist (vgl. ABELS 2007, S. 99 ff.). Diese Vergesellschaftung, die nie aufhört, bringt Formen zu Stande, die bis zu einem bestimmten Grad von den daran teilhabenden Personen unabhängig sind (vgl. ebd.). Formen treten auf als Streit, Zuneigung, Solidarität, Konkurrenz, Sympathie etc. (vgl. ebd.). Diese Formen verdichten sich nach Simmel zu den großen sozialen Gebilden wie etwa Staat, Recht oder Verkehr einer Gesellschaft (vgl. KORTE 2006, S. 88).

Man erkennt her schnell die Parallelen zu einer Systemtheorie, die später nachfolgen soll. Einerseits wird über das Individuum, das nach soziologischen Maßstäben nicht anders als einzigartig eingestuft werden kann, ein Beobachtungszugang zur Gesellschaft geschaffen und andererseits scheint es so, als strebe die Gesellschaft nach Unabhängigkeit von ihren Bewusstseinssystemen. Zwar ist bei Simmel angedacht, Wechselwirkungen, die, wie gesehen, entstehen, wenn sich die Individuen mit ihren jeweils eigenen Interessen aufeinander beziehen (vgl. JUNGE 2009, S. 40), eine kausalattributorische Anfangsposition zuzuweisen, die dann Formen und soziale Gebilde ermöglichen; doch bei diesem Bild, das sieht auch Simmel, ist das Individuum vor jedem Handeln schon vergesellschaftet (vgl. LICHTBLAU 2005, S. 81). Die Wechselwirkungen werden durch die Form verwirklicht (vgl. JUNGE 2009, S. 41). Hier wird methodisch zwischen Inhalt und Form getrennt. Würde man diese Beobachtungsweise systemtheoretisch übersetzen wollen, dann müsste man sagen, dass Simmels Form als Medium zu verstehen ist, sozusagen als rigide Koppelung, indem sich die Formen der Wechselwirkungen sozusagen als lose Koppelung, ausdifferenzieren. Simmel nimmt diese Trennung von Form und Inhalt aus der Physik, die in gleicher Logik von Form und Materie ausgeht. Hierbei geht es nicht nur um Exaktheit der Beobachtung. Jedenfalls legt dieses Trennungsvorhaben es nahe, weitere Spekulationen zu unternehmen. So ist es denkbar, dass eine Soziologie sich von den Individuen befreien muss, will sie eben Soziologie und nicht etwa Philosophie und vor allem Psychologie sein. Um Gesellschaft zu beobachten, überlässt man das Schauen in die Köpfe anderer Wissenschaftsdisziplinen. Die Formen selbst sind es dann bei Simmel, die als gesellschaftliches Bindemittel funktionieren, eine ungreifbare, intersubjektive Substanz, welche er gar als Volksseele auffasst (vgl. ABELS 2010, S. 158).

Individuen sind also vor jedem Handeln vergesellschaftet, so sieht es jedenfalls Simmel, und ihr Handeln bewirkt wiederum Veränderungen in der Vergesellschaftung. Dieser Punkt ist interessant, denn man kann in der Systemtheorie wie auch bei Simmel sehen, dass Themen einen Schwerpunkt in der Interaktion einnehmen. Anhand von Themen finden die Wechselwirkungen in der Interaktion ihren kommunikativen Ausdruck. Die Interaktionszustände ändern sich mit den Themen. Und über den Themen taucht dann der Input der Interaktion auf; bei Simmel entstehen Formen, in der Systemtheorie reproduzieren sich Systeme. Es ist klar, dass Input in beiden Theorieangeboten jeweils anders interpretiert wird. Die Systemtheorie spricht nicht gerne von Input, weil in diesem Begriff die

Zufälligkeit und Unwahrscheinlichkeit von Kommunikation nicht zum Ausdruck kommen kann. Was hier als Parallelität auftaucht, ist die Sicht, dass hier eigentlich eine Rekursion vorliegt. Interaktion bewirkt eine Veränderung in Gesellschaft und ist indes von Anfang an Gesellschaft.

Es ist spannend zu verfolgen, wie Simmel das Prinzip Auseinanderfallen ist gleich Zusammenkommen auf der Ebene der Individualität nachzeichnet. Denn die Differenzierung ist die Voraussetzung für die Vergesellschaftung. Und vor jeder Differenzierung ist schon ein Stück weit Vergesellschaftung geschehen – Auflösung und Rekombination.

Simmel geht von „rohen Zeiten" aus, um in seiner Argumentation einen Anfangspunkt zu setzen; in diesen Zeiten sei vorherrschend Homogenität in der Gruppe zu sehen gewesen (vgl. WINDOLF 2009, 275 ff.). Diese Einheitlichkeit zwischen den Individuen wird dann durch die Erweiterung der Gruppe bezweifelt. Es entsteht eine Konkurrenz um die Mittel zum Lebensunterhalt (vgl. ebd.). Um dieser Knappheit Herr zu werden, sind die Individuen dann gezwungen, sich zu spezialisieren (vgl. ebd.). Auf der Ebene der Individuen finden schon Differenzierungen statt, die Ausdifferenzierung ihrer Einzigartigkeit. Diese Argumentation ist nachvollziehbar, wenn man bedenkt, dass homogene Gruppen abweichende Individualisierung kaum dulden können, da gegenseitige Verlässlich- und Vertrautheit somit gefährlich aufs Spiel gesetzt werden. Diese Einsicht Simmels bringt einem zu der Frage, ob es in der modernen Gesellschaft überhaupt so etwas wie Individualität geben kann. Es ist klar, dass es das Individuum geben muss, als einzigartiges Subjekt: Über ihm kann man den Menschen, das hat man weiter bei Luhmanns Feststellungen gesehen, in Differenz zur Gesellschaft beobachten. Das bedeutet vor allem: Die Figur der Individualität erlaubt die Beobachtung des Bewusstseinssystems im Rahmen der gesellschaftlichen Inklusion: Als rekursives und operativ geschlossenes System ist es vorerst von der Gesellschaft ausgeschlossen, die eigentlich einen Vollinklusionsanspruch hat und für diesen Umstand soziale Systeme anbieten muss. Die Gesellschaft besteht zwar nicht aus Menschen, kann aber ohne diese nicht existieren. Beide sind auf Interpenetration und strukturelle Koppelung angewiesen. Individuen versorgen sich durch Individualität, indem sie sich selbst beobachten, womit sie sich selbst und somit zugleich die sozialen Systeme mit zur Operation anregender Unsicherheit versorgen (vgl. RIEGER 2004, S. 192).

In diesem Zusammenhang kann man überlegen, ob Individualität nicht auch als Immunsystem gedacht werden kann, als eine Art Selbstliebe, mit der man Anforderungen mit Abweichung begegnen kann. Insbesondere, das hat man gesehen, sind Organisationen jedoch so angelegt, dass sie Interaktion konditionieren wollen. Selbst die informalen Bereiche finden ihren Zugang in den funktional-strukturierenden Kontext zurück, weil sich Organisationen keine durch und durch rigide Formen leisten kann. Weiter unten, vor allem im nachfolgenden Unterkapitel, wird nochmals aufgegriffen, dass Interaktion durch Themen strukturiert wird. Und je nach Thema kommen die einzelnen Bewusstseinssysteme zum Zuge, können sozusagen in den thematischen Mittelpunkt rücken. Es bleibt daher fraglich, inwieweit Individualität im Zuge der organisationalen Unsicherheitsabsorption tatsächlich vorhanden ist, weil man anhand dieser Überlegung auch sagen könnte: Wer ich bin, bestimmt in der Interaktion das Thema. Das ist eine Herangehensweise und man wird unten sehen, dass man die Frage nach dem Ich soziologisch noch produktiv variieren kann.

Man muss dann nach der Interpenetration fragen, die sich zwischen Bewusstseinssystem und Interaktionssystem abspielt. *Über Individualität kann das Bewusstseinssystem Interaktion irritieren. Dies geschieht im versuchten Themensetting durch das Bewusstseinssystem. Und das kann nur Ausdruck seiner eigenen Selbst- und Fremdreferenz sein. So gesehen ist Individualität notwendige Irritation von Interaktion.*

Interaktion braucht diese Irritation, da Themen, wie unten noch ausführlicher besprochen wird, allzu schnell Redundanz auslösen. Ob aber das gewünschte Thema dann zum Interaktionsthema wird, ist damit jedoch noch längst nicht abgesichert. Die Politologie und die Medienwissenschaften haben dies auch gesehen und schlagen Agenda Setting vor. Man glaubt hier an eine lang angelegte Strategie der Thematisierung. Das Bewusstsein kann in Interaktionssystem derartige Versuche auch unternehmen, ja, es ist sogar gut beraten, dies zu tun. Nur muss es damit rechnen, dass die im Selbstkontakt erarbeitete Strategie – und sei diese noch so ausgefeilt – enttäuschend fehlschlagen kann. Zieht man das Komplexitätsgefälle zwischen Interaktion und Bewusstsein in Betracht, so ist ein diesbezüglicher Fehlschlag sogar wahrscheinlicher als ein Gelingen.

Man muss an dieser Stelle fragen, ob Simmels Konzept der homogenen Kleingruppe nicht auch auf Interaktion in Organisation zutrifft. Bewusstseinssysteme sind unbestreitbar einzigartig und zwar undurchschaubar einzigartig; doch diese Einzigartigkeit ruft nach Eindämmung. Denn die Interaktion will operieren.

Ein permanent abweichendes Bewusstseinssystem, das fortlaufend konträr zur Interaktionsstruktur kommuniziert, läuft Gefahr, exkludiert zu werden. Hierfür entwickeln manche Interaktionsteilnehmer besonders ausgefeilte Strategien, die den Vorstellungen von Agenda Setting relativ nahekommen und an den oben gemachten Begriff des Themensettings angeknüpft werden können. So kann man neue Themen in Kombination mit einer Skepsis an das eigens Eingebrachte zusteuern. Indem man einbringt, dass man nicht weiß, ob ein Einwand oder ein neues Thema für den situativen Kontext relevant sei, kann man mit kommunizieren, dass man die Struktur und das Fortbestehen der Interaktion würdigt. Dennoch ist das Gesagte gesagt. Es ist also vorerst in der Interaktion. Und die Interaktion muss mit dieser Irritation einen Umgang finden. Dabei kann es sein, dass die neuen Offerten systemrelevant sind oder werden und es zu Strukturänderungen kommt. Das kann situativ geschehen oder über längere Prozesse hinweg. Insbesondere, wenn sich die gewünschte Änderung der thematischen Schwerpunktsetzung langwierig gestaltet, muss das entsprechende Interaktionsmitglied mit größter Vorsicht agieren, da eine thematische Änderungsofferte, immer wieder neu eingebracht, schnell redundant wirkt. Redundanz wird in Interaktion sehr schnell in Irrelevanz umgewandelt, die Gründe hierfür werden weiter unten expliziert.

Hier kommt die zweite Strategie zum Tragen: der mitkommunizierte Selbstzweifel. Man kann es entschuldigend an der eigenen Person oder an der eigenen Sachkompetenz festmachen, warum es gerechtfertigt sei, ein bestimmtes Thema erneut aufzugreifen. So kann man etwa behaupten, man habe von einem bestimmten Sachgegenstand weniger Ahnung oder dass man aufgrund des eigenen Kombinationsvermögens länger beim Verstehen brauche, weshalb das Eingebrachte keinen Anspruch auf sofortige Annahme hat, um die Interaktion zu würdigen. Man kann also weiter verknüpfen und die Skepsis am eingebrachten Thema mit dem Selbstzweifel kombinieren, nur, um eine mögliche Änderung des Themas im Spiel zu halten. Diese Strategien sind aber nicht nur vor dem Hintergrund der Implementierungsfantasien der Bewusstseinssysteme wichtig. Ein bewährtes Thema muss sich gegenüber vielen Anforderungen bewähren. Es besitzt sozusagen eine recht hohe Immunität gegenüber Änderungsofferten. Ein Interaktionsteilnehmer muss sich dieser bewährten Struktur immer mit Strategien der Vorsicht nähern. Somit wird die Abweichung, um zum Thema Individualität zurückzukommen, zu einem Roulettespiel, bei dem es einerseits darauf ankommt, dass das Interaktionsmitglied, will es eine Themenänderung, die Kugel überhaupt ins Spiel bringt und zudem die Fähigkeit aufbringt, die besagte Kugel immer wieder erneut einzuwerfen, ohne dabei die Exklusion aus der Interaktion allzu sehr zu riskieren. Man sieht, Individualität ist riskant, weil sie den Interaktionsteilnehmer in eine für ihn noch unberechenbarere Welt des Zufalls schiebt.

Nach Simmel ist Individualisierung anhand ihrer Funktionalität beobachtbar. Die Spezialisierung führt in seinem Verständnis zu einer Art gegenseitiger Abhängigkeit in der sich ausdehnenden Gruppe (vgl. WINDOLF 2009, 275 ff.). Man fühlt sich hier an die Ausführungen über Herbert Spencer in Kapitel 4 erinnert. Auch er sieht einen Übergang von der homogenen zur heterogenen Gesellschaft, wobei die Differenzierung gesellschaftlich ordnend wirkt. Hier mag man durchaus die Ahnung erkennen, dass Formen und soziale Gebilde von einem immerfort währenden Prozess abhängig sind. Vergesellschaftung ist nie Stillstand, womit man unweigerlich an Autopoiesis denken und Parallelen ziehen möchte, wobei die Gesellschaft schon längst das Ruder in die Hand genommen hat.

Weiter unten wird man anhand Simmels Beschreibung der objektiven Individualität sehen, dass Einzigartigkeit viel mit gesellschaftlicher Prädestination zu tun hat und dass qualitative Individualität vielleicht gar nicht so leicht zu finden ist. An dieser Stelle könnte man vorher nochmals an die vorhergehenden, systemtheoretischen Gedanken und Fragen anknüpfen. Man kann für Interaktionssysteme in Organisationen behaupten, dass sie schon bei den Teilnehmern eine Art Spezialisierung im Wartezustand konditionieren. So wird man im nachfolgenden Kapitel sehen, wie die Flexibilität von Interaktionssystemen zu einem Großteil durch die Themen selbst garantiert wird und wie diese Phänomene, wie etwa jene der so genannten flachen Hierarchie hervorrufen kann. Die Themenvariabilität lässt es zu, dass potenziell jeder Interaktionsteilnehmer in den Mittelpunkt der thematisch bedingten Aufmerksamkeit rücken kann[93]. Nicht nur ist dann damit eine hohe Elastizität vorhanden, da die zu kurz Gekommenen zu Recht auf zukünftige Aufmerksamkeit hoffen können. Man könnte ebenso, um die Gedanken von Simmel mit einzubeziehen, gut von einer Konditionierung von Spezialisierung im Wartezustand sprechen. Wenn man bedenkt, dass Organisationen in erster Linie Unsicherheit zu absorbieren haben und Interaktionssysteme sich klar nach diesem Primat zu richten haben, dann kann man davon ausgehen, dass Interaktion ihre Struktur je nach Unsicherheitslage wandelt und es dann zwingend wird, dass auch auf verschiedene Irritationen der Teilnehmer zurückgegriffen werden muss. Heterogenität kommt also, trotz aller Konditionierungsversuche, immer wieder ins Spiel und paradoxerweise kann Organisation genau dies konditionieren. Wichtig hierbei ist, dass Interaktionsteilnehmer bereit sein müssen, sobald der Kelch der Frage nach ihren individuellen Ressourcen in ihre Richtung geht: Wer ich bin, hängt in der Organisation also auch davon ab, was ich was einem Thema beisteuern und ob ich auf thematische Umschwünge reagieren kann.

Und es ist davon auszugehen, dass ein Interaktionssystem, das viel mit Unsicherheit zu tun hat, Interaktionsteilnehmer auf Spezialisierung hin konditioniert. Die Zweck- und Konditionalprogramme sind hierfür nur sichtbare Beispiele. Die permanente Unsicherheit führt dazu, dass sich Bewusstseinssysteme automatisch spezialisieren. Und selbst Mitglieder, die in die innere Emigration gehen, etwa Fortbildungen oder Selbstaufklärung in Bezug auf ihre organisationalen Aufgaben verweigern, dienen anderen Interaktionsteilnehmern wiederum als Reflexion ihrer eigenen Spezialisierung. In den Verweigerern haben die Spezialisierer eine Blaupause, anhand derer sie ablesen können, was sie nicht

---

[93] Diese theoretische Überlegung stammt von Kieserling und wird im nachfolgenden Kapitel expliziert und belegt.

nachmachen oder sein wollen. Der Verweigerer und Saboteur wird so zu einem notwendigen Bestandteil organisationaler Interaktion. Flache und flexible Hierarchien werden vor diesem Hintergrund zur Notwendigkeit.

Man könnte diesbezüglich und berechtigterweise das Phänomen des Trittbrettfahrertums kritisch ins Feld führen. Interessanterweise kann man hier die eben gemachte Argumentation wiederholen. Auch im Trittbrettfahrertum ist eine fast unabdingbare Funktion erkennbar: Die Engagierten und Spezialisierten sind aufgrund ihrer Selbstunterscheidung darauf angewiesen, mit dem Finger auf jene zu zeigen, die ihrem Selbstbild nicht entsprechen. Nebst der zweckrationalen Auffassung, dass der Begriff auf einen alarmierenden Zustand weist wie etwa mangelnde Produktivität, kann man auch sagen, dass die Engagierten selbst Trittbrettfahrer sind: Sie fahren bei den Trittbrettfahrern mit und können sich anhand dieses Spiegels umso kontrastreicher spezialisieren. So könnte man etwa an einen Gitarristen eines Musikensembles denken, der die mangelnden, technischen Fähigkeiten seiner Mitstreiter moniert und dabei gleichzeitig seine eigene reflektiert und diese ausdifferenziert. Interessanterweise ist dann das ganze Ensemble gezwungen, auch die so genannten Trittbrettfahrer, die vorher kaum übten, mit dem neuen Niveau umzugehen, vorausgesetzt, der Gitarrist hat sich durch seine Abweichung von den Abweichlern nicht der Exklusion ausgeliefert. Man sieht: Organisation ist auch, nebst Verweigerung und Sabotage, auf Trittbrettfahrertum angewiesen.

Nach Simmel suchen Individuen Ihresgleichen (vgl. ABELS 2010, S. 160). Es ist, als ob der qualitative Individualismus danach strebt, objektiviert zu werden. Man kann sehr gut nachvollziehen, wie Homogenität/Heterogenität zwei Seiten einer Medaille ausmachen. Übertragen auf die Terminologie von Simmel bedeutet dies, dass Vergesellschaftung und Individualität im reziproken Verhältnis zueinanderstehen. Man kann an dieser Stelle nur Vermutungen darüber anstellen, warum es dieses Bedürfnis nach Ähnlichkeit geben soll. Systemtheoretisch, und es macht diesbezüglich Sinn, so zu argumentieren, könnte man sagen, dass die konstruierte Vorstellung eines Gegenübers mit ähnlichen oder gar gleichen Interessen zu einer höheren Kommunikationsbereitschaft führt, da ja im Vorfeld antizipiert wird, dass das Zustandekommen von Kommunikation wahrscheinlicher wird. Und das mag auch ein weiterer Grund dafür sein, warum Moral immer wieder herangezogen wird. Eine gemeinsam geteilte Moral mag die Hoffnung auf die Untermauerung von Gemeinsamkeit nähren, somit die Hoffnung auf gegenseitige Empathie.

Die Suche nach Gemeinsamkeiten kann man im Grunde genommen maximal zweckrational – alle ziehen mit ihrem Können an einem Strang – oder motivational – alle antizipieren wahrscheinlichere Kommunikation – begründen. Und natürlich, wenn man diesen Gedanken weiterspinnen mag, könnte Moral nicht nur als Untermaurerin oder Motivierende eine Rolle spielen, sondern auch den eigentlichen Wunsch nach Gemeinsamkeit ausdrücken: Denn in der Suche nach Gemeinsamkeit steckt die Suche nach Achtung.

Insofern mag Simmel durchaus Recht haben, wenn er den Individuen das Bedürfnis nach Interaktion mit Ähnlich- oder Gleichgesinnten zuschreibt. Abgesehen von der oben besprochenen Spezialisierung im Wartezustand und in den unkonditionierten, informalen Momenten der Unsicherheitsabsorbtion bleibt dem Bewusstsein im Grunde genommen wenig Raum für eine Selbstbeobachtung, die bedeutende Abweichung nach sich zöge. Wie schon mehrmals erwähnt, unternimmt Organisation alles, um einer Achtungskommunikation aus dem Weg zu gehen. Ist das womöglich einer der Gründe, die für die Entstehung von sozialen Netzwerken verantwortlich sind, die etwa über das Internet ermöglicht werden?

Dann müsste man sagen, dass Individualisierung immer auch nach Homogenisierung strebt. Denn selbst die Abweichung sucht nach Anschluss, damit sie Abweichung bleiben kann. Und was dann im Unternehmen eine Abweichung ist, ist womöglich im sozialen Netzwerk eine Gemeinsamkeit. Man könnte diesen Gedanken sogar überspitzen und die Behauptung aufstellen, dass Individualität im Sinne einer qualitativen Besonderung so nicht vorkommen kann. Sie kommt, wie schon erwähnt, als notwendige Irritation vor und trägt ihren Teil zur Ausdifferenzierung des Interaktionssystems bei. Im Falle von sozialen Systemen und sozialen Netzwerken heißt das: Individualität ist die Fähigkeit eines Bewusstseinssystems, sich für mögliche Inklusions- und Exklusionsvorgänge bereitzuhalten. Und die neuen sozialen Netzwerke, die über das Internet ermöglicht werden, machen die Inklusions- und Exklusionsthematik zu einem Dauerbrenner der alltäglichen Komplexitätsbewältigung.

An dieser Stelle einer sehr modernen Thematik kann man Simmel wieder heranziehen. Ihn kann man, und das mag an dieser Stelle ungewöhnlich klingen, als einen Urvater der Netzwerktheorie bezeichnen. Sein Konzept der objektiven Individualität (vgl. ebd., S. 162), die sich vor dem Hintergrund gesellschaftlicher Differenzierung abspielt, von ihr angeschoben wird, diese auch anschiebt, beschreibt im Grunde genommen, wenn man dieses Verständnis von Individualisierung und Interaktion übertragen möchte, Vergesellschaftung in Netzwerken. Jede Gruppe, so Simmel, bestimme die Individuen unzweideutiger (vgl. ebd.). Diesen Gedanken folgend kann man sagen, dass Individualität nicht nur die Bereithaltung des Bewusstseinssystems ist, in Bezug auf In- und Exklusion, umgekehrt lässt es sich dadurch bestimmen, womit eine weitere Variation eines Wer ich bin- Satzes möglich wird: Wer ich bin, sagt mir mein Netzwerk. Netzwerke machen Abweichungen möglich und geben gleichzeitig Orientierung.

Systemtheoretisch müsste man an dieser Stelle etwas schärfer formulieren. Das Bewusstseinssystem steht im Grunde genommen außerhalb des sozialen

Netzwerkes und ist mit diesem strukturell gekoppelt. Operativ-konstruktivistisch macht es sich eine Vorstellung von seiner Gekoppeltheit und irritiert sich damit fortwährend selbst in der Selbstbeobachtung. Auch zwischen sozialen Netzwerken und Bewusstseinssystemen herrscht die doppelte Kontingenz. Und man kann hier sehen, dass dann das, was man unter Individualität versteht, etwas sehr Fragiles ist und nach permanenter Austestung ruft. Hier tut sich Ironie auf. Ist man vor den Entscheidungsprämissen der Organisation geflohen, um anderswo mehr Abstimmung im Achtungsgeschehen zu ergattern, kommt man wieder an den Punkt an, an dem eben genau diese Abstimmung nicht garantiert werden kann. Man kann bloggen, etwas an die Pinnwände schreiben oder Videos von Lieblingsmusikkünstlern posten, das Netzwerk entscheidet selbst, wie relevant solche Kommunikationsofferten sind. Die sozialen Netzwerke, die anhand des Internets entstehen, funktionieren also etwas anders als Organisationsnetzwerke. Weiter unten wird ausführlicher belegt und erklärt, warum Netzwerke in Organisationen Vertrauensstrukturen sind, die vor allem im Rahmen der Unsicherheitsabsorbtion so angelegt sind, dass sie auf permanente An- und Überforderungen reagieren. Die neuen sozialen Netzwerke erhöhen hingegen Kontingenz, sodass sich so manches Bewusstseinssystem dadurch gar überfordert fühlen kann. Daran ändert auch die Tatsache nichts, dass man im sozialen Netzwerk vielleicht die preisgünstigste Kamera findet, die man so nicht hätte finden können. Die neuen Netzwerke absorbieren also nicht primär Unsicherheit. Was tun sie aber dann? Wenn man an die oben gemachten Gedanken anschließt, muss man sagen, dass sie den Vollinklusionsanspruch der Gesellschaft kompensieren. Man hat aber auch gesehen, dass die Vorstellung der Gekoppeltheit, die wie ein Koordinatensystem in der Selbstbeschreibung des Bewusstseinssystems fungiert, das Bewusstseinssystem in Bezug auf In- und Inklusionssituationen fit macht. Jedenfalls kann man die Vorstellung der Gekoppeltheit auch durch Simmels Überschneidung der sozialen Kreise (vgl. ebd.) auffassen. Die objektive Individualität wird mit jeder neu hinzugekommenen Gruppe einzigartiger (vgl. ebd.). Nach Simmel ist es unwahrscheinlich, dass zwei Personen in exakt gleicher Gruppenzugehörigkeitskonstellation auftauchen (vgl. ebd.).

Würde man Individualität an dieser Stelle als etwas bezeichnen wollen, das mit freier Wahl des Individuums zu tun hat, bekäme man Probleme in der Beschreibung. Denn: Überall, wo das Individuum hinkommt, ist Gesellschaft schon da. Im Grunde genommen müsste man an dieser Stelle weiter gehen und – so wie bei Durkheim in Bezug auf Differenzierung – sagen, dass Individuen sich überhaupt nur durch Gesellschaft ihre Vorstellungen von Gekoppeltheit, oder im Sinne Simmels, Einzigartigkeit mithilfe von Kreiszugehörigkeitskonstellationen konstruieren können. Man nehme dann hinzu die Zufallsphänomene, die sich zwischen Bewusstseinssystemen, Interaktionssystemen und sozialem Netzwerk abspielen. Das fängt schon alleine damit an, dass der Vollinklusionsanspruch zur Entstehung multipler Netzwerke mit ebenso multiplen Schwerpunkten anregt. Dass man zudem nicht weiß, wie Kommunikationsofferten angenommen werden und man sich dementsprechend damit auseinandersetzen muss, in welchem Netzwerk man wiederum in einem Netzwerk integriert sein möchte. Und eine diesbezügliche Auseinandersetzung würde dann bedeuten, dass man sich für die shifts and turns einer zufällig verlaufenden Biografie bereithält, die jetzt, durch das Zutun von Kommunikation und Vernetztheit, ein Mehr an Diversität erfährt.

Bleibt noch einmal ein kurzer Blick auf das Phänomen der Homogenisierung, jener Gegenbegriff zur Individualität, der, wie gesehen, als Unterscheidungsmerkmal letztendlich kein wirklicher Gegenbegriff sein kann. Nach Simmel initiieren kleine soziale Kreise die Homogenisierung nach innen, große wiederum eine nach außen (vgl. ebd., S. 163). Damit schließt sich der argumentative Kreis zur weiter oben gemachten Überlegung, dass Interaktionssysteme in Bezug auf abweichende Bewusstseinssysteme drastisch reagieren können, was zur Ausdifferenzierung von Abweichungsstrategien führt, die wiederum fruchtbar dazu beitragen, die reine Tautologie der Bewusstseinssysteme operativ zu durchbrechen. Es ist anzunehmen, dass Simmel mit Homogenisierung nach außen durch große soziale Kreise weniger Gleichschaltung, sondern vielmehr die Allgegenwärtigkeit des Vergesellschaftungsprinzips zum Ausdruck bringen möchte. Individuen haben mehr Spielraum in komplexen Überschneidungen, haben als Teile des Ganzen jedoch weniger Eigenart (vgl. ABELS 2010, S. 163). Auch hier schließt sich ein argumentativer Kreis, der oben angefangen wurde: Auf die systemtheoretische Beobachtungsweise übertragen heißt das, dass Spielraum das Bereithalten und Ausdifferenzieren von Koppelungspotenz seitens der Bewusstseinssysteme in Bezug auf Vernetzung bedeutet.

In Bezug auf die Kommunikationsmöglichkeiten, die mittels Computer als Medium bereitgestellt werden, muss man Kulturpessimisten widersprechen, wenn sie vereinsamte User vor Bildschirmen vorfinden, die an sozialer Verkümmerung leiden. Wie gesehen, stellt der Kontingenzzuwachs durch soziale Netzwerke Bewusstseinssysteme vor neuen Herausforderungen. Andererseits – und das wäre nicht die optimistische, sondern die systemtheoretische Sicht der Dinge – finden Bewusstseinssysteme anhand der sozialen Netzwerke ein weites Übungsfeld, auf dem sie sich auf In- und Exklusionsvorgänge vorbereiten können. Insofern muss man Simmels Argumentation ein wenig umformulieren, wenn er in der Homogenisierung nicht nur Vergesellschaftung per se, sondern auch die Versachlichung der Handlungen, also die gemeinsame Zweckverfolgung sieht (vgl. ebd.).

Wie mehrfach angedeutet, verschleiert die Unterscheidung homogen/heterogen eine Paradoxie, die ganz unterschiedlich von der Gesellschaft

entfaltet wird. Netzwerke tun das auch. Sie versprechen das Ausleben der Individualität und bieten dazu die Wahrscheinlichkeit des Treffens auf Gleichgesinnte
an. Auch Rationalität wird gerne weiter angeboten, auch in einer
polykontexturalen Computergesellschaft. Dass Bewusstsein kann sich Rationalität konstruieren, indem es sich in seiner Gekoppeltheit erfährt und sich selbst
beschreibt. Diese Form von neuer Identitätsrationalität (Wer ich bin, sagt mir
meine Vernetzung.) kann man auch als eine der vielen Kontingenzbewältigungs-
strategien des Bewusstseinssystems vorstellen.

An diesem Punkt denkt man gerne an die Strategie der Selbstachtung in Bezug auf Kommunikation im Achtungsgeschehen, also in der Moralkommunikation. Das Bewusstseinssystem mag in den sozialen Netzwerken nach Achtung
suchen. Oben wurde beschrieben, wie zufällig es ist, ob man dort Achtung findet
oder nicht. Es ist die hohe In- und Exklusionsflexibilität, in sozialen Netzwerken
trainiert, die wiederum das Ausweichen von Moralkommunikation möglich
macht. Man kann sich in einem Netzwerk mobben lassen, diesbezügliche Beispiele gibt es, oder aber das Netzwerk wechseln.

Im Rahmen der doppelten Kontingenz zwischen Systemen bezieht sich
Luhmann gerne auf George Herbert Mead, das hat man oben gesehen. Und es
drängt sich einem auf: Wenn man sich mit dem Sozialbehavioristen Mead in
Bezug auf Interaktion auseinandersetzt, dann findet man hier sehr viele Impulse,
die in einer modernen, operativ-konstruktivistischen Systemtheorie wieder auftauchen. So konstatiert etwa Roberts in Bezug auf Mead:

> „Human behavior is organized around the construction of a problem to be solved. It
> is a social construction in the sense that it takes account of the definitions or symbol-
> ic gestures provided by others. The individual by operating through the mind is able
> to see himself through the view of the generalized other – the individual is therefore
> able to act socially because of a common system of definitions (symbols and mean-
> ings)" (ROBERTS 1998, S. 164).

Überall, wo das Individuum hinkommt, scheint, um an Simmel anzuschließen,
Gesellschaft schon da zu sein. Man wird jedoch gleich sehen, dass Mead diese
Tatsache nicht per se mit sozialer Determiniertheit des Individuums gleichsetzt.
Es ist klar, worauf sich die Systemtheorie nach Mead stürzen muss: Wie entstehen die Probleme, die es seitens des Bewusstseinssystems zu lösen gilt und wie
wird der generalisierte Andere konstruiert? Die Antworten findet man, wie aus-
geführt, darin, dass es soziale Systeme gibt, die operativ geschlossen und um-
weltoffen sind, die zudem Kommunikation wahrscheinlicher machen. Der generalisierte Andere ist der Dreh- und Angelpunkt, wenn es um Kommunikation und
Achtung geht.

Eine genauere Prüfung des vorangegangenen Zitats läßt einen Punkt sofort erkennen, an dem sich die Systemtheorie deutlich von Mead abhebt. Die symbolischen Gesten mögen zwar vom Bewusstseinssystem gegenüber zur Verfügung gestellt werden, doch kommt es darauf an, wie das wahrnehmende Bewusstseinssystem diese Offerten in jene Beobachtungen integriert, die es laut Systemtheorie nur aufgrund des Selbstkontaktes konstruieren kann. Vor dem Hintergrund dieser Prämisse kann man auch zu dem Schluss kommen, dass jener Selbstkontakt bewirken mag, dass eine Antwort auf eine Kommunikationsofferte unter diesen Umständen mit dieser nichts zu tun haben könnte. Und Moralkommunikation, eine Kommunikation anhand der Unterscheidung Achtung/Nichtachtung, mag diese Unwahrscheinlichkeit des Verstehens erhöhen. Warum es manchmal dennoch verlockend ist, auf die Moralkommunikation einzugehen, wird oben besprochen: Höchstrelevanz und Reflexionsstopp mögen wie zwei Scheinwerfer wirken, die den Wunsch nach Stabilität und Achtung hell aufleuchten lassen. Später, anhand der Operationsanalyse von Moral und Interaktion, wird auffallen, dass es gerade hier gefährlich wird. Wir werden noch zeigen, dass Dissens einerseits die Kommunikation am Laufen hält, dass aber Dissens unter dem Primat der Unterscheidung Achtung/Nichtachtung in Bezug auf Wahrscheinlichkeit von Kommunikation sehr problematisch sein kann. Doch zurück zu Mead. Er interessiert sich dafür, was das Bewusstsein mit den Umweltreizen macht, wie es mit diesen umgeht, denen es permanent ausgesetzt ist, was sehr an Systemtheorie denken lässt:

„On reason why 'copying reality' and mere accuracy cannot be the end-all of knowledge is that the stimuli in one's environment are so multitudinous that any attempt to attend to all of them would be impossible. Clear and meaningful perception depends on blocking out or minimizing those sensations that are irrelevant to our subjective purpose" (FRANKS 1998, S. 198).

Sein Subjekt ist aktiv handelnd und vernunftbegabt, das einen Geist besitzt, der wiederum signifikante Symbole schafft und verwendet – eine Fähigkeit, die in sozialen Prozessen entsteht und in diesen permanent reproduziert wird:

„If we begin with a rudimentary form of social process, Mead maintains, then we can explain human minds and selves as structures of conduct that evolve out of that process" (COOK 1993, S. 168).

Es ist sehr interessant zu beobachten, wie Mead vor diesem Hintergrund, den er selbst aufstellt, dennoch ein selbst determiniertes Individuum konzipiert. Man möchte gern an Simmels Vergesellschaftungskonzept denken und den sozialen Prozess als Vergesellschafter von Individuen auffassen. Bei Simmel kommt das

Subjekt in der Wechselwirkung zum Zuge. Bei Mead müsste man Interaktion vielleicht als Kraftzelle der Sozialisation begreifen. Dazu gleich mehr. Was hier zum Ausdruck kommt, ist vorerst Meads Abgrenzungsversuch zum klassischen Behaviorismus, etwa nach Watson:

> „Mead thus endorses behaviorism insofar as it emphasizes the need to study overt behavior, but he rejects Watson's claim that psychology should not make no reference to consciousness, mental states, or any "inner" experience that is not publicly observable" (ebd., S. 67).

Bewusstsein und innere Erfahrung sind also an objektiv sichtbares Verhalten gebunden und umgekehrt. Das, was der klassische Behaviorismus ausschließlich beobachtet, ist für Mead eine Tür zu den nichtsichtbaren Phänomenen eines Subjekts und dessen Verhalten. Die zweite Tür macht die Relation aus, in welcher er das Subjekt zu den sozialen Prozessen setzt, womit er auch die Soziologie psychologisiert:

> „[...] Mead had opened sociology's door to the investigation of internal states and internal worlds, and made the relationship between sociological and psychoanalytic investigation a live issue" (MANNING 2005, S. 66).

Man könnte meinen, dass Mead eine rekursive Argumentation aufstellt: In der Sozialisation werden Symbole erworben, die dann, im Rahmen der Interaktion, entweder bestätigt oder verändert werden. Die Sozialisation stellt Symbole zur Interaktionsverfügung auf, während die Interaktion Symbole zur Sozialisationsverfügung schafft. Diese Rekursivität unterbricht Mead mit einer Unterscheidung. Er spielt, wie sollte es sonst sein, dem Individuum den Ball zu. Indem sich der Mensch über symbolische Bedeutungen die Welt erschließt, kann er nach Mead über diese verfügen, wobei Bewältigung über Handlung läuft:

> „The fundamental structure of the world, he maintains, is grounded in the manipulatory phase of human conduct" (COOK 1993, S. 172).

Mead geht davon aus, dass ähnlich wie Sinnesreize auch Gesten, hinter denen sich eine Haltung verbirgt, als Reize auf ein Individuum einwirken, was bedeutet, dass das Individuum auf eine Geste zwangsläufig reagieren muss (vgl. TURNER 1998, S. 168).

Für Mead können Gesten Handlung und/oder Verhalten sein, die einen bestimmten Sinn zum Ausdruck bringen (vgl. HABERMAS 1991, S. 143). Es ist also vielmehr ein bestimmter Sinn, der es vermag, passende Reaktionen hervorzurufen, man könnte gar von gewünschten Reflexen sprechen. An dieser Vorstellung ist was dran und Erwing Goffman wird später auf seine Art und Weise daran anknüpfen.

Mead besetzt diese Reflexhaftigkeit vorerst positiv. Im Gegensatz zum Tier, so Mead, besitzt das Individuum die Fähigkeit, die Reaktion auf eine sinnhafte Geste im Prozess des Denkens zu verzögern, womit ein optionsreiches Abstrahieren und eine ebenso ausdifferenzierte Kontextuierung möglich werden (vgl. FRANKS 1998, S. 197). So kann man auf eine Provokation etwa mit deeskalierenden Gesten reagieren. Gesten, so Mead, sichern Kommunikation, weil sie passende Reaktionen hervorrufen (vgl. BALDWIN 1998, S. 114).

Hier muss man an zwei Stellen kurz einhaken, um einen vorausschauenden Blick auf das nachfolgende Kapitel zu wagen. Man kann sich nur allzu leicht vorstellen, dass die Verzögerungsfähigkeit Kommunikation für das Individuum vorerst deutlich riskanter machen müsste. Wenn mehr Optionen zur Verfügung stehen, dann wird Kommunikation unwahrscheinlicher – und zwar in der Verschränkung von Ego-/Alter-Synthesen (vgl. Kapitel 4.1): Beide beobachten den anderen im Selbstkontakt und beide müssen über diese Konstruktion zueinanderfinden. Dass dann mittels bestimmter Gesten wiederum gezielt Reflexhandlungen provoziert werden, muss unter diesen Umständen als Lotteriespiel aufgefasst werden. Bei einem geglückten Versuch wird das Bewusstsein jene Geste in zukünftige Operationen einschleifen, die sich jedoch immer wieder mit Blick auf ihre Wirksamkeit beweisen muss. Zudem steht das Bewusstsein permanent vor der Frage, ob die geglückte Geste nicht optimiert werden kann. Bei einem Fehlschlag muss das Gedächtnis zu alternativen Operationen anregen, die im Moment oder in der Zukunft umgesetzt werden. Wie angedeutet: Es ist die Unsicherheit dieses Lotteriespiels, welche die Kommunikation sichert, nicht allein eine erwartete Reaktion auf einen Reiz oder, wie der Systemtheoretiker sagen würde, Irritation. Diese innere Welt der Kontingenzerzeugung fordert die Existenz sozialer Systeme geradezu ein. Dennoch sollte man über den temporalen Aspekt der Reaktion im Rahmen der Moralkommunikation einige zusätzliche Überlegungen anstellen. Das nachfolgende Kapitel belegt ausführlich, wie Moralkommunikation Variabilität durch Motivvielfalt vortäuscht. Was eigentlich geschieht, und das wird nachfolgend ebenfalls hinreichend besprochen, ist eine Festlegung der Bedingungen der Selbstachtung. Moralische Irritationen vermögen jene innere Welt der Kontingenzerzeugung drastisch zu vereinfachen. Das Problem ist also, dass man bei einer Moralirritation nur allzu gut erahnen kann, worum es eigentlich gehen soll. Eine Verzögerung der Reaktion auf den Reiz scheint vor diesem Hintergrund der Entkomplizierung überflüssig, denn alle moralischen Motive, und erscheinen diese noch so vielfältig, basieren auf Achtung/Nichtachtung. Und dann ist man schneller als gedacht ins Achtungsgeschehen verstrickt, wo Moralkommunikation an Moralkommunikation anschließt.

Wohin das führt, werden wir noch sehen. Jedenfalls kann man dann rückschlie-
ßen, warum im Achtungsgeschehen jene kühlen Köpfe gerühmt werden. Der
kühle Kopf verzögert lediglich die eigene Reaktion, um weiterhin die Options-
spanne entfalten zu können.

Zurück zu Mead, der auf das oben angesprochene Risiko auch eine Lösung
vorschlagen kann. Fällt Handlung in einen sinnhaften Zusammenhang, so spricht
er von Symbolen, in denen Teile der Erfahrungen der Individuen wiederum auf
andere Erfahrungsanteile verweisen (vgl. HINKLE 1998, S. 22). Damit wird also
ein Verweis ermöglicht, der über die konkrete Situation hinausweist (vgl.
TOMBERG 2001, S. 124).

Auch Mead sieht das Risiko der Kommunikation, das durch die Zeitverzö-
gerung entsteht, die Interpretationsmöglichkeiten nach sich zieht, die wiederum
nicht aufeinander abstimmbar sind. Also muss ein System her, das ausgebildete,
signifikante Symbole, die also eine ganz bestimmte Bedeutung haben, aufheben
und bereitstellen kann. Dieses System ist die Sprache (vgl. SCHLUCHTER
2009, S. 120). Dass sich Sprache durchaus Kontingenz erhöhend auswirken kann
und durchaus in der Lage ist, signifikante Symbole infrage zu stellen, wird Luhmann später behandeln. Bei Mead ist jedoch die Sprache die Voraussetzung für
gemeinsames Verstehen, womit sie als System selbst ein signifikantes Symbol
darstellt (vgl. SCHMIED 2007, S. 146). Für ihn ist sie die höchstentwickelte
Form der Kommunikation, die das biologische Individuum zu einem denkenden
Organismus macht (vgl. EDLES/APPLEROUTH 2010, S. 393 ff). Jedoch kann
man im Grunde genommen die Vorstellung, dass Sprache zu mehr Verwirrung
führen kann, auch aus Meads Konzeption ableiten. Ihm zufolge bildet Sprache
den kollektiven Speicher von Erfahrungen in der Gesellschaft, ist Trägerin inter-
subjektiven Wissens und versorgt die Individuen mit passenden Situationsdefini-
tionen (vgl. ESSER 2004, S. 144). Zudem verfügt sie über eine temporale Eigenschaft, indem sie das Überspringen vom Raum und Zeit ermöglicht, wobei sie
gleichzeitig das Abwesende vergegenwärtigt (vgl. TRUSCHKAT 2007, S. 26).
Jeder der erwähnten Punkte ist für sich ein Komplexitätsgenerator und ermöglicht unzählbare Interpretationsmöglichkeiten. Von diesem Einwand jedoch abgesehen, ist es sicherlich vorerst ertragreich, Sprache als System zu verstehen,
das den Bewusstseinssystemen einer Gesellschaft dienlich ist.

Nun kommt das Denken ins Spiel. Nach Mead verfügen Individuen mittels
Sprachsymbole über ihre eignen Erfahrungen und Eindrücke (vgl. ABELS 2007,
S. 120 ff). Der Vorteil: Bestimmte Realerfahrungen braucht man nicht mehr zu
machen, da jene Sprachsymbole im Denk- und Vorstellungsprozess bestimmte
Erfahrungen überflüssig machen können (vgl. ebd.). Ein äußerst moderner, ja
eigentlich fast konstruktiver Gedanke, da man an Umweltkonstruktionen von
Bewusstseinssystemen erinnert wird, die in der Systemtheorie beschrieben wer-

den. So gesehen erspart man sich nach Mead mittels Einklinken ins Sprachsystem nicht den Aufwand, bestimmte Erfahrungen zu machen, man virtualisiert diese nur. Die Sprache hat eine lange Reise hinter sich, von Lauten und Worten, die in einem bestimmten Zusammenhang gefallen sind und um dann wiederum Verständnis zu ermöglichen. Sprache ermöglicht eine innere Welt, die in Meads Vorstellung Voraussetzung für Gesellschaft sein muss, die das Bewusstsein zur Rollenübernahme befähigt (vgl. ebd.).

Es ist ganz klar, dass Mead, jener amerikanische Pragmatiker, Grundbausteine für eine Systemtheorie liefert. Das hat man bisher an einigen Beispielen gesehen. An Meads Konzeption von Sprache und Denken hat man sicherlich einen Vorläufer des Konzepts der Koevolution, der gegenseitigen, evolutionären Ausdifferenzierung, bei gleichzeitiger Abhängigkeit von Kommunikation und Bewusstseinssystem. Der entscheidende Unterschied mag in diesem Zusammenhang wohl der sein, dass die Systemtheorie später vor allem feststellt, dass es die jeweilige Welt der Unsicherheit ist, also von Kommunikation und Bewusstseinssystemen, die dem jeweils anderen zur Verfügung gestellt, zur Ausdifferenzierung zwingt – und: dass Sprache kein System ist, sondern ein Medium, das von psychischen und sozialen Systemen benutzt wird (vgl. SCHWEIZER 1979, S. 178). Aber Meads System der Sprache kommt jener des Mediums, das in der Systemtheorie beschrieben wird, sehr nahe. Das Prinzip der Rollenübernahme ist jedenfalls ein fester Bestandteil des späteren Modells der doppelten Kontingenz. Ego konstruiert sich, wie in den vorangegangenen Kapiteln mehrmals beschrieben und belegt wird, mittels innerer Operation ein Bild von Alter und basiert darauf seine Kommunikationsofferte an dessen Gegenüber. Nach Mead vereinfachen Symbole, das ist ihre Funktion. Sie können sich anstelle von Interpretationen oder Handlungsabsichten stellen, um somit Verhalten antizipierbar zu machen. Wenn es diese Symbole gibt, die eine derartige Gleichschaltung ermöglichen, womit auch das Risiko des Nichtverstehens abgemildert wäre, dann muss es nach Mead möglich sein, die Rolle des anderen auch zu übernehmen, um somit das eigene Verhalten zu steuern (vgl. LÜHRMANN 2006, S. 112). Das Verhalten wird somit antizipierbar gemacht. Das Handeln findet Entlastung und Strategien in Bezug auf das gewollte Handeln werden möglich, wobei beide von diesen Möglichkeiten wissen (vgl. ebd.).

Es ist klar, dass, nach Mead, mit der Fähigkeit zur Rollenübernahme, womit die Verständigung über Rollen und Perspektiven beginnt, das Fundament der Interaktion benannt ist (vgl. ABELS 2007, S. 154). Die Rollenübernahme ist jedoch auch, nach innen verlagert, das Fundament, das Geist und Intelligenz ausmacht: Die zu signifikanten Symbolen evoluierten Gesten spielt man nach Mead im Inneren durch als ein nach innen verlegtes Gespräch (vgl. ebd., S. 120).

So führt die Antizipation des Verhaltens der Anderen im Umkehrschluss zu Schlüssen über die eigene Person, also zur Identität (vgl. ebd., S. 154).

Im Anschluss an obige Gedanken müsste man mit Simmel nicht nur sagen: Wer ich bin, sagt mir mein Netzwerk, sondern auch: Wer ich bin, sagt mir der andere. Es versteht sich von selbst, dass die Systemtheorie in diesem Zusammenhang sagt: Wer ich bin, konstruiere ich anhand meiner Vorstellung in Bezug auf den konstruierten Anderen.

Zurück zu Meads Erkenntnis, wonach die Unterscheidung zwischen Mensch und Tier in der Fähigkeit des Individuums liegt, diese Reaktionen verzögern zu können. In diesem temporalen Moment ist das Denken eingebaut, das eben die Rollenübernahme ermöglicht und the mind zum Ausdruck bringt, welcher nach Mead die ideelle Rahmengebung von Situationen, in welcher eben Symbole verwendet und Rückschlüsse in Bezug auf andere ermöglicht werden, ermöglicht (vgl. ebd., S. 119). Somit internalisiert der Einzelne gesellschaftliche Prozesse und erlangt damit eine gewisse Kontrollfähigkeit (damit stimmt die Systemtheorie nicht überein).

Aber auch Mead erkennt, dass dem Steuerungsoptimismus Grenzen gesetzt sind. Im Konzept der Rollenübernahme ist, was vor dem Hintergrund strategischer Gedanken nachvollziehbar wird, die Steuerung in Bezug auf das eigne Verhalten vordergründig. Man glaubt zu sehen, dass man Standpunkte und Haltungen bei anderen auslöst und verlagert die Möglichkeit der Auslösung nach innen (vgl. MIKL-HORKE 2001, S. 197). Damit könnte man auch das Konzept von der Rollenübernahme zum Rollenlernen mittels gewollter und ungewollter Nachahmung ausdehnen. Dieser Punkt kommt vor dem Hintergrund Identität und Gesellschaft noch zum Tragen. Doch nochmals zum Konzept der Selbstüberprüfung und Selbstkontrolle: Man kann Verhaltensauslöser virtuell durchspielen oder praktisch erproben. Die Rollenübernahme macht das Subjekt zum Objekt seiner eigenen Wahrnehmung, indem es sich sozusagen selbst beim Handeln zuschauen kann (vgl. SCHLUCHTER 2009, S. 142). Dass hier eine Paradoxie herrscht, offenbart sich von selbst. Ihre Entfaltung oder Verschleierung wird eben durch die Annahme der Selbstregulation durch das handelnde Subjekt, das sich selbst zu objektivieren weiß, ermöglicht.

Und nun zur Nachahmung. Die Fähigkeit zur Verzögerung der Reaktion auf Reize bildet die Basis für die Rollenübernahme, die wiederum bei Mead zum Fundament für Sozialisation wird. Im play ahmt das Kind den signifikanten Anderen, wie etwa ein Elternteil, nach, indem es etwa von dessen Standpunkt aus handelt (vgl. ebd., S. 145).

Oben wird die Feststellung gemacht, dass Erfahrungen mittels Sprache virtualisiert werden können, was letztendlich, unter konstruktivistischen Gesichtspunkten einer Verschiebung, nicht jedoch einer Aussparung gleichkommt.

Die Erfahrungen werden, beobachtet man systemtheoretisch, gemacht, in welcher Realität auch immer. Dabei kommen Selbstbeherrschungsfantasien zwangsläufig ins Spiel, womit Meads Schwerpunktwertung der Kontrolle des Individuums vielleicht einen Erklärungsansatz finden könnte. Denn es ist klar, dass die gedanklich durchgespielten Standpunkte der anderen und der eigenen in Wechselwirkung, in der Bewusstseinsoperation einem weniger komplex, also überschaubarer vorkommen. Die Umwelt ist immer komplexer, auch die black boxes, welche die anderen für einen darstellen. Die Erfahrungen, ob in der gedanklichen Operation, ob als Folge des Versuchs einer Kommunikationsofferte gemacht, sind dann zwar unterschiedlich, nehmen sich aber nichts in ihrer Bedeutsamkeit. Mead macht jedoch den Unterschied zwischen realer und vorgestellter Welt auf und gewichtet sie in ihrer Bedeutsamkeit unterschiedlich. Indem das Kind den signifikant Anderen nachahmt, ist es jener signifikant Andere (vgl. ebd.). Im game werden die signifikant Anderen real, die Übernahme von Rollen, die Selbststeuerung also, hat jetzt reale Folgen; die signifikant Anderen sind jetzt generalisierte Andere (vgl. ebd.).

Systemtheoretisch müsste man the game als Irritationssteigerung durch andere Bewusstseinssysteme sehen. Wer sagt, dass play keine realen Folgen hat und dass das play nicht schon game ist, da dieses schon auf vorangegangene Kommunikationsofferten, etwa seitens der Eltern, basiert? Nach Mead kommt durch die Generalisierung des Anderen nicht nur Identität, sondern Identifikation ins Spiel, die wiederum durch Rollen- und Zusammenhangsvorstellungen zusammen Gesellschaft ermöglichen.

Besonders psychologisch werden Meads Konzeptionen und Überlegungen an der Stelle, an welcher er zwischen I und me unterscheidet. Hier sieht Mead eine Verschränkung zwischen dem an körperlichen Bedürfnissen und dem an der Übernahme von Identifikation durch andere orientierten Subjekts (vgl. ebd.). Interessant hier, wie Mead Vorlagen für eine entsprechende Beobachtung anhand der Systemtheorie liefert, indem er zwei Seiten einer Medaille beschreibt. Die Unterscheidung wird vor allem dann soziologisch, wenn man nicht nur an Impulskontrolle denkt, sondern vor allem das I als Selbstschutzmechanismus begreift, der das Bewusstsein in Sachen sozialer Kontrolle und die für ihn kontroversen Haltungen anderer aufstellt. Die Figur des crossings mag an dieser Stelle hilfreich sein. Nimmt man das I als Anschlusswert, so würde das nicht markierte me beim Bewusstsein permanent die Frage aufwerfen, was denn nun die Anderen denken würden. Und das passiert ja im Rahmen der doppelten Kontingenz unentwegt. So bringt der Selbstschutzmechanismus das Bewusstseinssystem immer wieder in die paradoxe Lage, sich mit dem Gegenüber auseinandersetzen zu müssen: Das I zwingt zum me. Umgekehrt erzwingt das me, wenn als Anschlusswert genommen, zur permanenten Reflexion des I. Die Auseinandersetzung mit dem generalisierten Anderen verlangt nach Positionierung. So ist also Identität nicht nur ein Produkt der Rollenübernahme, sondern auch eines der Abgrenzung. Somit ist das reflexive Bewusstsein (vgl. ABELS 2010, S. 272) nicht nur die Übernahme der Vielfalt der Perspektiven anderer, die vor dem Hintergrund der Rollenübernahme entsteht, sondern auch ein Reflexionsergebnis mit dem Vorlauf, dass das me immer im Angesicht des I bestehen muss. Insofern kann man das I ganz und gar nicht mehr im Bereich des Triebhaften und Vorsozialen verorten.

Mead und Luhmann ist gemeinsam, dass sie Interaktion als eine äußerst wichtige Komponente von Gesellschaft sehen. Parallelität und Unterscheidung könnte man wie folgt ganz knapp präzisieren: Die Rollenübernahme nach Mead macht Gesellschaft möglich und die doppelte Kontingenz nach Luhmann, die jetzt psychische und soziale Systeme umfasst, macht Gesellschaft notwendig.

Mead liefert Goffman wiederum die Vorlage, um sein Konzept unter Miteinbeziehung Webers Definition des sozialen Handelns, des dramaturgischen Handelns zu entwickeln (vgl. ABELS 2006, S. 320). Anhand dieser beiden Verortungen gelingt es Goffman, eine Welt und eine Welt hinter der Welt zu beobachten. Weber eignet sich gut, um das Bühnensetting aufzustellen. Was auf der Vorderbühne passiert, ist als eine Art Orientierung des Handelns am gemeinten Sinn aufzufassen. Und das Modell Rollenübernahme bereitet die Hinterbühne insofern vor, als dass die Verzögerung von Umweltreizen, nicht nur zur mannigfachen Interpretation, sondern vor allem, und das interessiert Goffman sehr, zu Strategiekonzeptionen seitens des Bewusstseins in Bezug auf dessen soziales Handeln führt. Und naturgemäß liefert Mead mit dem Konzept des I und me auch jede Menge Stoff für einen kritischen Soziologen, der Überlegungen dahingehend unternimmt, welche Selbstschutzmechanismen – hier: Schutz der eigenen Identität im Angesicht der Vergesellschaftung – ein Subjekt auffahren kann und/oder muss.

Die Bühne entsteht nach Goffman durch die Interaktionsteilnehmer selbst und wo der Schauspieler deren Subjektivität gezielt enthüllt (vgl. MANNING 1992, S. 50 ff.). Damit ruft der Schauspieler auch gezielte Reaktionen im Publikum vor. Somit findet eine Art Durchgeregeltheit der Interaktion durch die Interaktionsteilnehmer statt. Die Regelungsmechanik wird über das Maß des Zugangs in Gang gesetzt, die jedes Individuum, soweit es dazu fähig ist, selbst steuert.

Das nachfolgende Kapitel zeigt, dass insbesondere in Konfliktsituationen derartige Steuerungsvorhaben zwar von Interaktionsteilnehmern intendiert sind, dass jedoch die Erzielung von bestimmten Reaktionen ein Produkt des Zufalls sein muss. Gerade im Rahmen von Abmilderungsversuchen in Konfliktsituationen kommt dies überdeutlich zum Ausdruck, weshalb Interaktionssysteme von Anbeginn Moralkommunikation vermeiden wollen. Dazu später mehr.

Goffman gibt die beschriebenen beiden Welten in die Hände der Subjekte. Zwar wird eine Systemtheorie damit nicht mitziehen können, jedoch erzielt Goffman mit seiner Art des Beobachtens dennoch bemerkenswerte Ergebnisse, mit der auch eine Systemtheorie, insbesondere dann, wenn sie Interaktion in Organisation beobachten will, etwas anfangen kann. Systemtheoretisch etwa passt seine Beobachtung des cooling the mark out, eine Situation, in der sich der Verlierer mit der Niederlage versöhnt (vgl. ebd., S. 38). Hier findet man einerseits das Konzept der Anpassung und andererseits eine abgeänderte Form der Selbstliebe wieder. Der Interaktionsteilnehmer passt sich einer unmöglichen Situation an, auch, indem er seine eigenen Erwartungen abdämpft, um etwa an diesen nicht zu zerbrechen. In den konditionierten Abläufen einer Organisation gibt es zahlreiche Momente, in denen sich Bewusstseinssysteme mit dem abfinden müssen, was sie als Verlieren auffassen. Ebenso liefert die Organisation zahlreiche Mechanismen, die Versöhnungen leicht machen. Der adressierbare Chef, das Abstimmverfahren im Betriebsrat, Fortbildungen ohne finanzielle Eigenbeteiligung, Karriereoptionen, Aufstiegsmöglichkeiten, die Liste ließe sich immer weiter führen. Im Achtungsgeschehen wird es schwer, Kühlung zu bewahren. Die immer rapidere Verselbstständigung von Bestrafungsabsichten und Erstarrung von Positionen macht es, um im Bild zu bleiben, auch den Schauspielern immer schwerer, gezielt zu enthüllen und die Bühnen zu wechseln. Die Bühne der Moral, das wird sich zeigen, ist keine Bühne, sie ist eine Arena.

Dass Steuerung problematisch ist, das sieht natürlich auch Goffman. Insbesondere im face work – hier wird die Bestätigung eines guten Eindrucks oder die Korrektur eines schlechten an die Kooperation der anderen gebunden (TING-TOOMEY 1994, S. 15 ff.). Hier liegt bereits die Problematik vor, die mehrfach als doppelte Kontingenz beschrieben wurde: Goffman wirft das Individuum in eine Ambivalenz, die es zwischen dem Selbstbild und der Vorstellung von der eigenen Person in den Augen der Anderen aushalten muss (vgl. ebd.).

Goffman geht kritisch vor. Auch den Systemtheoretiker ziehen seine Beobachtungen in den Bann, die er auf Grundlage des Individuums macht, das seine Identität fortwährend zu verteidigen sucht. Auch in der Extremform der Institution (man kann auch sagen: Organisation), den asylums, gibt es Bewegung (vgl. BATTERSHILL 1990 S. 178 ff.). Individuen fahren laut Goffman in Gefängnissen oder Psychiatrien eine Doppelstrategie, indem sie sich einmal in Konsens mit der Institution und gleichzeitig gegen die Institution, in einer Art underlife, verstoßen (vgl. ebd.). Goffman stellt diese Beobachtung als Aushandlungsprozess vor, indem der Apparat einerseits die Identität vorgibt, während die Individuen gleichzeitig darum bemüht sind, diese selbst zu finden.

Aus systemtheoretischer Sicht fühlt man sich an Luhmanns und Kieserlings Auseinandersetzung mit der Unterscheidung formal/informal erinnert. Der Systemtheoretiker würde den Aushandlungsprozess der Individuen als Folgeerscheinung beschreiben, da eine Organisation, sei sie eine Partei oder eine Psychiatrie, von vornherein informale Strukturen zulassen muss, um flexibel auf eine unberechenbare und turbulente Umwelt reagieren muss, da sie sonst anhand ihrer formalen Strukturen zerbersten würde. Und es ist interessant zu sehen, dass selbst totale Institutionen immer mit Umwelt(en) zu tun haben. Man mag dann an Verordnungen, politische Entscheidungen oder Fortschritte in der Medizin denken. Doch die wirklich herausfordernde Umwelt in den asylums wird durch die Bewusstseinssysteme selbst konstituiert, welche die Organisation mit Welten der Ungewissheit versorgen, die flexible Strukturen herausfordern. So wird etwa, um bei Goffmans drastischem Bild zu bleiben, mit der Inhaftierung von Drogengebrauchern fest damit gerechnet, dass auch bald Drogen in der Justizvollzugsanstalt kursieren.

Die beschädigte Identität beschäftigt Goffman auch im Rahmen der Auseinandersetzung mit dem stigma und sie führt ins Fahrwasser der Moral. Denn das Bewusstsein kämpft im Falle einer körperlichen Behinderung oder einer kriminellen Vergangenheit gleichermaßen vorerst um Selbstachtung, wobei man wieder an Luhmanns Selbstliebe denken möchte (vgl. ebd., S. 177 ff.).

Aus systemtheoretischer Sicht ist hier von besonderem Interesse, dass die Techniken zur Rückeroberung der beschädigten Identität darauf abzielen, Moralität letztendlich aus dem Geschehen zu ziehen. Das Verbergen oder das drastische Exponieren des Stigmas, um Normalität herzustellen, ist nicht nur eine Dienstleistung an das eigene Selbstbewusstsein, sondern auch ein Signal an andere Interaktionsteilnehmer, dass Interaktion unter normalen und gewohnten Umständen stattfinden kann (ebd.). Das schließt eine Kommunikation unter den Bedingungen des motivbeladenen und somit unberechenbaren Achtungsgeschehens aus. Goffmans beschriebene Kompensationstechniken kann man vor diesem Hintergrund als Moralverdrängungstechniken auffassen. Dass man etwa körperlich benachteiligte Menschen nicht anzustarren hat, bleibt den Gedankenprozessen der Bewusstseinssysteme oder der Erziehung von Kindern überlassen. Moralisch wird es jedoch wiederum dann, wenn jene Kompensationsversuche übergangen werden. So bringt die Moral einen paradoxen Mechanismus zum Vorschein. Die Androhung ihrer Anwendung ermutigt zu einer diesbezüglichen Umgehung: Die Moral warnt vor der Moral.

Das in seiner Identität gefährdete Individuum bringt Goffman dazu, Bereiche der Interaktion zu beschreiben, die von der Soziologie mitunter vernachlässigt werden. Auch eine Systemtheorie tut sich schwer damit, den territorialen Aspekt von Interaktion zu beschreiben. Was in der Psychologie gerne als Intimsphäre beschrieben wird, beschreibt Goffman als symbolische Räume (vgl. ABELS 2010, S. 380 ff.). Dabei kann es um den Abstand im Aufzug oder den

Raum, den ein eigener Schreibtisch einnimmt, gehen. Von hier aus kann das Individuum nach Goffman seine Auftritts- sowie Rückzugsmöglichkeiten koordinieren (vgl. ebd.). Ähnlich könnte man eine systemtheoretische Annäherung an den Begriff des symbolischen Raumes unternehmen, indem man diesen als Moralvermeidungsraum begreift. Grenzverletzungen des Raumes erfordern Entschuldigungen und Erklärungen, das sagt auch Goffman: In den Moralvermeidungsräumen gilt es, Achtung unantastbar zu machen.

Beim Behandeln der interaction order greift Goffman ein ähnliches Phänomen auf (vgl. SCHWIMMER 1990, S. 41 ff). Hier beschreibt er eine Ordnung, die, und das kommt ebenso in der Moralkommunikation zum Vorschein, face to face gilt (vgl. ebd.). Dabei könnte man überlegen, inwiefern es Bewusstseinssystemen zufällt, ein Produkt gemeinsamer Regeldefinierung in Aushandlung mit vorgegebenen Strukturen, insbesondere in Organisationen, zu schaffen. Man hat gesehen, dass selbst informale oder von den Entscheidungsprämissen abweichende Strukturen in Form von Konditionierung eingeholt werden. Goffman beschreibt dieses face to face-Modell, um zeigen zu können, dass das gegenseitige Anzeigen von Regeln die Funktion hat, den Individuen die Möglichkeit zu geben zu zeigen, wer sie sind und wer sie nicht sind (vgl. ebd.). Die Organisation möchte den Schwankungen der Selbstbeschreibungsversuche der Bewusstseinssysteme ausweichen. Dafür gibt es, wie gezeigt, etwa Zweck- oder Konditionalprogramme oder die vorgeschriebenen Kommunikationswege, welche die Auswirkungen der Eigendynamik der Bewusstseinssysteme auf das Organisationssystem abfedern. Am wirksamsten geht Organisation, wie gesehen, über die Personen- und Mitgliedersemantik vor. Wer man in der Organisation ist und wer man nicht ist, wird über Mitgliedschaft, Karriereinteresse, Netzwerke, Reputation, Kompetenzen usw. bestimmt. Und selbst für die Kompensation gibt es wiederum Kompensation: Moderne Organisationen bieten neben Selbstbeobachtungsposten wie dem Betriebsrat etwa soziale Programme an, die zum Beispiel die Beantragung von Kostenübernahmen für Alkoholtherapien für ihre Mitglieder ermöglichen. Es gilt: Identität und Individualität sind in Organisationen ein schweres Geschäft.

In die Nähe der systemtheoretischen Auffassung von der doppelten Kontingenz gerät Goffman, wenn er über performance spricht (vgl. ABELS 2010, S. 329). Zwar steht bei ihm die Idee der Beeinflussung der Anderen im Vordergrund, doch Goffmans Individuum muss Andere von seiner Rolle überzeugen, die wissen, dass es sich um eine Rolle handelt, was am besten gelingt, wenn sich das Individuum selbst zur Genüge davon überzeugt hat (vgl. ebd.). Das erfordert eine Menge an Konstruktionsleistung im Selbstkontakt. Auch Goffman kommt also nicht umhin, den doppelten Perspektivhorizont in der Kommunikation zwischen Bewusstseinssystemen zu thematisieren. Goffman findet einen Weg aus dem Konstruktivismus, indem er die Ausdruckskontrolle vorstellt.

Ähnliche Wege aus Konstruktivismus und Fremdbestimmung verortet Goffman auch in den fronts der Individuen (vgl. SRINAVASAN 1990, 144 ff.). Ihm zufolge wird eine große Anzahl von Handlungen in eine geringere Anzahl jener fronts zusammengefasst (vgl. ebd.) Hier werden Fragen des Vorherbestimmtseins interessant, wenn Fassaden über Bühnenbilder, wie etwa das eigene Büro oder über standardisierte Rollen wie jene des Organisationsmitglieds, zu Stande kommen. Deutlich systemtheoretisches Terrain betritt Goffman mit der Annahme, es handele sich hierbei um Mechanismen der Erwartungssicherheit und die Erinnerung etwa an das oben besprochene boundet reality-Prinzip aufkommt. Goffman verhilft dem Individuum jedoch erneut in den Stand des aktiven Gestalters, indem er konstatiert, dass fronts nicht geschaffen, sondern gewählt werden (vgl. ebd.). Von daher spricht Goffman auch von der dramatischen Gestaltung, wovon die fronts naturgemäß einen Teil ausmachen (vgl. ABELS 2010, S. 329).

Interessant hier, wie der Strategiegedanke aufgeweicht wird. Denn auch das Individuum möchte überhaupt wahrgenommen werden. Und es gibt sich entsprechende Mühe. Goffman wäre nicht Goffman, wenn er hier nicht strategische Potenzialfaktoren erkennen würde. Denn das Sichtbarmachen von unsichtbaren Kosten kann als gute Grundlage für Verhandlungsmasse dienen (vgl. MAKHFI 2002, S. 17). Um etwa eine höhere Vergütung zu bekommen, kann der Berater zum Beispiel seine Vor- und Nachberatungszeit transparent machen. Im Achtungsgeschehen werden oft der Argumentation wegen die unsichtbaren Kosten vorgerechnet. Die Frage ist dann, wen das noch in einem fortgeschrittenen Stadium, wenn die Differenzen nicht aufgelöst werden, interessieren mag. Interaktion fordert immerzu neue Themen ein, sodass vorgerechnete Kosten nach Kenntnisnahme neuen Irritationen weichen müssen und sollten. Wer dann daran noch festhält, weil die Selbstachtung danach verlangt, macht sich schnell verdächtig. Goffman legt zudem nahe, dass bestimmte Situationen das Sichtbarmachen von unsichtbaren Kosten einfordern, wofür etwa Pressestellen ein gutes Beispiel sind. Organisationen scheinen Ähnliches hervorzubringen, wir erwähnten bereits die Selbstbeobachtungsposten der Organisation: Der Betriebsrat rechnet der Geschäftsführung die unsichtbaren Kosten auf Seiten der Arbeitnehmer vor, man denke hier an Qualifizierungen oder Anfahrtswege, wohingegen eine Geschäftsführung die Kosten von deren Fortbildungsmaßnahmen vor Augen führt. Oder: Das Qualitätsmanagement informiert die unwissende Organisation über versteckte Kosten. Das zeigt, dass das Sichtbarmachen von unsichtbaren Kosten unterm Strich mehr ist, als eine Strategie des Aushandelns von Interessen in Interaktionssystemen. Die Sichtbarmachung hat in Organisationen den Zweck, darüber

Auskunft zu geben, wie beobachtet wird. Denn die Selbstauskunft, auch das Vorrechnen von Kosten, ist immer auf das Gegenüber bezogen. Soziale Systeme benötigen inneroperative Beobachtung durch Subsysteme, um sich ausdifferenzieren zu können. Auch die sichtbar gemachten unsicheren Kosten sind ein Teil dieses Spiegels. Dies ist ein weiteres Indiz dafür, dass Systeme an sich so komplex sind, dass sie ihre eigenen Operationen nicht in ihrer Gänze beobachten und verstehen können. Ob jetzt in Interaktionssystemen oder in der Gesamtorganisation: Vor diesem Hintergrund ist damit zu rechnen, dass das Sichtbarmachen von unsichtbaren Kosten im organisationalen Rahmen geradezu auf verschiedensten Wegen eingefordert wird, allein der erhofften Orientierung wegen.

Das Individuum ist ständig bemüht, so Goffman, der Welt eine bessere Welt zu zeigen, es neigt zu Idealisierung (vgl. MAKHFI 2002, S. 18). So versucht es, die Werte hinter dem Eigenverhalten und der antizipierten Zuschauererwartung fortwährend dramatisch zu steigern. Hier spielt die Erwartungssicherheit wieder eine gewichtige Rolle. Es ist nicht nur Schutz vor der Infragestellung, um den es hier geht. Der Arzt, der keine Fehler macht oder der Anlageberater, der todsichere Anlagen anzubieten hat, sind Idealisierungen, die, um beim Bild der doppelten Kontingenz zu bleiben, Alter den Zugang zur Black Box erleichtern, also Erwartungssicherheit geben sollen. Man sieht, bei vielen Überlegungen Goffmans kann man Aspekte in Betracht ziehen, die nicht immer so leicht anhand strategischer Merkmale zu beschreiben sind. Man könnte ebenso wieder an das Prinzip der Situationsdefinition nach March und Simon anknüpfen und etwa an die hundert Operationen denken, die ohne Kunstfehler verlaufen sind. Dann ist es sogar so, dass der Arzt gegenüber der Versicherung und dem Patienten zur Idealisierung unterschwellig gezwungen wird. Man sieht besonders hier, dass der Strategiegedanke immerzu impliziert, eine Option zu haben. Der Arzt hat im Angesicht seiner Patienten und Kollegen keine Wahl. Das Bewusstseinssystem wird über die Idealisierung zum Medium Alters. Aus Sicht der anderen Interaktionsteilnehmer können Idealisierungen zum Beispiel auch Vorbildcharakter haben, sozusagen als Verhaltenswegweiser.

Die nach Goffman dramatisierten Werte, die ein Teil der Idealisierungen ausmachen, werden so aus der Sicht der Systemtheorie zu stilisierten Werten. Das sieht man auch an Goffmans Beobachtung der zeremoniellen Vorführung und Verbindlichmachung jener Werte (vgl. NEUMANN-BRAUN 2009, S. 391). Wer diese Idealisierungen in das eigene Verhalten inkorporieren kann und in der Zeremonie nicht versagt, bekommt auch, um mit den Worten Bourdieus zu sprechen, Zugang zum sozialen Kapital. Der angehende Finanzberater muss Unfehlbarkeit ausstrahlen und die Finanzterminologie beherrschen und die Zeremonien, um dies unter Beweis zu stellen, sind sicherlich vielfältig. Um an den obigen Gedanken anzuknüpfen, kann man sagen: Der angehende Finanzberater schützt sich nicht nur mit der Idealisierung, er offeriert seinen Kollegen und Kunden ein handhabbares Abbild seiner Person und der damit verbundenen Funktion. Kein Patient vertraut einem Arzt, der vorab selbstkritisch das Gelingen einer Operation infrage stellt. Selbst im Moment der Aufklärung im Hinblick auf die Operationsprozedur, in welcher es um die Operationsrisiken geht, wird idealisiert, indem etwa darauf hingewiesen wird, dass es sich um eine Standardoperation handelt. Systemtheoretisch ist die Idealisierung weniger eine Strategie, sondern eine Forderung Alters. Und wenn es sich so verhält, dass Ego erwartet, dass Alter erwartet, dann wird Ego Idealisierungen im Sinne Meads und im Hinblick auf Alter im Selbstkontakt konstruieren und diese, je nach Reaktion und Situation, variieren.

Diese Überlegungen führen zu den Kontrollfantasien eines Bewusstseinssystems. Fortwährende Kontrolle stellt immerzu Unsicherheiten fest. Das Einstellen auf die Unsicherheiten gewährleistet den geplanten Verlauf der Darstellung, weil entsprechende Anpassungsleistungen unternommen werden. So jedenfalls müsste man die Ausdruckskontrolle nach Goffman systemtheoretisch interpretieren. Das Individuum sucht im Publikum nach Hinweisen, die das Schauspiel positiv bestätigen (vgl. SCHERKE 2009, S. 94). Aber selbst ein als positiv interpretiertes Signal wirft Unsicherheit auf, etwa, ob die anderen Interaktionsteilnehmer ehrlich sind oder nicht. Das Bewusstseinssystem kann nicht wissen, wann es in das nächste Missgeschick schlittert. Ob es sich zu viel oder zu wenig engagiert, kommt etwa in Organisationsinteraktion oftmals erst nach der Besprechung heraus. Und das Bühnenbild sowie die Inszenierung können nie perfekt sein.

Die Beobachtungen Goffmans lassen sich also dahingehend interpretieren, dass letztlich die Interaktion gesellschaftlichen Formen folgt. Goffmans Individuen scheinen immer im Rollengefüge gefangen zu sein. Wer das gefährdete Individuum konstituieren möchte, kommt nicht ohne das Bild des Fremdgesteuertseins aus. Dessen ungeachtet findet Goffman einen interessanten Abwehrmechanismus: Mit Rollendistanz kann das Individuum sein Engagement in der Schwebe halten (vgl. ABELS 2010, S. 329 ff.). Diese Strategie ermöglicht die Aufhebung ruhender Rollen oder die unterschiedliche Gewichtung aktiver Rollen nach Dringlichkeitskriterien. Goffman meint damit jedoch nicht Flucht oder Verweigerung. Die Erklärungen, Ausreden, Entschuldigungen oder gar Scherze sind eher Formen der aktiven Kontrollübernahme. Hier, versteckt oder gar metaphorisch offen, stellt sich die Frage nach der Legitimität der Erwartungen. Offenbar möchte das Individuum mehr sein als Gesellschaft oder Interaktion von ihm erwartet. Hier findet Goffman den positiven Kern des schauspielenden Individuums, den souveränen Umgang mit Rollen (vgl. ebd.).

Um wiederum die andere Seite des Sachverhalts zu beleuchten: *Systemtheoretisch kann man bei Rollendistanz auch von einer Art Pufferfunktion sprechen, die allen Interaktionsteilnehmern zugutekommt und die in der Interaktion einfach vorhanden sein muss.* Der Lehrer, der Kritik unterlässt, um die Mitarbeit eines Schülers nicht von Anbeginn zu demotivieren, wäre etwa ein Beispiel dafür. Dieses Prinzip kann allerdings auch in umgekehrter Richtung erfolgen. Die Umwelt des Bewusstseinssystems, insbesondere wenn man von Interaktionssystemen ausgeht, ist hoch kontingent. Es steht a priori nicht fest – um bei der Metaphorik Goffmans zu bleiben – in welchem Umfang die Zuschauer die Rolle ausgefüllt haben möchten. Ein Lehrer, der zu ‚lehrerhaft' auftritt, kann in der Klasse unangenehme Überraschungen erleben; zudem mag ein Lehrer in eine Situation geraten, in der eine typische Lehrerreaktion nicht angebracht ist.

Moral behandelt Anwesende und Nicht-Anwesende gleich, was Interaktionssysteme wiederum fortlaufend zur Herausforderung dieses Universalismus führt, in Form des Klatsches (vgl. KIESERLING 1999, S. 325). Interessanterweise ist es aber nicht nur der Klatsch, der immerzu die Moral unterlaufen will, sondern auch die Schmeichelei in entgegen gesetzter Richtung (vgl. ebd.). Klatsch gilt den Abwesenden, die Schmeichelei den Anwesenden:

> „Aber auch für die Selbstbeobachtung der Interaktion liegt der Zusammenhang von Klatsch und Schmeichelei auf der Hand. Es ist die Einheit der Unterscheidung von anwesend und abwesend, die ihn herstellt. Der explizite Klatsch über andere ist implizit ein Lob der Anwesenden, das explizite Loben der Anwesenden impliziert der Tadel von Abwesenden [...]" (ebd., S. 328).

In Kapitel 6 wird deutlich, welche Gefahren für Interaktionssysteme bestehen, begeben sich diese auf den Weg der polemogenen, also moralisierten Kommunikation. Nicht zufällig meint Luhmann, Interaktionssysteme seien fortwährend damit beschäftigt, Konflikte zu vermeiden, da sie andererseits nur – damit ist „voll" und „ganz" gemeint – Konflikte sein könnten[94]. Schmeichelei, aber vor allem Klatsch sind Strategien, die dazu dienen, jener gefährlichen Moralkommunikation auszuweichen. Der Blick auf die Funktionsweise des Klatsches macht deutlich, wie wichtig die Umschiffung einer direkten Kommunikation von Achtung und Missachtung für Interaktionssysteme ist:

> „Der Klatsch ist zunächst einmal ein Verfahren, die unverkennbare Streitnähe der Moral mit friedlich geführter Interaktion unter zunehmend unwahrscheinlichen Bedingungen zu kombinieren" (ebd., S. 318).

Klatsch bewirkt, dass Konflikte thematisierbar, aber nicht zur Operationsweise werden (vgl. ebd., S. 319). Es ist genau dieser Knackpunkt – die polemogene Überformung der interaktiven Operationsweise –, der für unsere Argumentation

---

[94] Wird im nachfolgenden Kapitel eingehender erläutert und belegt.

in Kapitel 6 den Ausgangspunkt bildet und stützt. Bereits der Transfer des Konfliktes in ein Forum Dritter entzieht diesen der Interaktion; es entsteht eine äußerst ausdifferenzierte Form der Konfliktkontrolle, die vor allem eines bewerk-
stelligt: die Eindämmung der Zufälligkeit von Konfliktkommunikation (vgl.
ebd.). In der Perspektive gesellschaftlicher Differenzierung ist der Klatsch dann
nicht mehr bloße soziale Kontrolle, er fungiert als Immunsystem der Interaktionssysteme: Zorn oder Zaghaftigkeit werden durch das Forum der Dritten abge-
löst, wobei über die Formen des Nachgebens und der Unnachgiebigkeit, differenziert zwischen Bagatelle und Konflikt, entschieden wird (vgl. ebd.)[95].

Schmeichelei besitzt diesen deeskalierenden Effekt nicht, aber sie läuft auch
quer zur Universalität der Moral, die vor allem vom Gleichheitspostulat getragen
wird. Dieses Postulat ist aus systemtheoretischer Sicht die Grundvoraussetzung
der Universalisierung der Moral, die sich somit auf jeden gesellschaftlichen
Wandel einstellt, indem sie Anwesende und Nichtanwesende gleich behandelt.
Die Faktizität der Schmeichelei wie des Klatsches belegt, dass es Gleichheit in
der Interaktion nicht geben kann.

Die unter permanentem Entscheidungsdruck stehende Organisation kann es sich
noch weniger als die Gesellschaft leisten, Zufallsschwankungen unterworfen zu
sein, die durch eine interaktionsbedingte Kommunikation über Achtung/Miss-
achtung gegeben sind. Aus diesem Grund gedeiht der Klatsch in Organisationen
(vgl. ebd., S. 331), mehr noch: Organisationen lassen ihn informell zu[96].

---

[95] Dennoch muss sehr genau darauf geachtet werden, wie der Klatsch das Forum der Dritten verlässt.
Zwar gibt es den Klatsch über den Klatsch als eindämmendes Warnsignal. Doch wird hier die mora-
lische Gleichstellung von Anwesenden und Nichtanwesenden verletzt, was wiederum zu erheblichen
Konflikten führen kann.
[96] Takt und indirekte Kommunikation sind dabei funktionale Äquivalente zum Klatsch und zur
Schmeichelei (vgl. LUHMANN 2008a, S. 112).

6.1 Polemogene Kommunikation, Themengenese und Entscheidungsprämissen

Lernen oder Nichtlernen – das ist der Unterschied.

Niklas Luhmann

Die Kommunikation über Achtung und/oder Missachtung wird in der Systemtheorie aus mehreren Gründen als *polemogen*[97] bezeichnet:

> „Ego/Alter-Synthesen verschiedener Partner können in Situationen sehr leicht in offenen Konflikt geraten, wenn sie nicht voll komplementär sind und Alter dem Ego mitteilt, daß er die Folgerungen nicht akzeptiert, die dieser aus seinen Präferenzen zieht" (LUHMANN 2008a, S. 111).

Der Konflikt, der daraus entstehen mag, wirkt umstrukturierend auf die Präferenzen der Beteiligten, indem das „Halten der Position" oder das „Schädigen des anderen" zum übergeordneten Ziel werden kann (vgl. ebd.). Dies geschieht vor allem, und das erscheint als zwingendster Grund für polemogene Kommunikation überhaupt, wenn Beteiligte zur Auffassung kommen, dass sie ihre eigenen Ziele nicht mehr erreichen können (vgl. ebd.). Da es an dieser Stelle ja immer noch um Achtung geht, verlagert sich die Kommunikation darüber vom ursprünglichen Streit weg, um sich in Positionierungen und Schädigungsabsichten festzufahren. Denn genau hierfür liefert der Moralcode den Stoff für zusätzliche Motive (vgl. ebd., S. 112).

Wie oben anhand von Klatsch und Schmeichelei gezeigt, unterliegt polemogene Kommunikation hohen Schwankungen, die durch zunehmende Unberechenbarkeit gekennzeichnet ist. Die von Luhmann erwähnten zusätzlichen Motive erhöhen also die Zufälligkeit der Achtungskommunikation. Gleichzeitig läuft währenddessen für alle Beteiligten ein Programm der Festlegung der Bedingungen der Selbstachtung (vgl. ebd.) – eine Paradoxie, da Konflikte Präferenzen fortwährend umstrukturieren. Die Selbstachtung ist also der Dreh- und Angelpunkt der polemogenen Kommunikation. Die Frage nach Achtung bezieht immer das jeweilige Thema auf die personale Identität, „[...] die wiederum mit anderen Themen verwachsen ist" (ebd.).

Dass dieses Kliff umschifft werden will, haben wir gesehen, ebenso die entsprechenden Strategien, wie Klatsch, Schmeichelei, indirekte Kommunikation

---

[97] Diesen Begriff übernimmt Luhmann von Julian Freund (die Quellenangabe hierzu findet man auch unter LUHMANN 2008a, S. 111).

und Takt. Wie aber kann es sein, dass polemogene Kommunikation auch Einfluss auf organisationale Entscheidungen nimmt? Ist dies überhaupt möglich? Schließlich verfügt die Organisation über eine Fülle von funktionalen Äquivalenten zur Moralkommunikation, wie oben angedeutet. Der Türöffner bezieht sich konkret auf die Operationsweise der Interaktionssysteme selbst:

> „Interaktionssysteme können offene Konflikte schlecht nebenherlaufen lassen, denn dazu sind sich nicht komplex genug. Sie haben nur die Wahl, Konflikte zu vermeiden oder Konflikte zu sein" (LUHMANN 1975, S. 19).

Diese Diagnose wiegt schwer. Denn sie sagt, dass Interaktionssysteme Konflikte nicht nur nicht genügend absorbieren können, sondern auch, dass Moralkommunikation ein Interaktionssystem in ein Konfliktsystem transformieren kann. Anlass genug, um anhand dieser Erkenntnis das Verhältnis zwischen polemogener Kommunikation und interaktiver Operation genauer zu analysieren. Um die nachfolgende Argumentation einem besseren Verständnis zuzuführen, wird zwischen Interaktionssystemen, die im herkömmlichen Sinne und jenen, die polemogen operieren, unterschieden. Alles, was zwischen anfänglichen Disputen, Überformungsphänomenen bis zum operativen Transformationspunkt geschieht, muss als Operation der Konfliktvermeidung im Interaktionssystem behandelt werden. Das ist hier klar zu stellen, da die nachfolgende Operationsanalyse Überformungsprozesse und deren möglichen Ausgang – nämlich die Umstellung auf polemogene Operation (gemeint sind z.B. zerstrittene Teams oder zwei Projektleiter eines Industrieunternehmens, die über ein gemeinsames Projekt in Konflikt geraten) – gleichermaßen in den Mittelpunkt rückt: Das heißt nichts anderes, als dass Überformungsprozesse, wie etwa auftretende Meinungsverschiedenheiten im Team, nicht zwingend zu einer polemogenen Operationsweise führen müssen, aber Alarmsignale auf dem Wege dorthin sein können. Zudem sei an dieser Stelle auch erwähnt, dass die Analyse auf Interaktionssysteme in Organisationen bezogen bleibt. Und die sind in neueren Organisationen zum besseren Abschöpfen der kommunikativen Potentiale idealerweise klein, da große Interaktionen dazu tendieren, den Teilnehmern zuviel Passivität zuzumuten, weil Kommunikation nur noch standardisiert bei zunehmender Anzahl von Schweigenden ablaufen kann (vgl. KIESERLING 1999, S. 44).

Mit dem moralisierten Motivangebot, das polemogene Kommunikation mit sich bringt, ist gleichzeitig die Gefahr gegeben, Typenprogramme[98] (vgl. ebd., S. 18 ff.) der Interaktionssysteme zu überformen. So wird etwa die sprachliche

---

[98] Diese haben drei Funktionen: a) Erleichterung der sprachlichen Einordnung, b) Bereitstellung an einem Minimum von Vorverständigung bezüglich des Sinns der Zusammenkunft, c) Lernregeln für anschließende Interaktion (vgl. ebd.).

Einordnung der Interaktion, wie z. B. Kinobesuch, Geschäftsessen oder Gerichtsverhandlung, unterlaufen: Es gibt zwar eine offizielle Begründung für Interaktion im Rahmen eines Meetings oder einer Teamsitzung, doch ist die Interaktion der andauernden Sabotagegefahr durch polemogene Kommunikation ausgesetzt, insbesondere dann, wenn bereits im Vorfeld ein Konflikt besteht. Die interpersonale Verwobenheit der Themen wird fortwährend zugunsten der Selbstidentität verschoben: Jedes Thema birgt dann das Potential, zur Bühne von Positionserhaltung und Angriff zu werden, was die sprachliche Einordnung der Interaktion zur Farce werden lassen kann. Denn einerseits gibt es ein gewisses Minimum an Vorverständigung über den Sinn der Zusammenkunft (vgl. ebd.), andererseits wird die Interaktion durch polemogene Kommunikation in eine Sphäre der ständigen Verhandelbarkeit gerückt, und zwar nicht nur darüber, ob man nun zum Streiten gekommen sei oder nicht, sondern vor allem, je nach Grad des Konflikts, worüber man denn nun zu streiten habe. Zwar ist Irritation für die Kognition der Systeme unabdingbar, doch diese wird zum Problem, wenn sie überwiegend unter normativen Rahmenbedingungen läuft. Aus zwei Gründen stellen sich die Konfliktteilnehmer dann normierend ein[99]: Einmal, um angesichts der Zufallschwankungen, die polemogene Kommunikation mit sich bringt, rasch und schnell entscheiden zu können, und zum anderen stellt sich der normative Umgang mit Erwartungsenttäuschung schon automatisch ein, weil dieser auf innerer Überzeugung, Sanktionsmitteln und gar der Konsenssemantik[100] fußt, um im Enttäuschungsfall an den Erwartungen, die ja in diesem Falle mit der Selbstachtung gekoppelt sind, weiterhin festzuhalten. Die Lernfähigkeit der Interaktionssysteme, wie auch aller anderen Systeme, wird jedoch durch die Verbindung vom normativen und kognitiven Umgang mit Enttäuschung, was nichts anderes als Lernen bedeutet, bestimmt (vgl. LUHMANN 2005a, S. 69). In manchen Fällen mag es sinnvoll sein, Erwartungssicherheit durch das normativ bedingte Nichtlernen zu sichern[101], in anderen ist wiederum der kognitive, also der lernende Umgang gefragt, der die Veränderung am Selbst durch die Veränderung der eigenen Erwartungen sucht (vgl. ebd.). Die Motivvielfalt, die der Moralcode stimuliert, mag zwar die Kreativität der Streitenden im Streit beflügeln, doch der Kampf um Achtung läuft permanent auf normatives Lernen – und das heißt Nichtlernen gekoppelt mit Versuchen, den anderen zu ändern – hinaus[102]. Das

---

[99] „Normatives Erwarten zeigt sich als entschlossen, die Erwartung auch im Enttäuschungsfalle festzuhalten, und stützt sich dabei auf entsprechende Ressourcen wie innere Überzeugung, Sanktionsmittel und Konsens. [...]. [...] normatives Erwarten sucht sein Objekt zu ändern" (LUHMANN 2005a, S. 69).

[100] Man möchte sich ja auch vertragen.

[101] Wie etwa der Arzt, der in einer Notfallsituation sich auf Gelerntes verlassen muss.

[102] Verschärfende Wirkung wird erzielt, je höher die Motivlage angesiedelt wird: „Man kann sich gegen die Anwesenden auf eine abwesende Rechtsordnung berufen, die einen in den eigenen norma-

hat gravierende Folgen, weil an diesem Punkt das Typenprogramm des Interaktionssystems, dessen Funktion es ist, die Lernregeln für die Zukunft aufzustellen (vgl. KIESERLING 1999, S. 18), vollends durch polemogene Kommunikation unterlaufen werden kann. Wenn die Lernregeln für die Zukunft auf polemogener Kommunikation fußen, die ja ihrerseits nach polemogener Kommunikation zum Zwecke des rekursiven Anschlusses strebt, dann wird aus der anfänglichen Überformung eine Operationsweise, deren Antrieb ein Gemisch aus permanenter Unsicherheit und zeitgleicher Lernunfähigkeit ist; dann ist aus einem Interaktionssystem ein Konfliktsystem geworden, indem nur noch Moralkommunikation an Moralkommunikation anschließt.

Wenn nach Luhmann Interaktionssysteme in Bezug auf Konflikte nicht komplex genug sind, dann ist vor allem gemeint, dass diese undifferenzierte Systeme sind, die nicht über die Fähigkeit verfügen, noch weitere Teilsysteme innerhalb ihrer Systemgrenzen auszudifferenzieren (vgl. KIESERLING 1999, S. 35 ff.), was ihre Fähigkeit an Konfliktabsorption erheblich mindert. Polemogene Kommunikation wird vor diesem Hintergrund insofern zum Problem, als dass Interaktionssysteme, im Gegensatz zur Organisation, nicht mehrere Themen gleichzeitig bearbeiten können. Das bedeutet, dass, sobald der Konfliktsystemmechanismus in Gang gekommen ist, alle anderen, nichtpolemogenen Themen auf ihre Thematisierung warten müssen. Aus der Sicht der Systemtheorie wird die Reduktionsleistung des Interaktionssystems auf den Kopf gestellt: Wo durch die Undifferenziertheit des Interaktionssystems die Sach-[103] und Zeitdimension[104] zugunsten einer Verdichtung der Sozialdimension[105] undifferenziert bleibt, erfährt die Zeitdimension im Rahmen polemogener Kommunikation eine für das System lähmende Aufblähung. Punktuell wird die Aufmerksamkeit des Interaktionssystems auf den Konflikt gelenkt, was noch nicht das gravierende Problem darstellt. Denn die Irreversibilität des punktuellen Moments erfährt durch die Dauer der Gegenwart, in der ein Anfang und Ende von Perioden, Prozessdauer anhand Beschleunigung und Verlangsamung und Dauerhaftigkeit von Situationen beobachtbar sind, das Versprechen auf Umkehr, auf Transformation in Reversibilität (vgl. LUHMANN 2004a, S. 239 ff.). Da aber der Konflikt die Präferenzen der Beteiligten auf Positionsverteidigung und Schädigungsabsichten umstrukturiert und somit den Schwerpunkt auf normative Kognition umstellt, wird das Versprechen auf Reversibilität kaum eingelöst werden. Das Interaktionssys-

---

tiven Erwartungen unterstützt wird. Solche Verweisungen wollen jedoch wohl überlegt sein, da sie den Mechanismus der lokalen Kommunikation gleichsam unterlaufen: Den anderen wird bedeutet, daß es auf ihre Zustimmung im Grunde genommen nicht ankommt" (KIESERLING 1999, S. 58).

[103] dies/anderes

[104] Vergangenheit und Zukunft

[105] „Ego" und „Alter"

tem kann ja Reversibilität und Irreversibilität gut miteinander verschränken; hierbei handelt es sich um die zwei Gegenwarten der Interaktion (vgl. KIESERLING 1999, S. 164). Somit geschieht die Aufblähung der Zeitdimension auf der irreversiblen Seite ihrer Gegenwart, während die andere Gegenwart zunehmend an Bedeutung verliert. Der Zwang der Interaktionssysteme zur Serialität (vgl. ebd., S. 37), das heißt, es kann immer nur ein Thema nach dem anderen behandelt werden, erhöht zudem den Druck dahingehend, dass das kaum aufzulösende Moralthema aufgelöst wird, was wiederum ein Verlassen der Endlosschleife der Konfliktauseinandersetzung und des Nichtlernens stark erschwert. Polemogene Kommunikation verlangt die thematische Auflösung des Unauflösbaren. Anders formuliert: Das Thema kann auf der normativen Schleife nicht abgearbeitet werden. Wenn man dann noch die große Motivvielfalt, die sich zwischen Achtung und Nichtachtung Bahn bricht, mitberücksichtigt, die Schwankungen und Zufälligkeiten in der Interaktion generiert, aber codetechnisch gleich bleibt, dann ist die Klage über Zermürbungsprozesse vor dem Hintergrund ausgetragener Konflikte nachvollziehbar.

Der Zwang zur Serialität ist jedoch nicht nur von Nachteil. Interaktionssysteme gewinnen dadurch, dass sie keine Subsysteme bilden können, jedoch aus der Einheit von Thema und Struktur bestehen, ein hohes Maß an Flexibilität an anderer Stelle (vgl. ebd., S. 38). Ein Themenwechsel zieht die Strukturänderung nach sich; so kann ein Geschäftsessen zu einem Theaterbesuch oder ein zufälliges Kennenlernen auf dem Fußballplatz zur Geschäftpartnerschaft werden. Und wenn man bedenkt, dass aus einem Flirt das soziale System Familie entstehen kann, dann steht die Flexibilität der Interaktionssysteme außer Frage. Aber es ist diese vermeintliche Flexibilität, die auch für polemogene Überformung und dann Transformation anfällig ist. Oben wurde deutlich, wie Moralkommunikation die Typenprogramme unterlaufen kann. Sind die Präferenzen auf Positionsverteidigung und Schädigungsabsichten umstrukturiert, dann hat das auch die Umstrukturierung der Themen zur Folge, die dann wiederum das Interaktionssystem zu einem Konfliktsystem umstrukturieren. Wie an der Aufblähung der Zeitdimension erkennbar, sind Themen wichtig, um die Selbst- und Fremdreferenz der Interaktionssysteme zu enttautologisieren: Dies ermöglichen Themen mit dem Verweis auf Systemgeschichte[106], Umweltexistenz[107] und Rangdifferenzierung[108] (vgl. ebd., S. 191). An dieser Stelle geschieht die zweite Aufblähung der Zeit, weil die thematischen Irreversibilitäten die Systemgeschichte nach und nach überladen. Gleichzeitig erfährt die Umweltexistenz eine Marginalisierung, während die Rangdifferenzierung, wie unten gezeigt wird, eingefroren wird. Unter

---

[106] Historisierung = Zeitdimension (vgl. ebd.)
[107] Externalisierung = Sachdimension (vgl. ebd.)
[108] asymmetrische Modelle = Sozialdimension (vgl. ebd.)

diesen Vorzeichen sind das Interaktions- und später das Konfliktsystem auf direktem Tautologiekurs. Es wird für das System immer schwerer werden, sich zu reaktualisieren[109]. Auch die Selbstthematisierung, nicht zu verwechseln mit Selbstbeobachtung, die einen wichtigen Beitrag zur Asymmetrisierung der Kommunikation im System leistet und episodisch abläuft (vgl. ebd., S. 199), wird dann zunehmend auf die Episoden des Achtungskampfes umgestellt. Die Selbstthematisierung läuft dann nur noch auf der Schleife der Konfliktthematisierung. Das Interaktionssystem ist irgendwann genötigt, sich nur noch als Konfliktsystem wahrzunehmen. Hier ist eine Verschiebung der Thematisierungsschwelle (vgl. ebd., S. 205) absehbar, die Themen jenseits des Konfliktes kaum mehr zulässt. Das mag der zwingendste Beleg für die Transformationsgefahr von Interaktions- zu Konfliktsystemen sein. Interessanterweise lässt sich aber auch hier beobachten, wie Interaktionssysteme durch polemogene Kommunikation zur Inflexibilität verdammt werden: ein Konfliktsystem wird nur sehr schwer zur Afterworkhourgruppe oder zum produktiven Qualitätskreis. Ein Konfliktsystem ist zudem ein Angstsystem, weil auch die angsthemmende Funktion von Themen[110] in eine angstschürende umgewandelt wird.

Die Synchronisation von Reden und Schweigen ist eine weitere Leistung von Interaktionssystemen, eine Leistung, die auf der Interaktionsebene der Zeitbindung und auf der Wahrnehmungsebene vollzogen wird (vgl. ebd., S. 40 ff.). Die erste Ebene ist von immenser Wichtigkeit und gibt Auskunft über eine der wichtigsten Leistungen sozialer Systeme überhaupt, die Fähigkeit der Vertagung auf Zukunft. So wie die Opposition im Parlament weiß, dass sie wieder an die Macht kommen kann, so weiß auch der Schweigende in Interaktionssystemen, dass er wieder zum Reden kommen kann. Diese Fähigkeit verleiht dem System ein hohes Maß an Elastizität. Und selbst die Abweichung jener Synchronisation wird im System als willkommene Irritation aufgenommen, da etwa ein zu langes Schweigen wiederum Reden anregt (vgl. ebd.). Nun ist es aber so, dass insbesondere das „Halten der Position" und das „Schädigen des anderen" die Synchronisationsprobleme in zweifacher Hinsicht verstärken: Die Beteiligten, die permanent um die Festlegung der Bedingungen ihrer Selbstachtung bemüht sind, was ja einhergeht mit der Erwartung, dass der Andere seine Präferenzen ändert, wird im Achtungskampf kaum das kommunikative Ruder aus der Hand geben wollen. Zusätzlicher Druck lastet dann in diesem Zusammenhang auf Kommuni-

---

[109] Systemtheoretisch sagt man, dass Dissens Kommunikation antreibt und Konsens Kommunikation abschließt. Das gilt auch hier. Aber es ist nicht von den Bewusstseinssystemen an sich die Rede, sondern von Interaktionssystemen, die sich für die Interpenetration mit anderen Systemen, um eben Dissens und Unwahrscheinlichkeit abzuarbeiten, unbrauchbar machen.

[110] „Insofern dienen Themen immer auch ganz unmittelbar der *Angstbekämpfung*, und in dem Maße, in dem andere Mechanismen mit genau dieser Funktion aus sozialstrukturellen Gründen zurücktreten, werden sie auch unter diesem Aspekt wichtig" (ebd., S. 195).

kation insofern, als dass die Vertagung auf Zukunft nicht mehr ohne weiteres garantiert wird. Die Teilnehmer müssen sich dann ihre Redezeit oder, wenn man so will, Zukunftsfähigkeit erkämpfen, was wiederum die Synchronisationsproblematik zuspitzt, da das Prinzip der Zeitbindung unter eine noch größere Zufälligkeit fällt. Zum zweiten muss man ja beachten, dass die Synchronisationsprobleme auch dadurch geschuldet sind, weil Bewusstseins- und Kommunikationszeit divergieren (vgl. ebd.). Diese Probleme werden bei Minimalverzögerungen relativ gut von den Bewusstseinssystemen kompensiert, etwa durch Füllwörter, und auch größere Abweichungen werden im Interaktionssystem reguliert: So wird etwa die Unterbrechung als unhöflich, das zu lange Schweigen als peinlich empfunden (vgl. ebd.). Insbesondere polemogene Kommunikation verleitet die Bewusstseinssysteme dazu, die Divergenz zwischen Bewusstseins- und Kommunikationszeit in ihrer Bedeutung zu vernachlässigen, da insbesondere die Infragestellung der personalen Identität eine permanente Akutheit heraufbeschwört, die wiederum das Synchronisationsproblem zuspitzt. Endlosmonologe als auch Verstummen sind keine seltenen Phänomene in Konflikten. Dies hat sicherlich auch mit jener Synchronabweichung zu tun, die in der reflexiven Selbstanwendung der Prozesse der Bewusstseinssysteme angelegt ist: Die Unterbrechung der Unterbrechung wird als negativ und das Beschweigen des Schweigens in den meisten Fällen als positiv bewertet (vgl. ebd., S. 43). Im Streit wird permanent unterbrochen, was die Negativwahrnehmung ins Unermessliche steigern kann, und das Beschweigen des Schweigens wird nicht etwa als Zustimmung, sondern als Fortsetzung des Achtungskampfes in Form von symbolisierter Nichtachtung erlebt. In einem Fall, in dem Bewusstseins- und Kommunikation zu weit auseinander klaffen, kann man von Überforderung der Bewusstseinssysteme und in im Fall der reflexiven Selbstanwendung vom Vorsatz der Bewusstseinssysteme sprechen. Beide haben jedoch das gleiche zur Folge: dass die eigentliche Funktion der Synchronabweichung in Bezug auf Reden und Schweigen ad absurdum geführt wird. Die Synchronabweichung durch polemogene Kommunikation ist die Abweichung von der Synchronabweichung, also eine Abweichungsabweichung. Die Zeitbindung durch Vertagung auf Zukunft wird massiv in Frage gestellt; die Divergenz zwischen Bewusstseins- und Kommunikationszeit wird unkontrollierbar; und die Selbstanwendung der Prozesse dient als Ortungsinstrument in Bezug auf Positionserhaltung und Angriff. Die Abweichungsabweichung mit ihrer Wirkung, die Systemelastizität zu verringern, ist ein Symptom, das zeigt, dass das Interaktionssystem im Begriff ist, entweder von Moralkommunikation überformt zu werden oder gar in ein Konfliktsystem zu transformieren. Denn die eigentliche Synchronabweichung hat vor allem den Zweck, den Verteilungskampf ohne Infragestellung des Themas zu gewährleisten (vgl. ebd., S. 42). Das ist beim Konfliktsystem nicht anders, nur dass sein zentrales Thema einen ganz anderen Verteilungskampf erfordert.

Redundanz ist in Interaktionssystemen überhaupt nicht erwünscht, auch wenn sie unter bestimmten Rahmenbedingungen durchaus Sinn ergibt. Etwa dort, wo es darum geht, situative Unbestreitbarkeit herzustellen, wie beispielsweise während einer Gerichtsverhandlung, wo man zwar einen Mord bestreiten kann, aber nicht, dass man einen Mord bestritten hat (vgl. ebd., S. 49). Das Problem mit der Redundanz in Interaktionssystemen hängt mit ihrer Inklusionsleistung zusammen. Ihre Form der Inklusion verläuft undifferenziert, womit sichergestellt wird, dass die Inkludierten mehr oder weniger über die gleiche Nähe zueinander verfügen: Alles, was im Zentrum der Aufmerksamkeit steht, ist, ohne dass etwa Boten dazwischen geschaltet werden müssten, für alle zugänglich, wobei die Ermöglichung von Privatheit und Geheimhaltung schon Leistungen der modernen Gesellschaft sind, „[...] die auf Differenzierung und selektive Reintegration von Interaktionssystemen beruhen" (ebd., S. 48). Dieses Phänomen beschreibt Kieserling auch als interaktionsöffentliche Kommunikation (vgl. ebd.). Wie leicht zu erkennen ist, macht diese Erreichbarkeit aller Anwesenden ohne Zeitverlust Interaktionssysteme hochflexibel. Aber diese Flexibilität hat auch ihren Preis: Mitgeteilte Information veraltet sofort (vgl. ebd.). Daher ist die Interaktion auf ständig neue Information angewiesen. Den zusätzlichen Konfliktstoff, den der Moralcode mitliefert, wirkt in den ersten Momenten trügerisch. So hat es den Anschein, als passiere ständig etwas Neues, und für ein Konfliktsystem passiert tatsächlich ständig etwas Neues, was auch die Verlagerung vom ursprünglichen Streitthema erklärt. Aber sobald die Verlagerung vom Ursprung weg vollzogen ist, hat man es dann nur noch, wenn es weiter polemogen zugeht, mit der unendlichen Variation der gleichen Thematik, der Verbindung von Positionserhaltung und Schädigungsabsicht, zu tun. Das erklärt auch, warum Streitigkeiten in den ersten Phasen eine Faszination ausüben, jedoch nach einer gewissen Zeit Überdruss heraufbeschwören. Autopoietisch gesehen ist das Interaktionssystem in Gefahr: Denn die ständig mitgeteilten Informationen sind Pseudoinformationen, und nur der Übergang in ein Konfliktsystem ermöglicht das weitere Jonglieren dieses fragwürdigen Komplexitätsaufbaus. Damit ist aber auch das autopoietische Ende des Konfliktsystems nicht mehr weit. Denn den gleichen trügerischen Effekt, den die Motivvielfalt durch den Moralcode auf Interaktionssysteme hat, hat sie natürlich auch auf Konfliktsysteme. Hier führen moralisierte Motivvielfalt und normatives Lernen zu einer Art selbstauferlegtem Systemverhungern, um es metaphorisch auszudrücken, und dies, um beim Bild zu bleiben, bei gleichzeitiger Aufnahme nährstoffarmer Nahrung[111]. Man muss aber in diesem Zusammenhang noch eine andere Dynamik erwähnen, die durch polemogene Kommunikation in Gang gesetzt wird und am Inklusionsmechanismus ansetzt: Wenn jetzt die interaktionsöffentliche Kommunikation polemogen überformt oder komplett polemogen ist, dann sind automatisch auch die prozessierenden Bewusstseinssysteme von jener Unmittelbarkeit mit Sogwirkung[112] erfasst. Das kann in letzter Konsequenz nur bedeuten, dass die Anwesenden zur Positionierung gezwungen werden. Und dann ist man beim Inklusionsmechanismus des Konfliktsystems. Die klebenden Blicke, die ein Zeichen dafür sind, dass in Interaktionssystemen letztlich alles öffentlich und zeitnah abläuft (vgl. ebd.), werden so zu auffordernden Blicken. Drastischer formuliert: Inklusion läuft über Positionierung.

Man könnte flache Hierarchiestrukturen in Organisationen als Errungenschaft anpreisen. Das sollte man auch. Nur ist es die Frage, wem man die Lorbeeren dafür gibt. Man mag an egalitäre Versatzstücke denken, die sich aus der Ideenevolution der Gesellschaft ergeben, man kann gar den gedanklichen Rekurs auf die Universalisierung der Moral anstreben, in koevolutionärer Koppelung zwischen Bewusstseinssystemen und sozialen Systemen. Das alles ist nicht falsch. Aber es ist vor allem eine Leistung der modernen, funktional differenzierten Gesellschaft insgesamt, Interaktionssysteme hervorgebracht zu haben, die von ihrer Operationsweise her, also von sich aus, ein Stück weit Egalität ins Spiel bringen: Sprecher- und Themenwechsel haben in Interaktionssystemen aufgrund der ständigen Neuverteilungsdynamik, welche diese in Gang setzen, zur Folge, dass Rangdifferenzierungen begrenzt bleiben, was auch daran erkennbar ist, dass die lokale Prominenz der Anwesenden von ihrer Stellung zum Zentrum der Aufmerksamkeit abhängig ist (vgl. ebd., S. 55). Wie oben besprochen, verändern Themenwechsel und das Zusammenwirken von normativen und kog-

---

[111] Die Frage, was dann kommt, ist sehr interessant, kann aber hier nicht beantwortet werden. Man müsste hier die Übergänge zur physischen Gewalt überprüfen, die sich natürlich im Rahmen der Organisation anders darstellen würden als etwa die Vorstufen kriegerischer Auseinandersetzungen.

[112] Diese Sogwirkung wird vor allem dadurch aufrechterhalten, indem die Feinsensibilisierungsmechanik von direkter und indirekter Kommunikation außer Kraft gesetzt wird. Alles, was direkt kommuniziert wird, ist auch verbindlich, so dass indirekte Kommunikation genutzt wird, um Verbindlichkeitsgrade auszutesten (vgl. ebd., S. 148). Zwar kann man im Streitfalle sehr kreativ mit Anspielungen umgehen, *doch die Achtungsfrage fordert immer den Tribut der Verbindlichkeit, Gesagtes kann dann nicht mehr rückgängig gemacht werden und erfordert Reaktion und vor allem Positionierung.* Systemtheoretisch kann man dann, Kieserling spricht im herkömmlichen Falle über die Ambiguisierung der Zurechnungsfrage (vgl. ebd., S. 162), auch von der *Entambiguisierung der Zurechnungsfrage* sprechen. Alle Systeme sind, und das wird hier sehr deutlich, auf Ambiguität angewiesen, womit wieder der Serialitätszwang angesprochen wäre: „Was dadurch gewonnen wird, ist vor allem die Möglichkeit einer größeren *Distanzierung des Kommunikationsprozesses von der reinen Sequenz*" (vgl. ebd., S. 165).

nitiven Erwartungen fortlaufend die Struktur der undifferenzierten, aber hochfle-
xiblen Interaktionssysteme. Themendifferenzierung fordert vor diesem Hintergrund immerzu Rangdifferenzierung heraus. An dieser Stelle gilt es, mit zwei
Knackpunkten umzugehen: Ist die Struktur zu egalitär angelegt, so konstatiert
Luhmann, und diese Erfahrung hat schon jeder gemacht, der etwa an selbstverwalteten Lektürekursen, Arbeitskreisen und sonstigen Plena teilgenommen hat,
sieht man sich mit dem Phänomen konfrontiert, dass wenige viel und viele wenig
reden (vgl. LUHMANN 1984, S. 565)[113]. Luhmann sagt in diesem Zusammenhang auch, dass derartige Entwicklungen nur mit Führung zu korrigieren seien
(vgl. ebd.). Man hat also hier schon die funktional bedingte Egalisierung vor Ort,
die an manchen Stellen nach Korrektur ruft. So muss man diesen Umstand wahrnehmen. Man hat schon längst in den Organisationen begriffen, dass das Korrektiv der Interaktionssysteme viel über die Konditional- und Zweckprogramme
läuft und dass externe Autoritäten, wenn diese zweckorientiert Autorität ausüben
möchten, dies maximal auf Berufung der oben genannten Programme tun können. Und selbst dann bleibt es – soziologisch gesehen – dem Zufall überlassen,
was Interaktionssysteme mit einem derartigen Eingriffsversuch anfangen. Man
weiß dies und man versucht in diesem Zusammenhang, nicht nur die undifferenzierte Flexibilität der Interaktionssysteme unter der Überschrift flache Hierarchien zuzulassen. Viel wichtiger als die Zweckrationalität ist für die Organisation in jedem Falle der Entlastungsaspekt, der mit jedem Grad der Autonomisierung der Sub- und Subsubsysteme zunimmt. Wenngleich die Zweckrationalität
mit dem Wunsch verbunden ist, dass, wenn man die Black Box Interaktion nur
machen ließe, dass dann auch aus diesem selbstreferentiellen Prozess kreative,
innovative Ideen entspringen würden, die auch die Interaktionsteilnehmer zusätzlich erneut zur weiteren Produktivität motivieren. Strenggenommen müsste man
systemtheoretisch sagen, dass alle Subsysteme in der Organisation selbstreferentiell operieren, so dass sich die Frage nach Autonomisierung anders stellen lassen muss. Hier würde man dann auf den Grad der konditionierten Vertrauenswürdigkeit im Organisationssystem schauen müssen, was die systemtheoretische

---

[113] So wie Kieserling Goffmans die „Vorderbühne- und Hinterbühne"-Semantik systemtheoretisch als
Differenz von zwei Öffentlichkeiten der Interaktionssysteme (z. B. Teamsitzung versus Intimbezie-
hung) reformuliert, da, und das ist nachvollziehbar, Interaktionssysteme sich jeweils nur über eine
Situationsdefinition konstituieren können (vgl. KIESERLING 1999, S. 50), so würde viel dafür
sprechen, für die Rangdifferenzierungsproblematik Bourdieus Habitusbegriff systemtheoretisch zu
integrieren. Vieles an dieser Problematik erinnert an die Kategorisierung von *ökonomischem, sozialem* und *kulturellem Kapital* (vgl. WEINBACH 2004, S. 68 ff.). Weinbach stößt die diesbezügliche
Diskussion an (vgl. ebd.). Was aber geschehen müsste, wäre eine Herangehensweise nach Kieserling,
bezogen auf Bewusstseinssysteme und ihre strukturelle Kopplung mit Interaktionssystemen. Dann
könnte man auf der Operationsebene überprüfen, welche Rolle eine Habitussemantik für Bewusstseinssysteme spielen könnte und wie sich diese äußert.

Auffassung von Netzwerken ist (vgl. LUHMANN 2006a, S. 408 ff.). Vor dem Hintergrund einer turbulenten Umwelt versucht man hier, den institutionellen Kontext so zu verdichten, dass, nebst der Einschätzung von bilanzierbaren Entwicklungen und eingehender An- und Aufträge, vor allem Möglich-, Zumut- und Belastbarkeiten einschätzbar zu machen (vgl. ebd.). Die Netzwerke innerhalb der Organisationen sind die strukturellen Kopplungen der Interaktions- und Bewusstseinssysteme. Ihre Existenz steht für eine weitere Entmachtung der Autorität, die jetzt eher zur rechenschaftsfähigen Adresse transformiert, als dass sie zum Korrektiv wird und fordert gar die Organisationsprogramme in gewisser Art und Weise heraus, da ihre Kontingenzeinschränkungsfähigkeit weitaus flexibler angelegt ist[114]. Polemogene Kommunikation zwingt nun das Interaktionssystem zu einer polemogenen Rangdifferenzierung. Sprecher- und auch Themenwechsel werden sozusagen über den Moralcode eingefroren. Das Thema ist festgezurrt und wird nur noch über die Motivvielfalt, die der Moralcode generiert, variiert. Im Mittelpunkt der Aufmerksamkeit stehen dann sowieso jene, die zu dem Thema am meisten beitragen können. Die normative Erwartungshaltung beflügelt zudem das Festhaltenwollen an der lokalen Prominenz, die sich auf der Themenhoheit gründet. Zudem geraten jene Bewusstseinssysteme in den Vordergrund, die am besten die Synchronabweichung zwischen Reden und Schweigen verarbeiten können. Genau an diesem Punkt wird vor allem das Einfrieren des Sprecherwechsels begünstigt. Jetzt reden wenige viel, während die anderen schweigen[115]. Was das bedeutet, liegt auf der Hand: Polemogene Kommunikation schafft Rangdifferenzierung entgegen der autopoietischen Logik des Interaktionssystems. Es entstehen Autoritätsformen, die nur noch unter der Herrschaft des Moralcodes korrigieren und nur noch unter den Bedingungen der Selbstachtung zurechenbar sind. Das Konfliktsystem arbeitet im weiteren Verlauf nur noch für sich selbst und kann im Netzwerk keine Verdichtungsleistung in Bezug auf konditionierte Vertrauenswürdigkeit mehr bereitstellen. Denn gerade hier findet man nicht, was man in den Netzwerken sucht. Hier werden Möglichkeiten massiv eingeschränkt, dies bei gleichzeitiger und nicht einschätzbarer Steigerung

---

[114] Hier sieht man aber auch, dass trotz der schon angesprochenen Sogwirkung, die Organisation auf Interaktion ausübt, die Interaktionssysteme sich von ihrer Operationsweise her auf die Organisationssituation eingestellt haben. *Somit muss man sagen, dass Organisationsinteraktionssysteme Interaktionssysteme bleiben, dass man also vor diesem Hintergrund kein spezielleres Interaktionssystem theoretisch ableiten kann.* Was bei Interaktionssystemen, die polemogen operieren, anders der Fall zu sein scheint.

[115] Und die rangdifferenzentlastende Funktion durch undifferenzierte Hilfsbereitschaft in Konfliktsystemen kommt kaum mehr zu Geltung: „Vor allem in Krisensituationen - nach Peinlichkeiten zu Beispiel, aber auch nach längeren Gesprächspausen oder wenn einer der Anwesenden dabei ist, die Fassung zu verlieren - stellt eine Art von undifferenzierter Hilfsbereitschaft sich ein, die alle Anwesenden von ihren vorgegebenen Rollen distanziert" (KIESERLING 1999, S. 56).

von Zumutung und Belastung. Vor allem hier wird eine organisationale Paradoxie offenbar: Dienen Interaktionssysteme der Organisation auch als Katalysator
für Störpotentiale (vgl. KIESERLING 1999, S. 57), so verlagert auf diese Weise
das Konfliktsystem jene Potentiale zurück in die Organisation.

Interaktionssysteme können keine Subsysteme ausdifferenzieren. Das hat
aber nicht nur Auswirkungen auf das Prozessieren von Themen, sondern auch
auf die eigene Selbstbeschreibung. Interaktionssysteme können keine Selbstre-
flexion betreiben (vgl. ebd., S. 61):

> „Die Perspektiven werden durch Zeitdruck sowie durch die Rücksicht auf laufend
> wechselnde Plausibilitäten bestimmt. Die reflektierende Rückfrage nach Sinn und
> Zweck der Zusammenkunft ist dadurch nicht ausgeschlossen, wird aber ihrerseits
> durch Zeitdruck und Plausibilität so konkret an die Situation zurückgebunden, daß
> wenig Spielraum besteht" (ebd.).

Dieser Umstand wirft die Frage etwa nach Teamsupervision oder Mediation in
Konfliktfällen auf. Die Strukturflexibilität der Interaktionssysteme, die es etwa
ermöglicht, sich innerhalb eines Tages von einem Start-up-Unternehmen zu einer
Boule spielenden Freizeitinteraktion zu wandeln, düpiert vor allem gleichzeitig
das Vorhaben der Teamsupervision. Zwei Szenarien sind diesbezüglich denkbar:
A) Das Interaktionssystem ist nur moralisch überformt oder es gibt einige
Meinungsverschiedenheiten zu klären. Da das Thema Supervision ist, ist auch
die Interaktion eine Supervisionsinteraktion, die sich mit Hilfe von Anleitung
damit beschäftigt, Latentes greif- und nachvollziehbar zu machen. Die Supervisionsinteraktion ist aber nicht mehr etwa die Projektsinteraktion, die z. B. neue
Werkzeuge oder Werbestrategien zu entwickeln hat. Somit fällt der objektive
Blick des Anleiters schon aus operationalen Gründen aus, ohne dass man über
die Konstitution dessen Bewusstseins nachdenken muss. Das heißt theoretisch
gesehen nichts anderes, als dass der Anleiter Teil des Interaktionssystems ist und
den externen Blick nicht als Leistung anbieten kann. So ist die Supervisionsinteraktion damit beschäftigt, anhand der Unterscheidung latent/manifest eine Art
künstliche Selbstbeschreibung zu konstruieren – alle sitzen im gleichen Kino.
Die Soziologie beobachtet anhand der gleichen Unterscheidung andere Beobachtungen und Beobachter, jedoch wird ihre Selbstbeschreibung im Wissenschaftssystem anhand unzähliger anderer Beobachter, etwa im wissenschaftlichen Diskurs, sichergestellt. Jedenfalls mag die (Re-)Konstruktion der
anschwelenden Konfliktwirklichkeit insofern hilfreich sein, als dass die einzelnen Teilnehmer sich in Bezug auf andere Interaktionen irritieren lassen, vielleicht sogar entpolemogenisieren. Das würde heißen, einen kognitiven Zugang
zu seinen normativen Erwartungen zu finden. Aber auch wenn die Wahrscheinlichkeit der Entpolemogenisierung gesteigert wird, so bleibt es immer noch dem

Zufall überlassen, ob sich die Irritationen aus Supervisionsinteraktionen auf andere Interaktionen übertragen.

B) Die Überformung ist mittlerweile zur Transformation geworden. Das Interaktionssystem ist Konfliktsystem. Dann ist gegeben, dass die interaktionsöffentliche Kommunikation zeitsparend und unmittelbar rapide um sich greift, polemogen überformt ist und klebende Blicke zu auffordernden macht. Und auch dagegen kann sich der Supervisionsanleiter, der auch nur ein Teilnehmer der Supervisionsinteraktion ist, nicht versperren. Auch er wird irgendwann zur Positionierung gezwungen[116].

Die Grenze des Interaktionssystems verläuft zwischen An- und Abwesenheit:

> „Die Grenzen der Interaktion haben [...] einen doppelten Effekt. Sie erzeugen nach außen hin sehr hohe Schwellen der Indifferenz, die fast alles fernhalten und ausschließen [...]. Nach innen hin dagegen, aber auch mit Bezug auf die anwesende Nahumwelt, entsteht wie im Austausch dafür eine hochverfeinerte Sensibilität, die dann beispielsweise nicht nur die Kommunikation, sondern auch das sonstige Körperverhalten der Anwesenden nehmen und als positiven oder negativen Beitrag zum Fortgang der Kommunikation würdigen kann" (KIESERLING 1999, S. 63).

Ironischerweise gerät die Transformationsbegrifflichkeit, die in Bezug auf die Verwandlung vom Interaktions- zum Konfliktsystem oben erarbeitet wird, an den Systemgrenzen an ihre eigenen Grenzen. Einerseits ist die Argumentation hinsichtlich der Transformation zwingend und schlüssig, andererseits belegt das vorhergehende Zitat von Kieserling, dass Konfliktsysteme Interaktionssysteme sind und bleiben. Konfliktsysteme bleiben genauso undifferenziert wie Interaktionssysteme und verfügen auch über die gleichen Inklusions- bzw. Exklusionsmechanismen, die sich vor allem dadurch auszeichnen, dass trotz kontinuierlicher Präsenz Anwesende, wie etwa der Diener bei Hofe, exkludiert werden können (vgl. ebd., S. 65). Und auf anderer Ebene bleiben sie gleich: Baut etwa eine Organisation sekundäre Komplexität darüber auf, indem die Unsicherheit des Nichtentschiedenen wieder ins System zurückkopiert wird, so differenziert sich

---

[116] In der diesbezüglichen Fachliteratur wird unter anderem vorgeschlagen, den Supervisor als Profi seines Metiers und die Supervision als System gegenüberzustellen und gegeneinander abzugrenzen. Auf der einen Seite ist dann die Fachkraft, die sich anhand ihrer Profession und anhand von Normen und Maximen abgrenzen und gleichzeitig selbst überprüfen muss, auch in Bezug auf neue Wissensaneignung. Auf der anderen Seite sind dann die Fallgruben des Supervisionssystems (vgl. RAPPE-GIESECKE 2003, S. 98 ff.). Dies ist, wie oben beschrieben, nicht möglich. Und auch der Vorschlag, der Supervisor habe sich selbst in eine Supervision zu Kontrollzwecken zu begeben (vgl. ebd.), mutet als Verlegenheitslösung an, da der gleiche, oben beschriebene Mechanismus wieder in Gang gesetzt wird: *Eine Kontrollsupervisionsinteraktion bleibt eine Kontrollsupervisionsinteraktion, die, wie alle anderen Interaktionssysteme auch, nicht fähig zur Selbstbeschreibung ist.* Man merke sich: Selbstthematisierung, wichtig für Enttautologisierungsprozesse, ist nicht gleich Selbstbeobachtung. Selbstthematisierung läuft anhand der Themen, also episodisch ab (vgl. KIESERLING 1999, S. 199).

ein Interaktionssystem nicht primär über An- und Abwesenheit[117], sondern im Verhältnis zwischen Wahrnehmung und Kommunikation aus (vgl. ebd. S. 73). Das Programm der polemogenen Kommunikation setzt in Interaktionssystemen vor allem an der Schnittstelle Wahrnehmung und Kommunikation an und nimmt von dort aus eine ganz eigene, sehr spezifische Entwicklung auf, die nach und nach immer schwerer umkehrbar wird. Jedoch: Eine Moralkommunikation unter Anwesenden bleibt eine Moralkommunikation unter Anwesenden. Wo soll sich diese denn auch sonst abspielen? Es gibt keine Subsysteme, in welche die Moralkommunikation abgeschoben werden kann. Der Klatsch erfordert ein anderes Interaktionssystem, jenes Forum Dritter, und hier handelt es sich dann auch nicht um polemogene Kommunikation, sondern um eine darauf bezogene Ausweichkommunikation. Die Ausgangsargumentation und die sich daran anschließende Weiterführung lassen keinen anderen Schluss zu, als dass Interaktionssysteme entweder Konflikte meiden oder Konflikte sind. Das heißt, hier ist von mehr als einer bloßen Strukturveränderung durch Themenwechsel oder normativ/kognitiven Erwartungssynthesen, wie etwa bei der besagten Supervisionsinteraktion, oder einer bloßen Überformung die Rede, wie sie etwa bei Meinungsverschiedenheiten auftreten kann. Was vom Interaktionssystem übrig bleibt, wenn, und das ist der entscheidende Punkt, polemogene Kommunikation zur Operationsweise geworden ist, ist die Hülle ihrer System/Umwelt-Grenze und ein zweckentfremdeter Ausdifferenzierungsmechanismus. Der Begriff Konfliktsystem ist vor diesem Hintergrund dann natürlich irreführend. Es muss darum gehen, die veränderte Operationsweise innerhalb der gleichen Grenze und dem zwar überformten, aber gleichen Differenzierungsmechanismus[118] zu fassen. Das geht, wenn man den Begriff des intrapolemogenen Interaktionssystems wählt:

---

[117] Aber natürlich auch hier: Der Anwesende ist Anwesender auch in anderen, im Moment der Interaktion abwesenden Interaktionssystemen. Mit diesen Freiheitsgraden durchbrechen die Teilnehmenden die einfache Zirkularität der Interaktionssysteme an der basalsten Stelle (vgl. ebd., S. 103). Die Fremdreferenz des Systems vermag es so, Alternativen zur Wahrnehmung bezüglich der Komplexitätssteigerung zu inkludieren, wie etwa Werte: „So wie man den Wert eines Wertes weder kommunizieren kann noch kommunizieren muß, so kann und muß man auch die Aktualität und Gleichsinnigkeit der Wahrnehmung nicht kommunizieren" (KIESERLING 1999, S. 131). Die Werte beziehen sich also auf die Fremdreferenz des Systems, die Wahrnehmung auf die Selbstreferenz; beide verhalten sich funktional äquivalent zueinander (vgl. ebd., S. 134).

[118] Die sehr starke Überformung durch polemogene Kommunikation zeigt sich vor allem hier: „Die Wahrnehmung stellt Sicherheiten bereit, die auch sozial absehbar funktionieren und gleichwohl nicht über explizite Kommunikation erzeugt werden müssen" (KIESERLING 1999, S. 123). Polemogene Kommunikation bedeutet in diesem Zusammenhang einen Frontalangriff auf die Situationsdefinition des Interaktionssystems, durch die Störung des Reflexivwerdens der Wahrnehmung. Man nimmt den Achtungskampf wahr und schon ist die Situationsdefinition nicht mehr stabil. *Wenn sich dann die Situationsdefinition restabilisiert, dann als alles bestimmende, polemogene Konfliktsituationsdefinition, die auch nur vor diesem Hintergrund Systemdifferenzierung zulässt.*

Tabelle 1:   Interaktionssysteme und intrapolemogene Interaktionssysteme

Operation	Interaktionssysteme	intrapolemogene Interaktionssysteme
Typenprogramme	- Erleichterung der sprachlichen Einordnung - Bereitstellung an einem Minimum von Vorverständigung bezüglich des Sinns der Zusammenkunft - Lernregeln für anschließende Interaktion	- sprachliche Einordnung wird durch Dauerverhandelbarkeit sabotiert (Konflikt ja oder nein? Wenn ja, worüber?) - Unsicherheit bezüglich der Vorverständigung. Es gibt keine Erwartungssicherheit - Umstellung auf normatives Erwarten
Selbstthematisierung: ja Selbstbeobachtung: nein	- Themenwechsel ist gleich Strukturwechsel: Themen dienen der Enttautologisierung und machen Interaktionssysteme hochflexibel - unterschiedliche thematische Episoden - Thema als angstnehmende Erwartungsstruktur	- Themenwechsel wird durch die moralcodierte Motivvielfalt vorgetäuscht. Das Thema, der Achtungskampf, bleibt gleich und führt zur Tautologisierung - unterschiedliche Motivepisoden - Thema als angstschürende Erwartungsstruktur
Sinndimensionen	- Sach- und Zeitdimension bleiben undifferenziert - Sozialdimension wird verdichtet	- Aufblähung der irreversiblen Gegenwart der Zeitdimension
Zwang zur Serialität	- häufiger Wechsel von Themen	- Druck zur Auflösung des Unauflösbaren

Enttautologisierung von Selbst- und Fremd- referenz	- Themen verweisen auf Systemgeschichte = Histo- risierung = Zeitdimension - Themen verweisen auf Umweltexistenz = Externa- lisierung = Sachdimension - Themen verweisen auf Rangdifferenzierung = asymmetrische Modelle = Sozialdimension	- zweite Aufblähung der Zeitdimension durch Überladung der Systemgeschichte - Marginalisierung der Umweltexistenz - Einfrierung der Rangdifferenzierung
Thematisierungs- schwelle	- neue Themen werden zu- gelassen	- Thematisierungs- schwelle wird zur Thematisierungs- mauer
Synchronisation von Reden und Schweigen	- Vertagung auf Zukunft, der Schweigende hat Aussicht auf Redezeit = hohe Sys- temelastizität	- Abweichungsabwei- chung = führt zur Systemstarre
interaktionsöffentliche Kommunikation	- Erreichbarkeit aller Inklu- dierten ohne Zeitverlust - mitgeteilte Information veraltet augenblicklich; Angewiesenheit auf neue Themen - Inklusion: klebende Blicke	- Erreichbarkeit aller Inkludierten ohne Zeitverlust - mitgeteilte Informa- tion ist die Variation des immer gleichen Themas; Zwang zum Übergang in ein Konfliktsystem, in- dem die Variation behandelt werden kann - Positionierung: auf- fordernde Blicke

Themenwechsel	- bringt potentiell Sprecher-wechsel mit sich; lokale Prominenz der Anwesen-den hängt von ihrer Stel-lung zum Zentrum der Themen ab; bewegliche Rangdifferenzierungsdy-namik, flache Hierarchien = Themendifferenzierung fordert Rangdifferenzie-rung heraus	- polemogene Randdif-ferenzierung; Spre-cher- und Themen-wechsel werden ein-gefroren - Autorität unter der Herrschaft des Mo-ralcodes - viele reden wenig und wenige reden viel
Zurechnung von Kommunikation (di-rekt/indirekt)	- Ambiguisierung	- Entambiguisierung
strukturelle Koppelung mit dem Organisations-system	- offen für das Netzwerk	- Tendenz zur Ab-kopplung vom Netz-werk
Grenzziehung	- An- und Abwesenheit	- An- und Abwesen-heit
Kognition; Ausdiffe-renzierung	- primär: Wahrnehmung und Kommunikation - Wahrnehmung stellt Si-cherheiten fest - sekundär: An- und Abwe-senheit	- primär: Wahrneh-mung und Kommu-nikation - Wahrnehmung stellt Unsicherheiten fest - sekundär: An- und Abwesenheit

Jetzt, nach dem festgestellt ist, dass es intrapolemogene Interaktionssysteme gibt und welchen Schaden sie an sich selbst und an ihren Bewusstseinssystemen verüben, was an und für sich eine soziologische Auseinandersetzung mit dieser Thematik rechtfertigt, muss man sich fragen, an welcher Stelle der Organisation diese auftauchen.

Die nachfolgenden Zeilen stehen unter dem Anfangsverdacht, der in der Einleitung geäußert wurde: Aller Wahrscheinlichkeit nach verkraften Organisa-tionen intrapolemogene Interaktionssysteme gut, können eventuell sogar auf diese zurückgreifen, wenn es um ihre eigene kognitive Fortschrittlichkeit geht.

Es ist zu vermuten, was jedoch hier nicht mehr geklärt werden kann, dass es eine Korrelation gibt zwischen intrapolemogenen Interaktionssystemen und der Ausdifferenziertheit der Organisation – einfacher ausgedrückt: Je größer und komplexer eine Organisation aufgestellt ist, desto unbeeindruckter wird sie sich von zerstrittenen Teams, Arbeits- sowie Projektgruppen etc. zeigen. Das ist ja die große Leistung der Organisation, dass sie auf Moralkommunikation mit einem Arsenal an Äquivalenten, wie Hierarchie, Konditionalprogramme, aufgelockerte Rangdifferenzierung und so weiter, antworten kann.

Umgekehrt kann man dann aber genauso gut fragen, und leider auch hier nicht mehr klären, inwieweit kleine Organisationen, die sehr wohl die Organisationslandschaft in der modernen Gesellschaft mitbestimmen, von intrapolemogenen Interaktionssystemen in Mitleidenschaft gezogen werden könnten.

In beiden Fällen, so der Vorschlag hier, müssten die Untersuchungen unter dem Stichwort „Themengenese der Interaktionssysteme versus Kontributionsleistung der Interaktionssysteme in Bezug auf ihre Organisationsumwelt" laufen. *In Organisation steht die Moral mit der Interaktion und* fällt *mit den Entscheidungsprämissen.*

Auch soll vor diesem Hintergrund eine zweite Prämisse vorgeschlagen werden, die sich einerseits auf die, aus Interaktionssicht, viel zu komplexe Umwelt, die ja die Organisation ist, bezieht und zugleich eine Überleitung zu den Abschlussüberlegungen dieses Kapitels darstellt: Man wird nie völlig ergründen können, was einer Organisation durch intrapolemogene Interaktionssysteme verloren geht, man kann aber – wenn man das Steuern nicht lassen will, wohlgemerkt – vor allem das Wie und mit einigen Abstrichen das Wo der polemogenen Effekte in der Organisation beobachten. Dann kann man Vermutungen über Verluste, die aus systemtheoretischer Sicht hauptsächlich Elastizitäts- und Flexibilitätsverluste sein werden, anstellen und sich fragen, ob derartige Verluste kompensierbar sind oder nicht. Damit ist man im systemtheoretischen Duktus, da man so weniger auf die das Organisationssystemgedächtnis überladende, prophylaktische Wissensakkumulierung achten muss und sich so mehr auf die – durch situativ anwendbares Spezialwissen unterfütterte – Organisationsrobustheit in Bezug auf ihre turbulente Umwelt wiederum konzentrieren kann.

Daher muss man das, was jetzt kommt, als theoriengeleitete Anschlussüberlegungen, die an anderer Stelle validiert werden müssen, sehen, wobei die Feststellungen bezüglich der intrapolemogenen Interaktionssysteme auf das Konto der systemtheoretischen und organisationstheoretischen Wissensproduktion zu verbuchen sind.

Und hier kommt auch der Rekurs auf Kapitel 4 zustande. Denn dort wird darüber berichtet, wie wichtig es für Interaktionssysteme ist, den momentanen sowie den zu erwartenden Anforderungen aus der Organisation gewachsen zu sein. Die Interaktion schafft diese Aufgabe über die Variation von Themen, die Organisation tut dies mittels ihrer Entscheidungen, die sie über die Entscheidungsprämissen bereithält und variiert. Variation und Anschluss dadurch, als dass „[...] Entscheidung über Entscheidungsprämissen für weitere Entscheidungen" (LUHMANN 2006a, S. 222) ermöglicht werden. Dabei dienen Rationalitätsannahmen über Zwecke und Mittel oder Ideen bezüglich einer etwaigen Organisationskultur der Organisation lediglich einer selbstrationalisierenden Kontingenzeinschränkung. Die formale Organisation, von der in Kapitel 4 die Rede ist, ist die Organisation, die sich u. a. in der schriftlich-chiffrierten Selbstbeschreibung wiederfindet. Die Interaktionssysteme sind bezüglich ihrer Themen variabel, die Organisation ist dies bezüglich ihrer Prämissen, was das fortlaufende Unterlaufen ihrer Selbstbeschreibung immerzu unter Beweis stellt. Das heißt, letztlich spielt die Wahrheit der Prämissen keine Rolle, sondern die Relevanz der anstehenden Probleme (vgl. ebd.). Hier sieht man, dass die Entscheidungsprämissen also nicht nur auf ihren unabdingbaren Planungsfiktionen beruhen können, sondern auf ihre Selbstorganisation angewiesen sind (vgl. ebd., S. 254), die sich insbesondere dadurch auszeichnet, wie in Kapitel 4 gezeigt wird, dass sie Folgeprobleme ihrer Formalstruktur in die Interaktionssysteme abschieben kann. Diese Selbstorganisation trifft also auf die Mikrodiversität der Organisation, welche nur die Interaktionssysteme bereitstellen können (vgl. ebd., S. 255). Man hat gesehen, wie schnell die Interaktionssysteme von formal auf informal und umgekehrt schalten können, weshalb die klassische Anwendung dieses organisationstheoretischen Begriffs hier nicht fruchtbar ist, wie also Formales schnell informal und umgekehrt werden kann. Das ist das Material, auf das die Selbstorganisation zurückgreifen kann (vgl. ebd.). Die Elastizität der Interaktion wirkt sich auch auf die Elastizität der Organisation erweiternd aus. Man muss auch vermuten, dass es diese Selbstorganisation der Organisation ist, die durch das permanente Abschieben der Folgeprobleme durch die Formalstruktur die Interaktion auf diese Elastizität hin konditioniert – man denke hierbei an die erwähnte Technisierung von Interaktion durch Organisation.

Man hat hier und in Kapitel 4 gesehen, dass Interaktionssysteme ihre Flexibilität durch Themen- und Thematisierungsflexibilität, man denke an die Einheit von Struktur und Thema, gewinnt. Und in Organisationen hält sie sich dadurch fit für die Organisationsanforderungen[119].

---

[119] So könnte man durchaus, durch diese Überlegungen angeregt, Anschlussbeobachtungen über *Interaktion und Entscheidungsfitness in Organisation* anstellen.

Für die Organisationen fällt die Bedeutung von Themen weitaus funktionaler aus: Sie strukturieren Kommunikation in sachlicher und differenzieren Kommunikation in zeitlicher Hinsicht (vgl. ebd., S. 59). Organisationsthemen tragen somit ihren Teil zum Organisationsgedächtnis bei: Anhand der Themen weiß die Organisation, was sie erinnern muss und was sie vergessen kann (vgl. ebd., S. 60)[120]. Wie kommen vor diesen Hintergründen intrapolemogene Interaktionssysteme ins Spiel?

Inflexibilisierung der Selbstorganisation: Zuallererst muss man feststellen, dass diese Systeme das Prinzip der Selbstorganisation unterlaufen, da ihre Rethematisierungsvitalität gebrochen ist. Ein intrapolemogenes Interaktionssystem kann keine neuen Folgeprobleme der Formalstruktur mehr ernsthaft abfangen und dort verarbeiten. Es wird sich noch auf alte Strategien berufen können, da das Organisationssystem dieses, als es noch ein Interaktionssystem war, daraufhin konditioniert hat. Aber selbst diese werden nur noch unzureichend bedient, während neue Folgeprobleme übersehen werden.

Was hier besprochen wird, ist eine nachvollziehbare Elastizitätsreduktion, die auch eine Organisation zu spüren bekommt. Aber es geht der Organisation noch zusätzlich auch jener Testballon verloren, mit dem Interaktionssysteme belastende und anstehende Anforderungen aus dem Organisationssystem überprüfen. Gewichtig ist in diesem Zusammenhang jedoch auch der Verlust eines Frühwarnsystems: Was die Organisation in die Interaktion abschieben kann, wird sie noch nicht als Problem wahrnehmen. Dass sie jedoch Probleme ihrer Formalstruktur abschieben muss, vielleicht bestimmte immer wieder, ist eine Tatsache, die zuerst in den Interaktionssystemen ihren Niederschlag findet, was vor allem in der informalen Interaktion, ohne Entscheidungsdruck, vorerst hin und her gewälzt wird. Das heißt, die Kommunikation steht dann nicht unter Entscheidungsdruck, aber es gibt Entscheidungsdruck, der vorerst einen informalen Filter braucht.

Entformalisierung: Man hat oben gesehen, wie sich im Rahmen der polemogenen Kommunikation Bewusstseinssysteme in den Vordergrund schieben. Davon bleibt die Organisation nicht unberührt. *Plötzlich muss sie sich mit den polemogenisierten Wortführern konfrontieren, von denen sie sich eigentlich mithilfe der Formalisierung unabhängig machen wollte.* An dieser Stelle mag die Thematik von Risiko und Gefahr, die in Kapitel 4.2 besprochen wird, am deutlichsten zutage treten. Im Interaktionssystem dadurch, dass Mitglieder entweder überrumpelt oder zur Positionierung gezwungen werden. Im Organisationssys-

---

[120] Demnach kann man nach Luhmann und Zusammentragung bisheriger Erkenntnisse zusammenfassen, dass das Organisationsgedächtnis aus *Organisationsthemen* (nicht Interaktionsthemen), aus der organisationalen *Selbstbeschreibung*, aus den *Bewusstseinssystemen* der Mitglieder und der Unterscheidung *Normalverlauf/alarmierende Zeichen* besteht.

tem dadurch, dass die Organisation mit nichteinkalkulierbaren Unbekannten, wie etwa der Weitergabe von Interna, rechnen muss, was wiederum andere Organisationen beobachten können.

Man hat bisher die Phänomene besprochen, in der *Moralkommunikation als Konkurrent zu den Entscheidungsprämissen* in Erscheinung tritt, insbesondere wenn es um Kommunikationswege und Personen geht – hier im Sinne: *Erwartungsstrukturen versus Erwartungsstrukturen.*

Und letztlich führt alles zu den Entscheidungsprämissen, da das die Grenze der Organisation zu ihrer Umwelt darstellt, auch zu den Interaktionssystemen. Hier könnte man übrigens überlegen, wie sich Organisation mittels ihrer Entscheidungsprämissen auf Interaktionssysteme in Zukunft einstellen wird, nachdem sie die Erfahrung mit intrapolemogenen Interaktionssystemen gemacht hat. Auch hier hätte man eine Problematisierung, da ja jede generalisierende Einschränkung von Interaktion auch eine Einschränkung von Organisation bedeuten kann. Eine Untersuchung bezüglich unerwünschter Rückkopplungseffekte, wie etwa die Umstellung mehrerer Interaktionsteams oder Versetzung von Mitgliedern, durch intrapolemogene Interaktionssysteme wäre sicherlich hochinteressant.

Selbst wenn man Organisation als rekursives System zusammendenken muss, in dem alles auf die Entscheidungsprämissen hinausläuft, so ist es aus lokalisierungstechnischen Überlegungen heraus noch sinnvoll, polemogene Effekte im *Organisationsnetzwerk* und im *Organisationsgedächtnis* zu vermuten.

Sucht man im Normalfall in der Organisation vergebens nach Moral, so ist *Vertrauen* besser zu finden. Dies, wie oben beschrieben, in den Netzwerken der Organisation, welche die konditionierte Vertrauenswürdigkeit darstellen, dies, um es zu wiederholen, indem sie für Organisation und insbesondere für deren Mitglieder die Anforderungen in Bezug auf Möglich-, Zumut- und Belastbarkeit einzuschätzen. Oben wurde beschrieben, was es für ein Interaktionssystem bedeuten kann, *wenn es vom Netz gehen muss*. Aber auch eine Organisation kann dadurch in Mitleidenschaft gezogen werden, man denke hier etwa an den Sonderfall, in welchem sich zwei Abteilungen verfeindet gegenüberstehen. Das kann sogar eine mittelgroße Organisation bei der Bewältigung ihrer Alltagsgeschäfte schwer strapazieren. *Vertrauenswürdigkeit, und das ist vielleicht ein neues, großes Thema für die systemtheoretische Organisationstheorie, ist eine Erwartungsstruktur mit besonderen Qualitäten. Insbesondere in einer kontingent-selektiven Umgebung, in der man theoretisch alles hinterfragen könnte, es aber nicht kann, weil sonst alles auf einen autologischen Kurzschluss hinausliefe, kann Vertrauen besonders stabilisierend wirken*[121].

---

[121] Diese Anregung entstammt Diskussionen mit Stephan Frühwirt, der in diese Richtung eine gesellschaftstheoretische Forschung betreibt.

Bleibt das Organisationsgedächtnis: Die Wahrnehmung der Bewusstseinssysteme findet sich zum einen zusammengefasst in der Verschriftlichung der Organisation wieder. Das ist der eine Teil. Hier kann man sich vorstellen, dass die Fixiertheit auf intrapolemogene Themen Interaktionssysteme das *Crossing* von der beschriebenen zur nichtbeschriebenen Seite außer Acht lassen, weil sie sich gerade mit Achtungsbedingungen auseinandersetzen. Es wurde weiter oben gezeigt, wie insbesondere dieses Crossing notwendig ist, um Reformimpulse innerhalb der Organisation freizusetzen. Größere Organisationen können das gut verkraften, wenn diesbezüglich ein Interaktionssystem ausfällt. Nichtsdestotrotz kann man nie wissen, was einem an Veränderungspotential verloren geht. Es kann ja sein, dass das eine intrapolemogene Interaktionssystem vorher ein besonders aktives und gut beobachtendes Interaktionssystem war. Wahrscheinlich trifft dieser Punkt kleine Organisationen, etwa Start-ups, jedoch umso härter. Das ist der eine Teil, an dem man die Wahrnehmung in Bezug auf Gedächtnis anschauen kann. Der andere ist, dass Bewusstseinssysteme *erinnern* und an das *Erinnern erinnern*. Es ist leicht nachzuvollziehen, und auch die möglichen Folgen sind absehbar, dass intrapolemogene Interaktionssysteme diese Leistung nicht mehr vollbringen können.

Endlich muss man auf die Unterscheidung des Organisationsgedächtnisses schauen – *Normalverlauf/alarmierende Zeichen*. Falscher Alarm durch polemogene Kommunikation wirkt sich ungünstig auf die Bewältigung des Alltagsgeschäfts aus. Diese Argumentation verläuft auf ähnlichen Bahnen wie jene bezüglich der Beschreibungs- und Beobachtungsleistung. Die Organisation wird gezwungen, ihren Alarmmechanismus auf die mit ihr gekoppelten Interaktionssysteme auszurichten, wobei ihr Ressourcen wiederum in Bezug auf ihre *anderen* Umwelten verloren gehen können. Auch hier ist es wiederum die Organisationsdifferenziertheit, die über die Kompensationsfähigkeit von polemogenen Effekten im organisationalen Alarmsystem entscheidet.

Eines fällt auf: Schaut man auf die Thematisierungs- und Rethematisierungsfitness der Interaktionssysteme, die durch polemogene Kommunikation gemindert oder gar gestoppt wird, und ihre Auswirkung bezüglich des organisationalen Beitrags, ist festzustellen, dass sich die Beobachtungsperspektive über die bloße Entscheidungsfunktion der Organisation verschiebt: Nicht nur über die *Stellen* (vgl. LUHMANN 1994, S. 305), sondern auch über die *Selbstorganisation*, das *Netzwerk* und das *Systemgedächtnis* als Formen konstituiert sich Organisation als Medium, die wiederum selbst als Medium dienen, in denen sich die Entscheidungsfähigkeit der Organisation und die Thematisierungs- und Rethematisierungsvitalität der Interaktionssysteme als Formen bemerkbar machen.

Insgesamt also ist Moralkommunikation in Organisation ein Doppelthema: In Bezug auf Interaktion geht es um Operation. In Bezug auf Organisation geht es um Elastizität und Flexibilität.

7 Ergebnisse

Es gibt keine Moral der Organisation. Aber es gibt eine Moral der Gesellschaft. Und sie ist es, der man in der Organisation begegnen kann. Wer die Moral der Organisation sucht, der findet den Konflikt.

Der Weg zu dieser Erkenntnis liefert jedoch viel fruchtbares Wissen, nicht nur für eine allgemeine Systemtheorie, sondern auch für eine systemtheoretische Interaktionstheorie. Und das sind Beiträge, die auch der Organisationstheorie an sich, aber insbesondere der Organisationssoziologie interessante Impulse liefern können. Auch geht der Blick zudem zur Organisationsberatung und Organisationsentwicklung. Aber es muss in diesem Zusammenhang klar sein, dass letztlich nur Berater und Entwickler darüber entscheiden können, was sie aus dem Angebot der Organisationstheorie als relevant erachten. Das spornt dazu an, das Angebot so interessant wie möglich zu gestalten. Zur soziologischen Suche.

Um die Moral der Organisation zu finden, muss man zuerst an den Ort des möglichen Geschehens. Dort findet man die Organisation als soziales System wieder, das sich aus seinen eigenen Operationen heraus produziert und reproduziert. Und diese organisationsspezifischen Operationen oder – schärfer formuliert – kommunikativen Letztelemente sind Entscheidungen. Über Entscheidungen wird Komplexität in Kontingenz umgewandelt, und über Entscheidungsprämissen zieht sie ihre Grenze zu einer für sie noch komplexeren Umwelt, also auch zu den an sie gekoppelten Interaktionssystemen. Das ist eine wichtige Feststellung: Nicht nur die Mitglieder beobachten ihre Organisation als etwas, was man in ihrer völligen Komplexität nicht durchdringen kann; das gleiche gilt für die Organisation in Bezug auf ihre Mitglieder.

Dass die kommunikativen Letztelemente der Organisation Entscheidungen sind, bedeutet, dass die Organisation permanent im Prozess ist, sich zu selbst zu entlasten. Mit jeder getroffenen Entscheidung aber verdeckt sie die Paradoxie, dass auch anders hätte entschieden werden können. Diese Unsicherheit wird immer wieder zurück ins System kopiert, was zum Aufbau sekundärer, für ihre weitere Ausdifferenzierung notwendige Komplexität führt. Das ist ihre zweite Grenzziehung, oder anders formuliert: ihre doppelte Schließung. Hier ist noch keine Moral zu finden.

Für die moderne Gesellschaft ist die Organisation unabdingbar. Um das zu sehen, darf man nicht die Umwelt der Organisation aus der Sicht der Organisation beobachten. Denn das ist ihre eigene, konstruierte Umwelt.

Daher muss man die Organisation in der Umwelt der Gesellschaft beobachten, um zu sehen, was diese nicht sehen können. Als nichttriviale Entscheidungsmaschinen verwandeln sie überall in der Gesellschaft Unsicherheit in Sicherheit – sie sind also zwingend notwendige Unsicherheitsabsorbierer. Gleichzeitig führt aber ihre eigene Komplexität dazu, dass sie koordiniert anarchistisch die Gesellschaft mit Unsicherheit versorgen, denn auch diese will sich ausdifferenzieren. Organisationen unterbrechen gesellschaftliche Interdependenzen, so dass der Untergang einer Organisation nicht zwingend den Untergang einer anderen nach sich zieht, was eine Ultrastabilität in die Gesellschaft hineinbringt und sie – auf der anderen Seite der Unterbrechung – Teilsysteme, wie etwa Politik und Wirtschaft, strukturell miteinander koppeln kann. Ihr größter Beitrag zur Gesellschaft ist jedoch, dass sie Exklusion als Normalfall betreibt. Sie übernimmt die Ausgrenzungsfunktion, die sich eine moderne Gesellschaft trotz ihres unerfüllbaren Vollinklusionsanspruchs dennoch nicht leisten darf. Das heißt nichts anderes, als dass sie nicht jedem Inklusionsanspruch genügen kann. Über Nichtmitgliedschaft diskriminiert Organisation. Über ihre Formenvielfalt und die Mitgliedschaftsoption kann sie wiederum individuellen Inklusionsansprüchen, ob es den Politiker oder den Obdachlosen betrifft, gerecht werden. Aber auch hier gilt: Keine Moral in Sicht, so sehr man ihr Auftreten im Zusammenhang mit Inklusion und Exklusion auch wünschen mag.

Wenn man bisher weder die Moral der Organisation noch jene der Gesellschaft gefunden hat, kann man einen kurzen Halt einlegen und Überlegungen zum Beobachtungsinstrumentarium anstellen. Man schaut sich die Organisationstheorie an, um festzustellen, dass diese seit Anbeginn mit der Dekonstruktion ihrer eigenen Rationalitätsannahmen beschäftigt ist und dass sie erst seit kurzem, zwar zaghaft, aber immerhin, eine Organisationstheorie aller Organisationen sein will. Sie konnte aufgrund ihrer Nähe zur Betriebs- und Arbeitssoziologie zu Beginn nicht sehen, dass sie sich mit ihrer anfänglichen Verortung auf der Zweck/Mittel-Achse selbst ein Problem geschaffen hat, an welchem sie sich zeitlebens abarbeitet.

Über die Organisationsperspektive ist keine Moral zu finden. Weder eine der Organisation noch eine der Gesellschaft. Zeit also, die Moral selbst zu fragen, wo und wie man sie in der Gesellschaft und vielleicht auch in der Organisation antreffen kann. Das ist am besten zu machen, indem man ihre soziale Evolution nachvollzieht. Dann wird man sehen, dass die Moral als grenzstabilisierenden Code ihren Anfang nimmt und sich im Laufe der Geschichte um ihre Inklusion bringt, aber auch gebracht wird. Das heißt, sie exkludiert sich irgendwann selbst, dies aufgrund ihrer Universalisierung, um dann wieder als Selbstbeobachtungskontextur der Gesellschaft in Erscheinung zu treten.

Das heißt, dass sie am Anfang als Erwartungsstruktur eine feste Größe darstellt: in segmentären Gesellschaften, in der die Verschiedenartigkeit der Erwartungen noch auf die Verschiedenartigkeit der Interaktion beziehbar bleibt, da
leistet ein Gut/Böse-Schema oder ein Code, der über Achtung/Nichtachtung
läuft, nebst anderen Erwartungsstrukturen, noch sehr nützliche Dienste der Orientierung, in der es das Neben- und Nacheinander zu regulieren gilt. Sie muss
also kaum mit Äquivalenten konkurrieren. Wer im Stamm die Achtung verliert,
der hat verloren. Und dieser grenzstabilisierende Beitrag zur Binnenregelung,
man denke an Haushalte oder Kasten, ist noch bis in die Anfänge des 17. Jahrhunderts trotz ihrer Auflösungserscheinungen deutlich zu spüren: Eine Adelsmo-
ral ist dann etwa nicht eine Bauernmoral.

Doch die Gesellschaft differenziert sich aus. Sie wird komplexer. Vor allem
der Buchdruck führt dazu, dass jetzt unendlich viele an Kommunikation teilnehmen können. Das bedeutet dann aber auch, dass unendlich viele sich auf unendliche viele andere einstellen müssen, deren soziale Bindungen, wie Luhmann
sagt, man weder erraten noch erkennen kann. Die Moral muss dann mitziehen.
Sie muss jetzt eine Moral werden, die für Anwesende und Abwesende gleichermaßen gilt. Dass das nicht reibungslos gehen kann, zeigt die Fülle ihrer
Reaktualisierungsversuche in Bezug auf ihre Selbstbeschreibung, die sich zu
einer akademischen Ethik entwickelt.

Wer die Beobachter der Gesellschaft in der sozialen Evolution beobachtet,
wird anerkennen müssen, welche Prominenz die Moral als Erwartungsstruktur
hat, auch wenn diese mit zunehmender Gesellschaftsdifferenzierung verblasst.
Ob Rousseau, Hobbes oder Durkheim: Immer wird das Gesellschaftsproblem
zum Moralproblem. Gesellschaftliche Konstitution und Integration, das sind
verdeckte Fragenkomplexe, die sich auf Erwartbarkeit in der Gesellschaft beziehen. Und je mehr sich die Gesellschaft von der Moral als Erwartungsstruktur
befreit, umso schwieriger wird es auch den Gesellschaftsbeobachtern, ihre Beobachtungen mit ethischen Konzepten zu verweben.

Universalisiert und dadurch zugleich exkludiert kann die Moral nur noch
andere Codes, wie etwa in der Politik Macht haben/keine Macht haben, überformen. Man kann dann über korrupte Politiker schimpfen oder die Tricksereien in
der Arbeitslosenstatistik anprangern, ohne dass die Systemlogik ernsthaft davon
betroffen wird: Moral ist dann nur noch eine gesellschaftliche Selbstbeobachtungskontextur.

Diese ganze Entwicklung kann man auch anhand des Bildes des
Auseinanderfallens von Gesellschaft und Interaktion betrachten. Hier spielen
Organisationen eine entscheidende Rolle. Sie federn die Folgen eines nicht nach-
zukommenden Vollinklusionsanspruchs der modernen Gesellschaft – alle können an Kommunikation teilnehmen, jedoch können die vielen sich nicht auf die

vielen einstellen – ab, kompensieren dies sogar immer erfolgreicher und machen sich zudem in radikaler Weise mittels ihrer Entscheidungsprämissen von Kommunikationen unabhängig, die auf Achtung oder Nichtachtung laufen. Endlich kann man vor diesem Hintergrund nur noch den Eingangssatz wiederholen: Es gibt keine Moral der Organisation.

Wer nach der Moral der Organisation sucht, stößt zwangsläufig auf die Interaktionssysteme der Organisation. Man hat dies schon geahnt, denn die Beobachtung führt zu der Gewissheit, dass die Prominenz der Moral mit dem Auseinanderfallen von Gesellschaft und Interaktion abnimmt. Die Soziologie der Moral wirft diese auf die Interaktion zurück. Später stellt sich heraus, dass es jedoch auch ein Auseinanderfallen von Interaktion und Moral gibt. Die Interaktion, insbesondere jene in der Organisation, kann es sich nicht leisten, zufälligen Kommunikationsschwankungen ausgeliefert zu sein, die entstehen, wenn es um Achtung oder Nichtachtung geht.

Die Soziologie nimmt sie zum Zwecke der Analyse erst einmal als kontingenzeinschränkende Erwartungsstruktur wahr und ernst. Und man fragt nach ihrem Beitrag zur Lösung des Problems der doppelten Kontingenz. Doppelte Kontingenz bedeutet in erster Linie hohes Potential an Enttäuschungswahrscheinlichkeit und die Unwahrscheinlichkeit des Gelingens von Kommunikation überhaupt. Kommunikationsteilnehmer, ob psychische und/oder soziale Systeme, müssen Risiken für das Gelingen von Kommunikation eingehen. Unwahrscheinlich ist Kommunikation, da ihre Synthese, bestehend aus Information, Mitteilung und Verstehen, an sich schon kontingent ist. Hinzu kommt, dass Kommunikationsteilnehmer ihre eigenen Selektionen darauf abstellen müssen, dass der jeweils andere selegiert. Man versetzt sich in den anderen und weiß zugleich, dass dies eine Selbstkonstruktion ist und zudem, dass der andere weiß, dass das eine Selbstkonstruktion ist. Eine komplexe Angelegenheit. Denn die bloße Zusage, man tue das, was der andere will, wenn er nur das tut, was man selbst will, ist etwas dürftig. Daher braucht es unter anderem noch zusätzliche Erwartungsstrukturen. Das gelingt mit großem Erfolg z.B. anhand der generalisierten Kommunikationsmedien, wie etwa Geld, das eine Kommunikation über zahlen/nicht zahlen ermöglicht oder mit den Entscheidungsprämissen in den Organisationen. Doch wie sicher ist eine Erwartungsstruktur, die sich über Achtung ins Geschehen ruft und sich aufgrund ihrer universellen Exkludiertheit nur noch als Überformung in die Kommunikation einbringen kann?

Wer über Achtung kommuniziert, geht von jenen Achtungsbedingungen aus, die er an sich selbst stellt und die er in Bezug auf sich selbst angewendet sehen möchte. Dieser streiterzeugende und interpersonale Rekurs wird durch die Unsicherheit angefacht: Der Zufallsgrad vor dem Hintergrund der doppelten Kontingenz bezüglich der Erwartbarkeit von Kommunikation nimmt zu.

Nun mag man zu Recht auf die systemtheoretische Prämisse hinweisen, dass es der Dissens, nicht der Konsens ist, der Kommunikation aufrechterhält. Dass Moralkommunikation jene Asymmetrierungsleistung auf Dauer nicht stellen kann, wird später gezeigt.

Ego/Alter-Synthesen wollen koordiniert werden. Und sicherlich ergeben sich in der Kommunikation Momente, in denen Achtung auf diese koordinierend einwirken mag, nur darf man nicht vergessen, dass Moral sich im Codierungsprozess aufgrund des Achtungsgeschehens regeneriert. Man ahnt: Hier könnte etwas in Gang kommen, was irgendwann schwer in einen erträglichen Erwartungsrahmen hineingepasst werden kann. Und man kann jetzt schon wissen, dass die nichtkomplementären Momente der Ego/Alter-Synthesen durch Moralkommunikation verstärkt werden. Dieser interpersonale Haken ist der erste Grund für die Polemogenität von Moralkommunikation. Der zweite und auf die Regenerationsfähigkeit der Moral hinweisende: Moralkommunikation hält eine unendliche Motivvielfalt für das Halten der Position und das Strafen des anderen parat.

Darauf muss man eingehen. Hier sind bereits wichtige Erkenntnisse zum Verhältnis von Moral und Interaktion zu sehen, doch es fehlt noch an Konkretheit. Oben wurde einleitend jener Ort des Geschehens, die Organisation, soziologisch besucht. Was aber ist mit ihrem Ort des Geschehens, der Gesellschaft?

Wenn man über Organisationen konsequent nachdenkt, so könnte man auch, gemessen an ihrem Beitrag und an ihrer Bedeutsamkeit, zu dem Ergebnis kommen, die Gesellschaft als Entscheidungsgesellschaft zu bezeichnen. Ein ertragbringendes Konzept liegt diesbezüglich vor und geht auf Schimank zurück. Zudem bringen er und Jäger in ähnlichem Kontext auch den Begriff der Organisationsgesellschaft erneut in den soziologischen Diskurs ein. Systemtheoretisch müssen die Begriffe jedoch angepasst werden. Die Coping-These, man müsse in einer komplexen Gesellschaft permanent Entscheidungen fällen, wobei noch der Druck des Beobachtetwerdens auszuhalten sei, ist auch systemtheoretisch für eine organisationale Interaktionstheorie brauchbar. Wie sich später herausstellen wird, müssen Interaktionssysteme über eine gewisse Entscheidungsfitness, insbesondere in Organisationen, verfügen. Die Systemtheorie muss jedoch, um den Begriff Entscheidungsgesellschaft für sich vollends zu nutzen, zwei Vorschläge zur Erweiterung unterbreiten: Organisationen absorbieren Unsicherheit in der Gesellschaft, indem sie entscheiden. Ein unverzichtbarer Dienst. So kann man sagen, die Gesellschaft ist eine Entscheidungsgesellschaft. Der zweite Erweiterungsvorschlag: Wer Entscheidungen treffen kann, trifft Entscheidungen über einen möglichen Schaden in der Zukunft. Wohl dem, der entscheiden kann. Denn hier wird nur ein Risiko eingegangen. Auf der anderen Seite des Risikos ist nämlich die Gefahr. Man kann entscheiden, dass man in ein Flugzeug einsteigt, um eventuell mit diesem abzustürzen. Man kann aber nicht darüber entscheiden, ob man von einem abstürzenden Flugzeug getroffen wird oder nicht. Auf der anderen Seite der Entscheider gibt es also die Betroffenen. Für diese sind Entscheidungen Gefahren. Das sind Phänomene der Entscheidungsgesellschaft. Ob jetzt moralisch legitimierte oder technokratisch rationale Entscheider ein Heer an Betroffenen schaffen, spielt dabei keine Rolle. Es gilt: Gesellschaft ist ohne Entscheidung und ohne Organisation nicht möglich. Das gilt aber auch umgekehrt. Und die Gesellschaft bleibt – aus systemtheoretischer Sicht – eine moderne, funktional differenzierte Gesellschaft. Wenn man vor diesem Hintergrund die gesellschaftliche Prämisse der Entscheidung betonen will, kann man nur noch von entscheidungs- und/oder organisationsabhängiger Gesellschaft sprechen. In diesem Sinne müsste der ursprüngliche Subtitel dieses Textes angepasst werden.

Bisher zu dieser Stelle ist klar: die Moral der Gesellschaft kehrt, wenn überhaupt, in ihrer überformten Form in die Organisation zurück. Und anhand der Soziologie der Moral kann man auch erahnen, dass diese, wenn überhaupt, in der Interaktion der Organisation ihre Spuren hinterlässt, sozusagen Moral als Form, nicht als Medium. Für den Systemtheoretiker bietet allein das Anlass zur Skepsis.

Organisations- und Interaktionssysteme bedingen sich gegenseitig, insbesondere wenn man bedenkt, dass letztere aus psychischen Systemen bestehen, weshalb man wiederholen muss: Bewusstseinssysteme schenken den sozialen Systemen Wahrnehmung, soziale Systeme schenken den Bewusstseinssystemen Sprache und Strukturmuster. Das wird wohl die knappste und prägnanteste Kurzdefinition von Gesellschaft aus systemtheoretischer Sicht sein.

Organisation kennt nur Mitglieder, eine Bündelung heterogener Motivunterstellungen, in der unter anderem ökonomische Nutzenkalkulation, Normenbindung und Karriereinteresse zusammengefasst werden. In sachlicher Hinsicht kann sich Organisation über Mitgliedschaft, das bedeutet über Zugehörigkeit/Nichtzugehörigkeit, zur Umwelt abgrenzen. In zeitlicher Hinsicht kontribuieren Mitglieder wichtige Beiträge zum Organisationsgedächtnis, daher muss man auch hier wiederholen: Mitglieder erinnern an die Abfolgen der Ereignisse in Organisationen, also an Entscheidungen, oder antizipieren diese; nicht nur das, sondern sie erinnern oder antizipieren, dass irgendwann etwas erinnert oder antizipiert werden muss. So wird zu Organisationsentscheidungen beigetragen, die darauf bezogen sind, was erinnerungswert und noch weitaus wichtiger, weil entlastender, was vergessenswert ist. Unter diesen Vorzeichen muss man Qualitätsmanagement und insbesondere seine unsachgemäße Anwendung in Organisationen in Augenschein nehmen. Insbesondere kleine und mittlere Organisationen tendieren dazu, die systematische Reorganisation ihres Gedächtnisses über weite Strecken ihren eigenen Mitgliedern zu überlassen und nicht einer Organisationsberatung. So kann es passieren, dass mittels normativer Überformung die

Vergessensleistung der Organisation in eine anleitend wollende Erinnerungsleistung umgemünzt wird, was zur Überbewertung der Sach- und zur Vernachlässi-
gung der Zeitdimension führen muss. Somit stehen normative Überformung und
organisationale Selbstorganisation in einer radikalen Asymmetrie zueinander:
organisationale Schizophrenie. Die Ironie dieser Erkenntnis: Systemtheorie wird
zum großen Fürsprecher von Organisationsberatung, wenn es um Beobachtungs-
ordnungen geht und zugleich ihr größter Kritiker, wenn es, wie unten beschrieben wird, um die Implementierung von Rationalitäts-, also Steuerungskonzepten
geht.

Aber auch die sinnliche Wahrnehmung der Mitglieder ist als Filter eines
Filters unabdingbar: Denn hier wird Wahrnehmung – man denke unter anderem
an die Umweltirritationen – in Wahrnehmbares transformiert.

Bis jetzt könnte man denken, Moralkommunikation hinterlasse insbesondere im informalen Bereich der Interaktion Spuren. Das tut sie, aber, wie sich später herausstellt, sie nimmt letztendlich keine Rücksicht auf die Unterscheidung
formal/informal. Daher muss man sich diese Unterscheidung systemtheoretisch
reformuliert anschauen.

Organisation will Mitgliedschaft konditionieren. Dabei geht es insbesondere
um die Spezifikation der Stellen und die Generalisierung von Entscheidungen,
die, etwa von der Leitungsebene aus, für die ganze Organisation bindend wirken
sollen. Nur so kann Spezifikation nach innen und Gleiches nach außen in Bezug
auf strukturelle Koppelung erlangt werden. Somit erzielt Organisation Zeit- sowie Konsensvorteile und Unabhängigkeit von psychischen Systemen. Diese
Freiheit ist, wie sollte es auch anders sein, zugleich eine Unfreiheit: Die formalisierte, also normierte Selbstbeschreibung ist mit einer turbulenten Umwelt, dazu
gehören auch ihre Interaktionssysteme, konfrontiert. Daraus ergeben sich Folgeprobleme, die in die informale Selbstorganisation der Interaktionssysteme abgeschoben werden müssen: Es muss Fraktionszwang ausgeübt oder Deals müssen
hinter verschlossenen Türen abgesegnet werden. Der Fraktionszwang kehrt formal in Form der Abstimmung, der Deal etwa in der Verkaufsbilanz zurück. Dieser Moment, in dem die Technisierung der Organisation nicht zugreifen kann
und darf, ist der Moment der Selbstorganisation durch jene Mikrodiversität, die
von den Interaktionssystemen bereitgestellt wird. Man sieht, wie kurzweilig
dieser ist, denn die Formalisierung lässt nicht lange auf sich warten. Zudem muss
man davon ausgehen, dass Organisationen ihre Mitglieder auf diese Auffang-
übung hin konditionieren. Somit werden Erwartungszusammenhänge formal
gedeckt und informal stabilisiert.

Die informale Interaktion kann schwierige und inkongruente Anforderungen aus ihrer Umwelt – und das ist die Organisation – zwanglos und frei thematisieren, da diese Art von Thematisierung vorerst nicht organisational entschei-

dungsrelevant ist – ein Testballonverfahren. Dabei muss klar sein, dass Organisations- nicht Interaktionsthemen sind. Die Thematisierungsvitalität der Interaktionssysteme kommt nur der Organisation zugute: Thema und Struktur sind in Interaktionssystemen identisch, womit sie gute Beobachtungs- und Auffangdienste in der Organisation leisten. Ja, sie können dadurch sogar zum Prognoseinstrument werden, da das Abschieben der Formalprobleme die Organisation zuweilen blind für Anforderungsänderungen macht. Die Thematisierungsfitness des Interaktionssystems, ob formal oder informal, ist somit für die Organisation unabdingbar.

Etwas ganz Wichtiges passiert hier. Hat man bis jetzt den systemtheoretischen Blick auf organisationale Entscheidungsvitalität gerichtet, so richtet die thematische Verknüpfung von Moral und Organisation den Blick auf organisationale Elastizität und/oder Rigidität. Organisation muss in Bezug auf ihre Umwelt elastisch sein und sich nicht nur im Dauerprozess der Selbstrationalisierung begreifen. Das kann sie anhand ihrer Stellen, sie braucht aber auch die interaktionale Selbstorganisation. Bei Interaktionssystemen, insbesondere bei jenen der Organisation, scheint Elastizität ein Kernelement zu sein.

Jetzt zur eigentlichen Wissensproduktion. Bisher weiß man, dass Interaktionssysteme entweder Konflikte vermeiden oder Konflikte sind. Dieser Sachverhalt ist darauf zurückzuführen, dass Interaktionssysteme nicht komplex genug und somit zur seriellen Thematisierung gezwungen sind. Zudem weiß man, dass sich Moralkommunikation operationsumstellend auf Interaktionssysteme auswirkt. Wie das im Genauen geschieht, ist bislang noch nicht beschrieben worden. Das wird hier nachgeholt. Vorweg kann man sagen, dass Moralkommunikation Interaktionssysteme in intrapolemogene Interaktionssysteme transformieren kann. Bis zu dieser völligen Transformation bleiben Interaktionssysteme Interaktionssysteme, die lediglich Konflikte, und seien diese noch so gravierend, vermeiden. In diesem Zusammenhang hat sich erwiesen, dass, insbesondere auf Konflikte bezogen, Klatsch und Schmeichelei Interaktionssysteme mit einem Immunsystem ausstatten, indem moralfähige Themen und Motive risikoloser thematisiert werden können. So hat man eine klare Differenzierung und kann zudem die Überformungsphänomene in den einzelnen Operationsabschnitten als Alarmsignale betrachten, die darauf hindeuten, dass ein Interaktionssystem womöglich im Begriff ist, von einem Konflikt völlig absorbiert zu werden. Zudem kann man davon ausgehen, dass moderne Organisationen vorwiegend mit verhältnismäßig kleinen Interaktionssystemen gekoppelt sind, um einerseits ihre Beobachtungsflexibilität, die auf ihre Thematisierungsflexibilität zurückgeht, zu nutzen, andererseits nimmt die kommunikative Passivität zu, je größer die Interaktionssysteme werden, da auch die Anzahl der Schweigenden zunimmt. Somit

kann man im Konfliktfall von Teams oder etwa von zwei streitenden Abteilungs-
leitern ausgehen.

Es ist klar, dass hier nur ein grober Überblick über die Ergebnisse der Operationsanalyse gemacht werden kann. Was gezeigt wird, ist der Zustand der völligen Konfliktabsorbiertheit eines Interaktionssystems, das dann nur noch als
intrapolemogenes Interaktionssystem beschrieben werden kann.

Polemogene Kommunikation überformt die Typenprogramme einer Interaktion. Die Interaktion kann sich sprachlich nicht mehr verorten. Besteht nun ein
Konflikt oder nicht? Wenn ja, worüber? Es gibt keine Erwartungssicherheit in
Bezug auf die Vorverständigung über die Zusammenkunft mehr, was den Übergang zum normativen Erwarten nach sich zieht. Teilnehmer suchen Veränderung
am Gegenüber, bei gleichzeitiger Positionserhaltung, was die Lernregeln für die
Zukunft konstituiert.

Interaktionssysteme können sich selbst thematisieren, aber nicht selbst beobachten, was beim Auftauchen polemogener Kommunikation zu erheblichen
Problemen führt: Dienen Themen zur Enttautologisierung, täuscht polemogene
Kommunikation anhand der mit ihr einhergehenden Moralmotivvielfalt The-
menvielfalt vor. Das Grundthema, der Achtungskampf, bleibt jedoch gleich. Es
entstehen keine strukturierende Themen-, sondern angstschürende Motivepiso-
den.

Polemogene Kommunikation bläht durch die Begünstigung des normativen
Erwartens die irreversible Gegenwart der Zeitdimension auf. Es gibt dann keinen
Raum für Kognition. Sozial- und Sachdimension des Interaktionssystems werden
marginalisiert.

Der Zwang zur Serialität zwingt zudem Interaktionssysteme zu häufigem
Themenwechsel. Dies jedoch, wie die Bezeichnung schon sagt, nacheinander.
Der festgefahrene Konflikt verlangt vor diesem Hintergrund die Auflösung des
Unauflösbaren. Die Operation verhakt sich. Durch die zweite Aufblähung der
Zeitdimension überlädt Moralkommunikation die Interaktionssystemgeschichte.
Hier wird Umweltexistenz vernachlässigt und die Rangdifferenz zugunsten der
Wortführer des Konfliktes eingefroren. Somit wird die Enttautologisierung der
Selbst- und Fremdreferenz angehalten. Es gibt dann nur noch Historisierung.

Die Synchronisation von Reden und Schweigen macht das Interaktionssystem in hohem Maße elastisch: Die Schweigenden haben die Gelegenheit, auch in
der Zukunft zu den Redenden zu gehören. Und selbst eine Abweichung, wie
etwa ein zu langes Schweigen, führt dazu, dass irgendein Teilnehmer wieder das
Wort ergreift. Die Abweichungsabweichungen, die intrapolemogene Kommunikation mit sich bringt, z. B. das ‚Ins-Wort-Fahren' bei nervösen Teilnehmern
durch die moralisierten Wortführer, führt zu ähnlichen Erstarrungseffekten, wie

sie bei der polemogenisierten Überformung der interaktionsöffentlichen Kommunikation weiter unten beschrieben wird.

Die Thematisierungsschwellen werden zu Thematisierungsmauern. Geht es in Interaktionssystemen darum, welche Themen zugelassen werden, mauert das intrapolemogene Interaktionssystem zugunsten des Achtungskampfes.

Die interaktionsöffentliche Kommunikation führt dazu, dass Informationen innerhalb des Interaktionssystems alle Teilnehmer ohne Zeitverlust erreicht. Themen wirken schnell redundant, was zur Neuthematisierung zwingt. Die Variation des immer gleichen Themas im Konfliktfall führt irgendwann dazu, dass der Übergang zum intrapolemogenen Interaktionssystem zwingend wird, da nur dort die Motivvielfalt, die sich zwischen Achtung und Nichtachtung wie ein Netz aufspannt, weiterverarbeitet werden kann. Die klebenden Blicke werden zu auffordernden Blicken. Man hat dann als Teilnehmer nur noch die Wahl, sich zu positionieren.

Wie angedeutet: Themenwechsel sind das Lebenselixier der Interaktionssysteme. Das intrapolemogene Interaktionssystem erstickt sich auf lange Sicht sozusagen von selbst. Sprecher- und Themenwechsel werden eingefroren. Die lokale Prominenz der Anwesenden hängt von ihrer Nähe zum Themenzentrum ab. Die flache Hierarchie fällt unter die Autorität der moralisierten Wortführer und unter die Herrschaft des Moralcodes. Jetzt reden wenige viel und viele wenig.

Die Ambiguisierung von Kommunikation ist für Interaktionssysteme in der Feinabstimmung sehr wichtig. Denn es geht darum, wie direkt oder indirekt eine Kommunikationsofferte gemacht wird. Je direkter Kommunikation ist, umso bindender ist diese. Es gibt dann kein Austesten, wenn auf Entambiguisierung umgestellt wird, wenn also jede Kommunikationsofferte ins Schwarze trifft und treffen soll. Somit stellt das intrapolemogene Interaktionssystem sicher, dass auch nur Konfliktkommunikation an Konfliktkommunikation anschließt. Jener Umstand, der etwa durch Klatsch und Schmeichelei umgangen werden soll. Normatives Erwarten führt dazu, dass die zweite Systemgrenze, jene, die durch die Umweltoffenheit zustande kommt, immer rigider wird. Das intrapolemogene Konfliktsystem koppelt sich von organisationalen Netzwerk ab.

Was gleich bleibt, sich nicht transformieren lässt, ist die Operation der Grenzziehung durch An- und Abwesenheit. Und auch die Kognition des Systems, die sich, zum re-entry der Unterscheidung von An- und Abwesenheit hinzugesellend, über die Wahrnehmung der Teilnehmer konstituiert, bleibt operational gleich. Der einzige Unterschied hier: Wahrnehmung stellt nicht Sicher-, sondern Unsicherheiten fest. Diese letzten Erkenntnisse führen dazu, dass man die Bezeichnung intrapolemogenes Interaktionssystem einführen muss. Die Hülle des ehemaligen Interaktionssystems bleibt gleich, wobei schon die Kognition an Überformung leidet. Alle weiteren Operationen werden indes komplett umgestellt. Das ist ein sehr ungewöhnlicher Vorgang, da Interaktionssysteme sonst sehr flexibel und anpassungsfähig sind und ihren Operationsmodus im Grunde genommen nicht ändern müssen.

Diese Transformation basiert auf einem Faktorengemisch, das soziologisch nachvollziehbar dargestellt werden kann: Der Moralcode Achtung/Nichtachtung ermöglicht eine moralische Motivvielfalt, die vorerst unerschöpflich zu sein scheint. In diesem Rahmen kann jedes Thema, jedes Kommunikationsangebot, jede Kommunikationsverarbeitung mit der interpersonalen Identität verwoben werden. Das führt zum normativen Erwarten. Es soll das Objekt geändert werden, während man selbst keine Änderungen an sich vornehmen kann. Auf diesem Fundament bauen sich Positionserhaltung und das Strafen des anderen auf. Ein Zurück wird immer schwieriger, die Systemgeschichte merkt sich alles, Konfliktkommunikation reiht sich an Konfliktkommunikation. Die Transformation vom Interaktionssystem zum intrapolemogenen Interaktionssystem ist von schierer Unsicherheit im Übergangsprozess und von thematischer sowie struktureller Starre im vollendeten Zustand gekennzeichnet. Soweit die Wissensproduktion und der Beitrag zur Systemtheorie.

In Bezug auf Organisation können nun Anschlussüberlegungen expliziert werden: Organisationen verkraften intrapolemogene Interaktionssysteme wahrscheinlich unterschiedlich gut. Eine empirische Untersuchung müsste feststellen, ob mit Zunahme von Organisationsgröße und Organisationskomplexität die Organisation zerstrittene Teams, Arbeits- und Projektgruppen besser kompensieren kann. Was kann die Organisation jedoch durch Moralkommunikation verlieren? Auch das kann hier nur angedeutet und muss an anderer Stelle validiert werden: Intrapolemogene Interaktionssysteme führen, soviel ist sicher, vorwiegend an drei Organisationsorten zur Elastizitätsreduktion: bei den Entscheidungsprämissen, man denke an das Testballonverfahren und das Auffangen der Folgeprobleme durch formale Organisation; am Systemgedächtnis, man denke an die Überfrachtung durch den andauernden Fehlalarm; am Netzwerk, man denke an den Vertrauensverlust. Das sind abschließend nur wenige Beispiele, die auf weitreichendere Anschlussüberlegungen in Kapitel 6 hinweisen. Hier wird deutlich: Die Beobachtung verschiebt sich im Rahmen von Organisation und Moral von der Organisation als Entscheidungssystem zur Organisation als Medium mit Formen. Das ist nachvollziehbar, denn Inflexibilisierung stellt immer Umweltangepasstheit in Frage.

So bleibt endlich zu fragen: Was anfangen mit organisationssoziologischem Wissen, das systemtheoretisch fundiert ist? Ein Abschlussexkurs mag womöglich Antworten liefern oder weitere Anschlussüberlegungen anregen.

8 Abschlussexkurs: Zwischen Konstruktivismus und Implementierung

> *Denn keine anwendungsorientierte Theorie zu konstruieren, bedeutet nicht die Absage an die praktischen Verwendungsmöglichkeiten von Theorie, sondern die Unmöglichkeit unmittelbarer Einflussnahme der Theorie auf die Praxis.*
> *Markus Schroer*

Der operative Konstruktivismus[122] lässt sich kaum als Anwendung im Sinne einer Sozialtechnologie für Organisationen etablieren. Anwenden in Organisation bedeutet immer noch implementieren, und das heißt, wieder auf die Zweck/Mittel-Schiene zu rutschen. Das ist schwierig auszuhalten, insbesondere dann, wenn man als Systemtheoretiker in der Einleitung fragt: Wen interessiert es?

Wir befinden uns auf der sicheren Seite, wenn wir Wissen für das Wissenschaftssystem produzieren möchten, oder noch konsequenter: Wir möchten uns dem Wissenschaftssystem als Medium mit Blick auf Organisationen und Organisationssoziologie zur Verfügung stellen. Hier geht es dann auch um möglichst effektive Anwendungen, jedoch haben diese weniger mit den sozialtechnologischen zu tun, die gern auf Organisationen bezogen werden. Nun ist es aber so, dass Theoretiker und Empiriker aufgrund ihres Selbstverständnisses schon auf die Gesellschaft schauen. Schließlich will man der Gesellschaft die Gesellschaft erklären, und diese fordert jenes Wissen auch ein. Gesellschaftliche Relevanz, man denke an die boomende Biotechnologie, scheint für die im Wissenschaftssystem operierenden Personen *irritativ* bedeutend zu sein. So ist es auch nicht verwunderlich, wenn Organisationssoziologie sich insbesondere durch Rationalitätsannahmen wichtig machen will *und es auch kann*.

Und hier wird es versöhnlich. Wenn z. B. eine Adhokratie, etwa ein modernes Medienunternehmen, mit dem *Mülleimermodell des Entscheidens* gut fährt oder in der Teamsitzung Elemente aus Habermas' *Theorie der Geltungsansprü-*

---

[122] Jene Beobachtungsform, die sich quer durch diesen Text zieht.

che (vgl. SCHNEIDER 2005, S. 195 ff.) anwenden will: Warum ihr dieses verweigern? Kneer weist zu Recht darauf hin, dass die Soziologie sich bis heute
nicht zu einem polykontexturalen Selbstverständnis durchringen kann, „[...] das
die Pluralität von Theorien nicht als Nachteil, sondern als Vorteil begreift"
(KNEER 2004, S. 52). Hier wird kein Plädoyer für Interdisziplinarität in der
Organisationssoziologie vorgeschlagen. Die neuere Organisationssoziologie ist
ja mit diesem Sachverhalt zur Genüge beschäftigt. *Hier geht es nicht um ein
Vermischen der Theorien und Methoden, sondern um etwas völlig anderes, nämlich um deren Akzeptanz, auch dahingehend, dass diese durchaus für sich alleine
stehen können und sollten.* Man kann sogar lapidar formulieren: Irgendwas und
irgendwie mussten diese ja irgendwann zufriedenstellend erklärt haben. Der
Systemtheoretiker wird es der Organisation zugestehen müssen, wenn sie ihre
die *Kontingenz einschränkenden Schablonen* aus der organisationssoziologischen Wissensschmiede und anderen Teildisziplinen der Wissenschaft heraus-
pickt, ja, er mag diese als Beobachter von Theoriegenese in der Organisationstheorie, sollte er jemals organisationsberatend tätig werden, gegebenenfalls auch
anbieten. Es kann ja durchaus zutreffen, dass ein *modernes*, systemgastronomi-
sches Sandwichrestaurant mit Selbstbedienung tatsächlich am besten läuft, wenn
man die „*alte*" tayloristische Methode der Trennung von Kopf- und Handarbeit,
also das *task management* anwendet (vgl. BONAZZI/TACKE/CORTI 2008, S.
36). Auch wenn hier wieder Implementationsgedanken eine Rolle spielen, der
Systemtheoretiker muss wissen, und daher hilft der Perspektivwechsel zwischen
Wissenschaft und Organisationsberatung: Wenn Organisation an ihn herantritt,
dann will sie implementieren. *Jedenfalls ist die angedachte Theorienakzeptanz
begrifflich als polykontexturales Anwenden von organisationstheoretischem
Wissen zu begreifen.* Damit ist man zwar nicht komplett aus der Anwendungsfal-
le heraus, was der Preis zu sein scheint, wenn man nicht nur Wissen für das Wissenschaftssystem produzieren will, *dafür kann der organisationsberatende Systemtheoretiker aber als hochflexibles Wissensmedium auftreten und – und das ist
der entscheidende sowie am stärksten herausfordernde Punkt – der Organisation
die Rekombination dieses Wissens selbst überlassen.* Als Umwelt ist Organisation sowieso viel zu komplex für einen Organisationsberater, so dass ein manifes-
ter Plan schnell zum Reinfall werden kann.

Als Soziologe ist der Systemtheoretiker nicht nur darauf trainiert, scharf zu
unterscheiden, sondern auch darauf, vor allem *Latentes* zu beobachten. Latent ist
z. B. alles, was die Organisation an sich selbst und in Bezug auf ihre Umwelt
nicht sehen kann, wenn es etwa darum geht, dass Interaktionssysteme für ihre
eigene Funktion eine Selbstbeschreibung zugunsten des Qualitätszirkels der
Organisation anfertigen sollen. Latenzbeobachtung bedeutet in Organisationen
aber auch, darauf zu schauen, warum so und nicht anders entschieden wurde.

Noch interessanter ist aber dann in diesem Zusammenhang, was mit bestimmten Entscheidungen ausgeklammert werden soll, da das Ausgeklammerte in Form des re-entry wieder Einzug in die Organisation findet. Latent ist jedoch also alles, was sich zwischen den Entscheidungen befindet: Wie wird Sowohl-als-auch-Wirklichkeit asymmetriert? Welche Paradoxien gilt es aufzudecken, welche sollte man verschleiern? Das Mitglied vom Jugendamt etwa wird sich offiziell an die Schweigepflichtentbindung halten müssen, während es schneller und effizienter auf informalem Wege Entscheidungen fällt. Auch hier passt wieder das Bild vom *Berater als Wissensmedium*, aus dem sich die Organisation Wissen rekombiniert. Vielleicht gibt es hier einen Ansatzpunkt für einen weiteren Anwendungsfall der Systemtheorie, den man nicht hier, aber an anderer Stelle anbringen sollte.

Was man aber eingestehen muss und darf, ist, dass auch der Systemtheoretiker mehrere Prämissen im Hinterkopf hat, die das zuvor genannte polykontexturale Anwenden von organisationstheoretischem Wissen nicht minder beeinflussen werden: *Ihm wird aller Wahrscheinlichkeit nach daran gelegen sein, die Selbstorganisation der Organisation und die Entlastung durch Entscheidungen, die organisationales Vergessen ermöglicht, als sehr präsent wahrzunehmen.* Die Selbstorganisation der organisationalen Elastizität wegen. Das organisationale Vergessen der Robustheit wegen, da einerseits das Organisationsgedächtnis nicht mit prophylaktischem Wissen überfrachtet werden soll, da Gedächtnis lieber vergisst als erinnert, und gleichzeitig soll damit Organisation in der Krise zu schnellen Entscheidungen finden. *In Bezug auf Interaktionssysteme wird er aller Wahrscheinlichkeit nach auf deren Thematisierungsvitalität schauen.*

Also: Der Systemtheoretiker geht, wird er als Berater angefordert, als Wissensmedium in die Organisation, die auf jenes Wissen zugreift und dieses für sich spezifisch rekombiniert. Seine „Vorurteile" – Selbstorganisation fördert Elastizität, organisationales Vergessen fördert Robustheit durch schnelles Entscheiden, Interaktionssysteme müssen immerzu ihre Themen wechseln – sowie seine Fähigkeiten zur soziologischen Unterscheidung und Latenzbeobachtung fließen in seine theorienakzeptierende, polykontexturale Anwendung von organisatorischem Wissen ein.

Das ist natürlich alles sehr exkursiv gehalten und hoch generalisierend dargestellt, jedoch lässt sich sicherlich aus diesen Überlegungen eine Startmatrix für weitere theoretische, differenziertere Auseinandersetzungen aufstellen.

9 Nachweise und weiterführende Literatur

ABELS, Heinz: Identität, 2., überarbeitete und erweiterte Auflage: Wiesbaden: VS Verlag für Sozialwissenschaften, 2010.

ABELS, Heinz: Einführung in die Soziologie. Band 1: Der Blick auf die Gesellschaft. Hagener Studientexte zur Soziologie, 3. Auflage, Wiesbaden: VS Verlag für Sozialwissenschaften, 2007.

ABELS, Heinz: Identität, erste Auflage, Wiesbaden: VS Verlag für Sozialwissenschaften, 2006.

ABRAHAM, Martin/BÜSCHGES, Günter: Einführung in die Organisationssoziologie, 4. Auflage, Wiesbaden: VS Verlag für Sozialwissenschaften, 2009.

ALLMENDINGER, Jutta/HINZ, Thomas: Perspektiven der Organisationssoziologie. In: ders. als Hrsg.: Kölner Zeitschrift für Soziologie und Sozialpsychologie. Organisationssoziologie, Sonderheft 42/2002, Wiesbaden: Westdeutscher Verlag GmbH, 2002.

BAECKER, Dirk: Studien zur nächsten Gesellschaft, 1. Auflage, Frankfurt am Main: Suhrkamp Verlag, 2007.

BAECKER, Dirk (Hrsg.): Schlüsselwerke der Systemtheorie, Wiesbaden: VS Verlag für Sozialwissenschaften, 2005.

BAECKER, Dirk: Organisation und Management, Frankfurt am Main: Suhrkamp Verlag, 2003.

BAECKER, Dirk: Die Form des Unternehmens, 1. Auflage, Frankfurt am Main: Suhrkamp Verlag, 1999a.

BAECKER, Dirk: Organisation als System, Frankfurt am Main: Suhrkamp Verlag, 1999b.

BALDWIN, John D.: George Herbert Mead and Modern Behaviorism. In: HAMILTON, Peter (Editor): George Herbert Mead. Critical Assessment. Volume III. Section Three: Mead and Social Behaviorism, reprint, New York: Routledge, 1998.

BATTERSHILL, Charles: Erwing Goffman as a precursor to post-modern sociology. In: RIGGINS, Stephen H. (Editor): Beyond Goffman. Studies on Communication, Institution, and Social Interaction, Berlin/New York: Mouton de Gruyter, 1990.

BECKER, Thomas A.: Tanz der Kontrolleure. Zerfall von Moral und Anstand? Ach was. Mehr Moral bedeutet bloß mehr Staat. In: Schweizer Monatshefte, Zeitschrift für Politik, Wirtschaft, Kultur, Ausgabe 979, Juli/August 2010, Abschnitt 2/2.

BERGER, Ingrid: Musil mit Luhmann. Kontingenz – Roman – System, erste Auflage, München: Wilhelm Fink Verlag, 2004.

BONAZZI, Giuseppe/TACKE, Veronika/CORTI, Allesandra: Geschichte des organisatorischen Denkens, Wiesbaden: VS Verlag für Sozialwissenschaften, 2007.

COOK, Gary A.: George Herbert Mead. The making of a social pragmatist, Illinois: Board of the trusties of the University of Illinois, 1993.

DAHRENDORF, Ralf: Die verlorene Ehre des Kaufmanns. In: Der Tagesspiegel, Berlin, 12. Juli 2009.

DREPPER, Thomas: Organisationen der Gesellschaft. Gesellschaft und Organisation in der Systemtheorie Niklas Luhmanns, Wiesbaden: Westdeutscher Verlag, 2003.

DURKHEIM, Emile: Der anomische Selbstmord. In: IMBUSCH, Peter (Hrsg.)/HEITMEYER, Wilhelm (Hrsg.): Integration – Desintegration. Ein Reader zur Ordnungsproblematik moderner Gesellschaften. Analysen zu gesellschaftlicher Integration und Desintegration, erste Auflage, Wiesbaden: VS Verlag für Sozialwissenschaften, 2008.

EDLES, Laura Desfor/APPLEROUTH, Scott: Sociological Theory in the Classical Era. Text and Readings. Edition 2, Thousand Oaks – USA/London – UK/New Delhi – India: Sage Publications Inc., 2010.

ENDRUWEIT, Günter: Organisationssoziologie, 2. Auflage, Stuttgart: UTB, 2004.

ESSER, Hartmut: Soziologische Anstöße, Frankfurt am Main: Campus Verlag 2004.

ETZIONI, Amitai: Modern Organizations, New Jersey: Prentice-Hall INC, 1964.

ETZIONI, Amitai: A Comparative Analysis of Complex Organizations. On Power, Involvement, and Their Correlates, New York: The Free Press, 1961.

FARZIN, Sina: Inklusion/Exklusion. Entwicklungen und Probleme einer systemtheoretischen Unterscheidung, Bielefeld: Transcript Verlag, 2006.

FOUCAULT, Michel: Geschichte der Gouvernementalität. Frankfurt/Main: Suhrkamp Verlag, 2006.

FOUCAULT; Michel: Analytik der Macht. Frankfurt/Main: Suhrkamp Verlag, 2008.

FRANKS, David: The Self in Evolutionary Perspective. In: HAMILTON, Peter (Editor): George Herbert Mead. Critical Assessment. Volume IV. Section four: Mind, Self, and I, reprint, New York: Routledge, 1998.

FUHSE, Jan: Theorien des politischen Systems. David Easton und Niklas Luhmann. Eine Einführung, Wiesbaden: VS Verlag für Sozialwissenschaften, 2005.

GANßMANN, Heiner: Doppelte Kontingenz und wirtschaftliches Handeln. In: BECKERT, Jens (Hrsg.)/DIAZ-BONE, Rainer (Hrsg.)/GANßMANN, Heiner (Hrsg.), Märkte als soziale Strukturen, Frankfurt am Main: Campus Verlag, 2007.

GERECKE, Uwe: Soziale Ordnung in der modernen Gesellschaft. Ökonomik, Systemtheorie, Ethik, Tübingen: Mohr Siebeck Verlag, 1998.

HABERMAS, Jürgen: The Paradigm Shift in Mead. In: ABOULAFIA, Mitchell (Editor): Philosophy. Social Theory, and the Thought of George Herbert Mead, Albany – New York: State University of New York Press, 1991.

HINKLE, Gisela J.: "Forms" and "Types" in the Study of Human Behavior: An Examination of the Generalizing Concepts of Mead and Schultz. In: HAMILTON, Peter (Editor): George Herbert Mead. Critical Assessment. Volume III. Section Three: Mead and Social Behaviorism, reprint, New York: Routledge, 1998.

HIß, Stefanie B.: Warum übernehmen Unternehmen gesellschaftliche Verantwortung? Ein soziologischer Erklärungsversuch. Frankfurt a.M.: Campus Verlag, 2006

HOBBES, Thomas: Leviathan, Stuttgart: Reclam, 2005. Ersterscheinungsdatum des Werkes: 1651.

JÄGER, Wieland: Alternative Arbeit. Karlsruhe: Druckforum Verlag, 1988.

JÄGER, Wieland/BALTES-SCHMITT, Marion: Jürgen Habermas. Einführung in die Theorie der Gesellschaft. Wiesbaden: VS Verlag für Sozialwissenschaften, 2003.

JÄGER, Wieland/SCHIMANK, Uwe (Hrsg.): Organisationsgesellschaft. Facetten und Perspektiven. Hagener Studientexte zur Soziologie, Wiesbaden: VS Verlag für Sozialwissenschaften, 2005.

JÄGER, Wieland/RÖTTGERS, Kurt (Hrsg.): Sinn von Arbeit. Soziologische und wirtschaftsphilosophische Betrachtungen. Wiesbaden: VS Verlag für Sozialwissenschaften, 2008.

JÄGER, Wieland/MATYS, Thomas: Sinn von Arbeit im ‚Management-Zeitalter'. Manuskript, Institut für Soziologie, FernUniversität in Hagen, 2009.

JANSEN, Stephan A.: Management der Moralisierung. In: brand eins, 2, Februar 2010, S. 132-133.

JUNGE, Matthias: Georg Simmel kompakt, Bielefeld: transcript Verlag, 2009.

JUNGE, Matthias: Auguste Comte. In: BROCK, Ditmar/JUNGE, Matthias/KRÄHNKE, Uwe: Soziologische Theorien von Auguste Comte bis Talcott Parsons, 2. Auflage, München: Oldenburg Wissenschaftsverlag, 2007.

KIESERLING, André: Kommunikation unter Anwesenden. Studien über Interaktionssysteme, Frankfurt am Main: Suhrkamp Verlag, 1999.

KIESERLING, André: Interaktion in Organisationen. Ein Rückblick. In: DAMMANN, Klaus/GRUNOW, Dieter/JAPP, Klaus P. (Hrsg.): Die Verwaltung des politischen Systems. Neuere systemtheoretische Zugriffe auf ein altes Thema. Mit einem Gesamtverzeichnis der Veröffentlichungen Niklas Luhmanns 1958-1992, Opladen: Westdeutscher Verlag, 1994.

KLINK, Daniel: Die Wiederkehr des ehrbaren Kaufmanns? In: Psychologie heute, April 2010, S. 46-49.

KNEER, Georg: Differenzierung bei Luhmann und Bourdieu. Ein Theorienvergleich. In: NASSEHI, Armin/NOLLMANN, Gerd (Hrsg.), Bourdieu und Luhmann. Ein Theorievergleich. Herausgegeben von Armin Nassehi und Gerd Nollmann, Frankfurt am Main: Suhrkamp Verlag, 2004.

KÖHLER; Horst: „Die Glaubwürdigkeit der Freiheit" – Berliner Rede des Bundespräsidenten, 2009 (Internet-Auszug vom 01.06. 2010).

KÖHLER, Horst: „Erwerbsgrundlage: Vertrauen" – Rede des Bundespräsidenten zur Verleihung des Max-Weber-Preises für Wirtschaftsethik, Bremen, 2008 (Internet-Auszug vom 11.07. 2010).

KOLLER, Markus: Die Grenzen der Kunst. Luhmanns gelehrte Poesie, Wiesbaden: VS Verlag für Sozialwissenschaften, 2007.

KÖNIG, Matthias: Menschenrechte bei Durkheim und Weber. Normative Dimensionen des soziologischen Diskurses der Moderne, Frankfurt am Main: Campus Verlag, 2002.

KORTE, Hermann: Einführung in die Geschichte der Soziologie, 8., überarbeitete Auflage, Wiesbaden: VS Verlag für Sozialwissenschaften, 2006.

KÖTT, Andreas: Systemtheorie und Religion. Mit einer Religionstypologie im Anschluss an Niklas Luhmann, Würzburg: Verlag Königshausen & Neumann, 2003.

KRAEMER, Klaus: Die soziale Konstitution von Umwelt, Wiesbaden: VS Verlag für Sozialwissenschaften, 2008.

KRIEKEBAUM, Hartmut/GILBERT Dirk-Ulrich/REINHARDT, Glen O.: Organisationsmanagement internationaler Unternehmen. Grundlagen und moderne Netzwerkstrukturen, Nachdruck der zweiten Auflage, Wiesbaden: Betriebswirtschaftlicher Verlag Dr. Th. Gabler, 2003.

LICHTBLAU, Klaus: Von der „Gesellschaft" zur „Vergesellschaftung". Zur deutschen Tradition des Gesellschaftsbegriffs. In: HEINTZ, Bettina/MÜNCH, Richard/TYRELL, Hartmann (Hrsg.): ZfS. Zeitschrift für Soziologie. Sonderheft. Weltgesellschaft. Theoretische Zugänge und empirische Problemlagen, Stuttgart: Lucius & Lucius, 2005.

LÜHRMANN, Thomas: Führung, Interaktion und Identität. Die neuere Identitätstheorie als Beitrag zur Fundierung einer Interaktionstheorie der Führung. In: KRELL, Gertraude (Hrsg.): Betriebliche Personalpolitik, Wiesbaden: Deutscher Universitätsverlag, 2006.

LUHMANN, Niklas: Läßt unsere Gesellschaft Kommunikation mit Gott zu? In: LUHMANN, Niklas: Soziologische Aufklärung 4. Beiträge zur funktionalen Differenzierung der Gesellschaft, vierte Auflage, Wiesbaden: VS Verlag für Sozialwissenschaften, 2009a.

LUHMANN, Niklas: Die Unterscheidung Gottes. In: LUHMANN, Niklas: Soziologische Aufklärung 4. Beiträge zur funktionalen Differenzierung der Gesellschaft, vierte Auflage, Wiesbaden: VS Verlag für Sozialwissenschaften, 2009b.

LUHMANN, Niklas: Die Moral der Gesellschaft. Herausgegeben von Detlef Horster, erste Auflage, Frankfurt am Main: Suhrkamp Verlag, 2008a.

LUHMANN, Niklas: Soziologische Aufklärung 6. Die Soziologie und der Mensch, 3. Auflage, Wiesbaden: VS Verlag für Sozialwissenschaften, 2008b.

LUHMANN, Niklas: Ideenevolution. Beiträge zur Wissenssoziologie. Herausgegeben von André Kieserling, Frankfurt am Main: Suhrkamp Verlag, 2008c.

LUHMANN, Niklas: Ökologische Kommunikation. Kann die moderne Gesellschaft sich auf ökologische Gefährdungen einstellen?, 5. Auflage, Wiesbaden: VS Verlag für Sozialwissenschaften, 2008d.

LUHMANN, Niklas: Rechtssoziologie, 4. Auflage, Wiesbaden: VS Verlag für Sozialwissenschaften, 2008e.

LUHMANN, Niklas: Organisation und Entscheidung, Wiesbaden: VS Verlag für Sozialwissenschaften, 2006a.

LUHMANN, Niklas: Beobachtungen der Moderne, 2. Auflage, Wiesbaden: VS Verlag für Sozialwissenschaften, 2006b.

LUHMANN, Niklas: Die Weltgesellschaft. In: ders., Soziologische Aufklärung 2. Aufsätze zur Theorie der Gesellschaft, 5. Auflage, Wiesbaden: VS Verlag für Sozialwissenschaften, 2005a.

LUHMANN, Niklas: Vorbemerkungen zu einer Theorie sozialer Systeme. In: ders., Soziologische Aufklärung 3. Soziales System, Gesellschaft, Organisation, 4. Auflage, Wiesbaden: VS Verlag für Sozialwissenschaften, 2005b.

LUHMANN, Niklas: Einführung in die Systemtheorie. Herausgegeben von Dirk Baecker, zweite Auflage, Wiesbaden: Carl-Auer-Systeme Verlag, 2004a.

LUHMANN, Niklas: Die Realität der Massenmedien, 3. Auflage, Wiesbaden: VS Verlag für Sozialwissenschaften, 2004b.

LUHMANN, Niklas: Macht, 3. Auflage, Stuttgart: Lucius und Lucius, 2003.

LUHMANN, Niklas: Die Politik der Gesellschaft. Herausgegeben von André Kieserling, Frankfurt am Main: Suhrkamp Verlag, 2002a.

LUHMANN, Niklas: Die Religion der Gesellschaft. Herausgegeben von André Kieserling, Frankfurt am Main: Suhrkamp Verlag, 2002b.

LUHMANN, Niklas: Aufsätze und Reden, Stuttgart: Philipp Reclam jun., 2001.

LUHMANN, Niklas: Gesellschaftsstruktur und Semantik. Studien zur Wissenssoziologie der modernen Gesellschaft. Band 4, Frankfurt am Main: Suhrkamp Verlag, 1999.

LUHMANN, Niklas: Die Gesellschaft der Gesellschaft, zwei Bände, Frankfurt am Main: Suhrkamp Verlag, 1998.

LUHMANN, Niklas: Die Wirtschaft der Gesellschaft, Frankfurt am Main: Suhrkamp Verlag, 1994.

LUHMANN, Niklas: Die Wissenschaft der Gesellschaft, Frankfurt am Main: Suhrkamp Verlag, 1992.

LUHMANN, Niklas: Soziale Systeme. Grundriss einer allgemeinen Theorie, Frankfurt am Main: Suhrkamp Verlag, 1984.

LUHMANN, Niklas: Funktion der Religion, Frankfurt am Main: Suhrkamp Verlag, 1982.

LUHMANN, Niklas: Funktionen und Folgen formaler Organisation, dritte Auflage, Berlin: Duncker und Humblot, 1976.

LUHMANN, Niklas: Interaktion, Organisation, Gesellschaft. Anwendungen der Systemtheorie. In: ders., Soziologische Aufklärung 2. Aufsätze zur Theorie der Gesellschaft, Opladen: Westdeutscher Verlag, 1975.

LUHMANN, Niklas: Funktionale Methode und Systemtheorie. In: ders., Soziologische Aufklärung 1. Aufsätze zur Theorie sozialer Systeme, Opladen: Westdeutscher Verlag, 1970.

MAASEN, Sabine: Wissenssoziologie, 2., komplett überarbeitete Auflage, Bielefeld: Transcript Verlag, 2009.

MACHARNZINA, Klaus/WOLF, Joachim: Unternehmensführung. Das internationale Managementwissen. Konzepte – Methoden – Praxis, 6. Auflage, Wiesbaden: Gabler, 2008.

MAKHFI, Jamshid: Mediankultur: Eine qualitative und quantitative Analyse von Webpages, Münster: LIT Verlag, 2002.

MANNING, Phillip: Freud and American Sociology: The American Experience, Cambridge/Malden: Polity Press, 2005.

MANNING, Phillip: Erving Goffman and Modern Sociology, Stanford-California: Stanford University Press, 1992.

MARCH, James G./SIMON, Herbert A.: Organisation und Individuum, Wiesbaden: Gabler, 1976.

MARQUARD, Odo: Apologie des Zufälligen. Stuttgart: Reclam, 2001.

MATURANA, Humberto R./VARELA, Francisco J.: Autopoiesis and Cognition. The Realization of the Living. With a preface to 'Autopoiesis' by Sir Stafford Bear, Dordrecht/Holland: D. Reidel Publishing Company/Kluwer, 1980.

MENSCHING, Anja: Gelebte Hierarchien. Mikropolitische Arrangements und organisationskulturelle Praktiken am Beispiel der Polizei, Wiesbaden: VS Verlag für Sozialwissenschaften, 2008.

MIKL-HORKE, Gertraude: Soziologie: historischer Kontext und soziologische Theorieentwürfe, 5., überarbeitete Auflage, München/Wien/Oldenburg: Oldenburg Wissenschaftsverlag, 2001.

MORGAN, Gareth: Images of Organisation, Thousand Oaks/London/New Delhi: Sage Publications Inc., 2006.

MÜLLER-JENTSCH, Walther: Organisationssoziologie. Eine Einführung, Frankfurt am Main: Campus Verlag, 2003.

NASSEHI, Armin/NOLLMANN, Gerd (Hrsg.): Bourdieu und Luhmann. Ein Theorievergleich, Frankfurt am Main: Suhrkamp Verlag, 2004.

NEUBERGER, Oswald: Mikropolitik und Moral in Organisationen, 2. Auflage, Stuttgart: Lucius & Lucius, 2006.

NEUMANN-BRAUN, Klaus: Hompages und Videoclip-Portale als Schauplätze theatraler Imagearbeit und ritueller Kommunikation von jungen Menschen. In: WILLEMS, Herbert (Hrsg.): Theatralisierung der Gesellschaft. Band 2. Medientheatralität und Medientheatralisierung, Wiesbaden: VS Verlag für Sozialwissenschaften, 2009.

ORTMANN, Günther: Organisation und Moral. Die dunkle Seite, Weilerswist: Velbrück Verlag, 2010.

PARSONS, Talcott/SHILS, Edward (Hrsg.): Toward a General Theory of Action, Cambridge Massachusetts: Harvard University Press, 1951.

PARSONS, Talcott: Das System moderner Gesellschaften, zweite Auflage, Weinheim und München: Juventa Verlag, 1985.

PASSAS, Nicos: Kontinuitäten in der Anomietradition. In: IMBUSCH, Peter/HEITMEYER, Wilhelm (Hrsg.): Integration – Desintegration. Ein Reader zur Ordnungsproblematik moderner Gesellschaften. Analysen zu gesellschaftlicher Integration und Desintegration, Wiesbaden: VS Verlag für Sozialwissenschaften, 2008.

PETERS, Helge: Devianz und soziale Kontrolle. Eine Einführung in die Soziologie abweichenden Verhaltens, zweite Auflage, Weinheim und München: Juventa Verlag, 1995.

PREISENDÖRFER, Peter: Organisationssoziologie. Grundlagen, Theorien und Problemstellungen, 2. Auflage, Wiesbaden: VS Verlag für Sozialwissenschaften, 2008.

RAPPE-GIESECKE, Kornelia: Supervision für Gruppen und Teams, dritte Auflage, Berlin – Heidelberg – New York: Springer Verlag, 2003.

REED, Michael: Organisation Theorizing: a Historically Contested Terrain; in: GLEGG, Stewart R./HARDY, Cynthia/LAWRENCE, Thomas B. /NORD, Walter R. (Hrsg.), The Sage Handbook of Organization Studies. Second edition, London/Thousand Oaks/New Delhi: Sage Publications Ltd, 2006.

RIEGER, Stefan: Kybernetische Anthropologie. Steuerung von Menschen und Marionetten. In: HAHN, Torsten/KLEINSCHMIDT, Erich/PETHES, Nicolas (Hrsg.): Kontingenz und Steuerung. Literatur als Gesellschaftsexperiment. 1750-1830. Studien zur Kulturpoietik, Band 2, Würzburg: Verlag Königshausen & Neumann, 2004.

ROBERTS, Brian: George Herbert Mead: The theory and practice of his social philosophy. In: HAMILTON, Peter (Editor): George Herbert Mead. Critical Assessment. Volume I. Section one: Biography and Intellectual Context, reprint, New York: Routledge, 1998.

ROTH, Gerhard: Das Gehirn und seine Wirklichkeit. Kognitive Neurobiologie und ihre philosophischen Konsequenzen, 5. Auflage, Frankfurt am Main: Suhrkamp Verlag, 1997.

ROUSSEAU, Jean-Jacques: Gesellschaftsvertrag, Stuttgart: Reclam, 2004. Ersterscheinungsdatum des Werkes: 1762.

SCHERKE, Katharina: Emotionen als Forschungsgegenstand der deutschsprachigen Soziologie, Wiesbaden: VS Verlag für Sozialwissenschaften, 2009.

SCHIMANK, Uwe: Entscheidungsgesellschaft. Komplexität und Rationalität der Moderne, Wiesbaden: VS Verlag für Sozialwissenschaften, 2005.

SCHIRMER, Werner: Bedrohungskommunikation. Eine gesellschaftstheoretische Studie zur Sicherheit und Unsicherheit, Wiesbaden: VS Verlag für Sozialwissenschaften, 2008.

SCHLUCHTER, Wolfgang: Grundlegungen der Soziologie. Band II, Tübingen: Mohr Siebeck Verlag, 2009.

SCHMIED, Gerhard: Das Rätsel Mensch – Antworten der Soziologie, Opladen & Farmington Hills: Verlag Barbara Budrich, 2007.

SCHNEIDER, Wolfgang Ludwig: Grundlagen der soziologischen Theorie. Band 1: Weber – Parsons – Mead – Schütz, 3. Auflage, Wiesbaden: VS Verlag für Sozialwissenschaften, 2008.

SCHNEIDER, Wolfgang Ludwig: Grundlagen der soziologischen Theorie. Band 2: Garfinkel – RC – Habermas – Luhmann, 2. Auflage, Wiesbaden: VS Verlag für Sozialwissenschaften, 2005.

SCHROETER, Klaus R.: Status und Prestige als Kapitalien im Alter? In: SCHROETER, Klaus R. (Hrsg.)/ZÄNGL, Peter (Hrsg.): Altern und bürgerschaftliches Engagement. Aspekte der Vergemeinschaftung und Vergesellschaftung in der Lebensphase Alter, erste Auflage, Wiesbaden: VS Verlag für Sozialwissenschaften, 2006.

SCHÜTZEICHEL: Rainer, Sinn als Grundbegriff bei Niklas Luhmann, Frankfurt am Main: Campus Verlag, 2003.

SCHÜLEIN, Johann: Zur Konzeptualisierung des Sinnbegriffs. In: Kölner Zeitschrift für Soziologie und Sozialpsychologie, 34, 1982, S. 617-648.

SCHWEIZER, Harro: Sprache und Systemtheorie. Zur modelltheoretischen Anwendung der kybernetischen Systemtheorie in der Linguistik, Tübingen: Gunter Narr Verlag, 1979.

SCHWIMMER, Eric: The anthropology of interaction order. In: RIGGINS, Stephen H. (Editor): Beyond Goffman. Studies on Communication, Institution, and Social Interaction, Berlin/New York: Mouton de Gruyter, 1990.

SELLMANN, Matthias: Religion und soziale Ordnung. Gesellschaftstheoretische Analysen, Frankfurt am Main: Campus Verlag, 2007.

SMITH, Adam: Theorie der ethischen Gefühle, Hamburg: Felix Meiner Verlag, 1985. Ersterscheinungsdatum des Werkes: 1759.

SOKOLL, Thomas: The cultural cage of modern capitalism: historical thoughts on Max Weber's study of Protestantism. Manuskript, Historisches Institut, FernUniversität in Hagen, 2009.

SPENCER, Herbert: Essays. Scientific, Political, and Speculative. Vol. 3, New York: D. Appleton and Company, 1898.

SPENCER, Herbert: Die Principien der Sociologie, Stuttgart: Schweizerbart, 1877.

SRINAVASAN, Nirmala: The cross-cultural relevance of Goffman's concept of individual agency. In: RIGGINS, Stephen H. (Editor): Beyond Goffman. Studies on Com-

munication, Institution, and Social Interaction, Berlin/New York: Mouton de Gruyter, 1990.

STEHR, Nico: Die Moralisierung der Märkte – Eine Gesellschaftstheorie. Frankfurt a.m.:
Suhrkamp, 2007.

STICHWEH, Rudolf: Inklusion und Exklusion. Studien zur Gesellschaftstheorie, Bielefeld: Transcript Verlag, 2005.

SVETLOVA, Ekaterina: Unternehmer als Sinnstifter. Macht das Sinn? In: EBERTZ,
Michael/SCHÜTZEICHEL, Rainer (Hrsg.): Sinnstiftung als Beruf. Wiesbaden: VS-
Verlag für Sozialwissenschaften, 20010, S. 165-179.

TAUCHNITZ, Thomas: Die „organisierte" Gesundheit. Entstehung und Funktionsweise
des Netzwerks aus Krankenkassen und Ärzteorganisationen im ambulanten Sektor,
Wiesbaden: Deutscher Universitäts-Verlag, 2004.

THIELEMANN, Ulrich/WEIBLER; Jürgen: Betriebswirtschaftslehre ohne Unterneh-
mensethik? Vom Scheitern einer Ethik ohne Moral. In: Zeitschrift für Betriebswirt-
schaft, 77,2, 2007, S. 179-194.

TING-TOOMEY, Stella: Face and Facework: An Introduction. In: TING-TOOMEY,
Stella (Editor): The Challenge of Facework. Cross-Cultural and Interpersonal Issues,
Albany – New York: State University of New York Press, 1994.

TOMBERG, Thomas: Studien zur Bedeutung des Symbolbegriffs. Platon. Aristoteles.
Kant. Schelling. Cassirer. Mead. Ricoeur, Würzburg: Verlag Königshausen und
Neumann, 2001.

TRUSCHKAT, Inga: Kompetenzdiskurs und Bewerbungsgespräche. Eine Dispositivana-
lyse (neuer) Rationalitäten sozialer Differenzierung, Wiesbaden: VS Verlag für Sozialwissenschaften, 2007.

TURNER, Jonathan H.: A Note on George Herbert Mead's Behavioral Theory of Social
Structure. In: HAMILTON, Peter (Editor): George Herbert Mead. Critical Assess-
ment. Volume III. Section Three: Mead and Social Behaviorism, reprint, New York:
Routledge, 1998.

UNGERICHT, Bernhard/RAITH, Dirk/KORENJAK, Thomas: Corporate Social
Responsibility oder gesellschaftliche Unternehmensverantwortung? Kritische Refle-
xionen, empirische Befunde und politische Empfehlungen, Wien/Münster: LIT Verlag, 2008.

WATIER, Patrick: G. Simmel zur aktuellen Soziologie. In: DÖRR-BACKES, Felici-
tas/NIEDER, Ludwig (Hrsg.): Georg Simmel. Zwischen Moderne und Postmoderne,
Würzburg: Verlag Königshausen und Neumann, 1995.

WEBER, Max: Die protestantische Ethik und der Geist des Kapitalismus. Vollständige
Ausgabe. Herausgegeben und eingeleitet von Dirk Kaesler, München: Verlag C. H.
Beck, 2004, Erstveröffentlichung im Archiv für Sozialwissenschaft und Sozialpoli-
tik, Tübingen: J.C.B. Mohr, Band XX, XXI, 1904 bzw.1905.

WEBER, Max: Die Berufethik des asketischen Protestantismus. In: DERS.: Gesammelte
Aufsätze zur Religionssoziologie. Tübingen: J.C.B. Mohr, 1922, S. 84-206.

WEBER, Max: „Leidenschaft und Augenmaß". Max Webers Stichwortmanuskript zu
„Politik als Beruf". Einführung von Dirk Kaesler. Katalog LIX, Antiquariat Biber-
mühle: Heribert Tenschert, 2008.

WEIK, Karl E.: Der Prozess des Organisierens, Frankfurt am Main: Suhrkamp Verlag, 1995.

WEINBACH, Christine: ... und gemeinsam zeugen sie Kinder: Erotische Phantasien um Niklas Luhmann und Pierre Bourdieu. In: NASSEHI, Armin/NOLLMANN, Gerd (Hrsg.): Bourdieu und Luhmann. Ein Theorievergleich, Frankfurt am Main: Suhrkamp Verlag, 2004.

WERNER, Götz/DELLBRÜGGER, Peter (Hgs.): Wa(h)re Moral – ein gutes Geschäft!?, Karlsruhe: Universitätsverlag, 2009.

WINDOLF, Paul: Das Netzwerk der jüdischen Wirtschaftselite – Deutschland 1914-1938. In: STICHWEH, Rudolf/WINDOLF, Paus (Hrsg.): Inklusion und Exklusion: Analysen zur Sozialstruktur und sozialen Ungleichheit, Wiesbaden: VS Verlag für Sozialwissenschaften, 2009.

MIX
Papier aus verantwortungsvollen Quellen
Paper from responsible sources
FSC® C105338

If you have any concerns about our products,
you can contact us on
ProductSafety@springernature.com

In case Publisher is established outside the EU,
the EU authorized representative is:
Springer Nature Customer Service Center GmbH
Europaplatz 3, 69115 Heidelberg, Germany

Printed by Libri Plureos GmbH
in Hamburg, Germany